KB187626

IJS 서울대학교 일본연구소

현대일본생활세계총서 **14**

구조적 대불황기
일본 경제의 진로

서울대학교 일본연구소 경제와경영연구팀

박문사

　　서울대학교 일본연구소에서는 네 개의 기획연구실을 두고서 전체 어젠다 [현대일본의 생활세계연구]를 2009년 9월부터 2018년 8월까지 10년간 수행했다. 총 3단계에 걸쳐 수행한 성과는 〈현대일본 생활세계 총서〉 시리즈로 출판했다. 2018년에는 그 마지막 단계인 3단계 3~4년차 연구의 성과를 시리즈로 출판한다.

　　1단계와 2단계의 성과는 총 9권의 시리즈로 이미 출판되었으며, 각 연구 주제와 책의 표제는 [표1]과 같다.

[표1] 현대일본 생활세계총서 1단계- 2단계 시리즈

연구실	1단계 5권	2단계 4권
정치외교	전후 일본, 그리고 낯선 동아시아	전후 일본의 생활평화주의
역사경제	협조적 노사관계의 행방	에너지혁명과 일본인의 생활세계
사상담론	전후 일본의 지식 풍경	일본, 상실의 시대를 넘어서
사회문화	현대일본의 전통문화	일본 생활세계의 동요와 공공적 실천
	도쿄 메트로폴리스	

3단계의 공동연구는 '전후 일본'의 생활세계를 구조 변동의 관점에서 포착했으며 정치, 경제, 역사, 사상, 사회, 문화, 문학의 전체적 차원에서 횡단적, 학제적 방법으로 조망했다. 3단계 사업은 10년간의 HK사업 공동연구를 마무리하는 기간이다. 이를 알차게 수행하기 위해 본연구소는 3단계의 사업 4년간(2014.09~2018.08)을 다시 2년 간 씩 나누어, 1~2년차(2014.09~2016.08)와 3~4년차(2016.09~2018.08)의 기획연구를 순차적으로 실행했다.

[표2] 현대일본 생활세계총서 3단계 시리즈

연구실	3단계 1~2년차	3단계 3~4년차
정치외교	일본 정치 보수화의 표상과 실상	재기하는 일본의 정치와 외교
역사경제 (1-2년차) 경제경영 (3-4년차)	저성장시대의 일본경제	구조적 대불황기 일본 경제의 진로
사상담론 (1-2년차) 사상문학 (3-4년차)	탈(脫)전후 일본의 사상과 감각	전후의 탈각과 민주주의의 탈주
사회문화 (1-2년차) 역사사회 (3-4년차)	일본 안전사회의 동요와 사회적 연대	공동체 경계의 유동화와 '일본' 이미지의 변용

〈현대일본 생활세계총서〉 3단계 3-4년차 시리즈는 2018년 상반기부터 출판 작업에 들어갔다. 각 연구실은 2년 동안 수차례의 집담회와 워크숍, 공개학술대회를 거치며 공동연구를 진전시켰으며, 모든 연구진들은 동시대 일본의 변화를 찬찬히 살피고 냉철하게 분석하고자 노력했다. 본 시리즈의 4권에 담길 연구 성과가 한국사회에서 일본의 현황을 이

해하고, 나아가 한국의 현재적 문제를 해결하기 위한 참조 축으로 활용될 수 있기를 바란다.

그 동안 연구와 토론에 참여해 주신 각 분야의 연구자 여러분께 감사드리며, 앞으로도 일본 사회의 변화에 대응하며 한국사회의 발전에 기여할 수 있는 연구를 지속해 나갈 것을 약속드린다. 연구와 출판이 성사되도록 성심껏 협조해 주시는 일본연구소의 행정실과 연구조교, 도서출판 박문사의 여러분들께도 진심으로 감사의 말씀을 드린다.

2018년 6월 30일
서울대학교 일본연구소

2부 기업·정부의 대응과 의식의 변화

현대일본생활세계총서 14

구조적 대불황기 일본 경제의 진로

서 문

'혁신'과 '진화' - 구조적 대불황과 일본의 대응

본서는 서울대학교 일본연구소에 조직된 제4기 '경제와 경영 연구팀'의 연구서이다. 지난 3기팀에서 일본경제 장기불황의 현황과 원인에 대해 집중적으로 분석한 것을 계승하여, 4기팀에서는 가능한 한 2010년대 이후의 일본경제 및 기업의 현황을 정리하는 한편 정부·기업·개인 등 각 경제주체가 현재의 상황을 극복하고 새로운 상황에 적응하려는 대응 전략에 초점을 맞추고자 했다.

본서의 토대가 된 연구팀의 중간성과는 2017년 12월에 서울대학교 국제대학원에서 개최된 심포지엄에서 발표되어, 『구조적 대불황 하의 일본경제와 기업경영 - 혁신인가 진화인가?』라는 자료집으로 정리되었다. 심포지엄을 위해서는 4기 연구팀이 결성된 2016년 9월부터 2017년 12월까지 7회의 공동연구회를 개최했는데, 그 과정에서 다음과 같은 문제의식을 공유하게 되었다.

2017년 현재 일본경제는 아베노믹스로 약간 호전되기는 했지만, 여전히 불황에서 완전히 탈출하지는 못하고 있다. 그런데 2010년대 이후 일본경제는 1990년대 장기불황의 연장선상에 있는 것이 아니다. 주지하듯이 2000년대 초반에 일본경제는 사상 최장의 호황기를 맞이하기도 했다. 그럼에도 불구하고 1990년대의 '잃어버린 10년'이 '잃어버린 20년'으로 이어지고 있다는 인식이 잔존하는 것은, 호황을 나타내는 각종 지표에도 불구하고 1990년대 이후에는 1980년대처럼 호황을 체감할 수 없기 때문일 것이다. 그렇다면 최근의 현상을 정확하게 진단하고 전망하기 위해서는 종래와는 다른 관점에서 일본경제를 바라볼 필요가 있다.

이 점과 관련하여 일본경제를 둘러싼 세계경제 환경이 2010년대 이후 크게 변화했다는 점에 주목해야 한다. 즉 2008년의 글로벌 금융위기 후에 전 세계적으로 구조적 대불황기(secular stagnation)에 접어들었다는 점이다. 그 원인을 둘러싸고는 대규모 금융위기라는 충격의 여파에 의한 것인지 인구 및 산업구조의 변화에 의한 것인지에 대해 다양한 의견이 존재한다. 하지만, 적어도 세계경제가 1990년대 이후의 일본경제와 유사한 장기불황 상태에 처하게 되었다는 점은 분명하다. 이는 경기회복을 위한 일본정부와 기업의 대응에 오류가 있었기 때문에 일본의 불황이 장기화되고 있다는 통설이 더 이상 통용되지 않게 되었다는 점을 시사한다. 이러한 관점에서 보면 2010년대는 '세계경제의 일본화'가 진행되고 있고, 일본경제는 그 변화하고 있는 세계경제의 '최첨단'을 달리고 있다고 할 수도 있다.

이러한 문제의식은 일본경제의 최근 상황에 대한 각 경제주체의 대응방식을 검토할 때도 종래와는 다른 관점이 필요하다는 인식으로 자연스럽게 연결되었다. 일본경제가 1990년대 이후의 연장선에 있지 않고 적어도 2010년대 이후에는 세계경제와 동일하게 새로운 '단계'에 접어들었다고 한다면, 이 상황에 대응하는 각 경제주체의 노력에 대해 1980년대와 같은 상태로 되돌리려고 하는 점만 평가해서는 안 된다는 인식이다. 즉 종래에는 장기불황 상태를 올바른 경제정책과 기업노력으로 극복할 수 있다는 대전제 하에, 그 정책과 노력의 효율성을 미국을 중심으로 한 외국과의 비교를 통해 평가하는 데만 중점이 두어졌지만, 이상과 같은 문제의식에 입각할 경우, 변화된 단계에 맞는 새로운 정책과 노력이 어떻게 모색되고 있는지에 대해서도 주목해야 한다는 것이다. 구체적으로는, 디플레이션 극복을 위한 아베노믹스, 생산성 향상을 위한 산업구조조정 등의 정부정책과 비용절감 및 국제경쟁력 향상을 위한 각 기업의 노력뿐만 아니라, 저출산·고령화라는 급격한 인구구조 변화에 대한 정부와 기업의 대응, 성장을 전제로 하지 않는 복지문제 해결 방법의 모색 등에 대해서도 검토의 필요성이 대두된다.

연구팀에서는, 불황상태를 극복하고 성장 궤도로 되돌리려고 하는 정부 정책과 기업 노력을 '혁신', 그리고 변화된 상황에 적응하려는 정부·기업·가계(개인)의 노력을 '진화'라는 개념으로 구분하여 검토하고자 했다. 물론 양자는 엄밀하게 구분되는 것이 아니고, 또한 혁신이라고 하는 개념이 일반적으로 이해되고 있는 것과 다르다는 점은 충분히 인지하고 있다. 그러나 혁신이 현재 상태의 '개선'을 의도하는 일련의 활동이고, 그 개선이 국가 경제의 성장, 기업의 수익성 증대를 통해 실현된다고 한다면, 1980년대까지의 경제구조로 되돌리려는 노력을 혁신으로 이해한다고 해도 큰 무리는 없을 것이다. 또한 진화가 불가피하게 변화하는 상황에 대해 '적응'하는 과정이며 경제주체들이 의도하지 않았던 영향까지 검토대상을 확장한다는 점에서, 혁신과 대비되는 개념으로 이해하려는 의의도 충분히 존재할 것이다. 결론적으로 연구팀에서는, 양자를 구분함으로써 종래와는 다른 일본 경제주체들의 대응방식이 부각될 수 있을 것이라 판단했다.

이상과 같은 문제의식 하에서 이루어진 연구 성과를 정리한 본서는 다음과 같이 구성되었다. 먼저 일본 거시경제의 환경변화와 시사점을 분석한 제1부와 각 경제주체들의 대응을 검토한 제2부로 구분했다. 물론 이상의 구분은 약간 편의적인 것으로, 본서에 수록된 각 논문은 거시환경의 변화가 미시 경제주체에 미치는 영향, 혹은 그 반대로 경제주체의 선택이 거시경제에 미치는 영향을 의식하면서 이루어졌다. 이하에서는 각 장에 수록된 논문의 의도와 내용을 간단히 소개하기로 한다.

〈제1장 저출산·고령화와 일본 정부·기업·지역사회의 대응〉(류상윤)에서는 일본의 저출산·고령화 현상과 대책에 대해 검토한다. 주지하듯이 일본은 2008년을 정점으로 인구가 감소 상태에 접어들었고, 2005년 이후 고령화율 세계 제1위의 국가이다. 이러한 저출산·고령화 문제는 노동력 감소, 구매력 위축, 복지수요 증대에 따른 재정위기·지방 소멸 위험 등 심각한 경제 사회문제를 야기했다. 이 장에서는, 이러한 일본의 상황을 국제적으로 비교하면서 그 특징을 살펴보고, 중앙정부,

지방정부, 그리고 기업이 이 상황에 어떻게 대처하고 있는가를 분석하고 있다.

분석의 결과 일본에서의 저출산 대책은 그다지 성과를 내지 못했으나, 고령화 문제에 대해서는 문제의 불가피성을 인정하고 그 상황에 맞추어 각 경제주체들이 적응하려는 노력이 일정한 성과를 거두었음을 밝혀냈다. 즉 정부는 고령자들이 연금을 늦게 받는 대신 계속 일할 수 있도록 제도를 정비했으며, 기업은 한편으로 고령자 고용을 증가시키고 다른 한편으로는 고령자 수요에 적합한 제품을 개발했다. 그리고 지역사회는 '지역 살리기 협력대' 등 외지인들과 협력하면서 지역을 좀 더 살기 좋은 곳으로 변화시키려는 노력을 계속하여 '후쿠이 모델', '사바에 모델' 등 성공적인 사례도 나타나고 있다.

이 장에서 소개되고 있는 중앙정부, 지방정부, 그리고 기업의 대응 사례는 혁신보다는 진화에 매우 가까운 내용으로, 한국에도 즉시 적용 혹은 비교 검토될 수 있을 것으로 판단된다. 그와 관련하여 저자가 결론에서, 한국에서 유포되고 있는 출산=애국이라는 표현이 내포한 위험성을 지적한 사실은 많은 것을 생각하게 한다.

〈제2장 일본 무역 및 직접투자의 동향과 특징〉(박상준)에서는 무역 및 직접투자에 대해 분석한다. 일반적으로 일본은 장기불황 이후 일본 기업의 국제경쟁력이 약화된 데다가 동일본대지진 이후 에너지원의 수입증가로 상품수지가 대규모 적자로 반전되었지만, 대규모의 경상수지 흑자 기조를 유지하고 있는 것으로 알려지고 있다. 이렇듯 양자의 괴리가 나타나는 이유를 염두에 두면서 이 장에서는 최근 경상수지의 추이를 항목별로 분석하였다.

분석결과 소득수지 흑자가 상품수지 적자를 압도하고 있는데, 소득수지 가운데 가장 큰 구성 항목은 증권투자 수익이지만 직접투자수익이 가장 빠른 속도로 증가하고 있는 것으로 나타났다. 이 같은 사실은 2010년대 들어 상품수출이 부진한 이유가, 1980년대 이후 지속적으로 증가하여 최근에는 전체 생산의 20%를 넘어서고 있는 해외직접투자의 증가 때문이라는 점을 유추하게 한다. 또한 이 장에서 저자는 환율이 절하될 때 수출단가를 낮추어 해외시장점유율을 높이기보다는 수출단가를 유지하여 영업이익을 극대화하는 전략을 일본기업이 취하고 있는 점에도 주목해야 한다고 강조한다. 세계 경제 특히 선진국 경제가 더 이상 예전과 같은 성장을 보이지 않는다는 현실을 감안한 일본기업의 진화 전략을 엿볼 수 있게 한다.

한편 이 장의 분석결과는 최근 일본의 경제사회를 바라보는 데 많은 시사점을 제공하고 있다. 즉 막대한 대외자산 규모와 소득수지 흑자는 GDP 성장률 부진으로 대표되는 일본경제의 쇠퇴 이미지가 일면적일 수 있다는 사실을 의미하는 한편, 대외자산의 확대가 국내 제조업의 축소와 결합되면 계층 간 격차가 작다고 하는 일본경제사회의 이미지를 더 이상 유지하기 어렵게 될 것이기 때문이다.

《제3장 구조적 장기불황과 일본금융의 미래: 일본 금융기관의 아시아 진출과 엔화 국제화》(김동환)에서는 일본 금융업의 아시아 진출의 현황 및 제약요인 그리고 그 영향에 대해 분석한다. 일본에서 장기불황이 지속되고 있는 것은 버블붕괴 후 금융업의 위기에 정부와 은행이 적절하게 대처하지 못했기 때문이라고 알려져 있다. 그 점을 염두에 두면서 최근의 구조적 대불황하에서 일본 금융업의 전략을 은행을 중심으로 검토하고자 하였다.

분석의 결과 세계적 은행들과 마찬가지로 일본의 은행들은 비즈니스 모델과 성장전략을 전환하였고, 성장의 한계에 봉착한 국내시장을 탈피하여 투자기회가 풍부한 신흥국 특히 아시아 지역으로 활발하게 진출하고 있음이 확인되었다. 그런데 이러한 움직임에 제약요인이 되고 있는 것이 엔화 국제화의 지체라고 지적한다. 따라서 엔화가 국제통화로 사용되기 위해서는 일본경제의 성장력 회복은 물론 엔화가치 및 금리가 현재보다 높은 수준에서 안정화될 필요가 있다. 결론적으로, 금융기관의 아시아 진출을 통한 금융업의 수익성 확보 나아가 일본경제가 무역대국에서 금융대국으로의 단계적 전환을 위해서는 엔화의 국제화가 필요하나, 이는 아베노믹스가 추진하는 엔저 유도와 기본적으로 모순되고 있다는 점이 강조되었다. 또한 엔화 국제화의 진전은 아시아에서 엔 블록의 형성을 초래한다는 우려가 있을 수 있으나, 저자가 이에 대해 단기간에 가능하지 않다는 점을 들어 불필요하고 실익이 없다고 지적하고 있는 점도 매우 시사적이다.

이상과 같은 분석결과는 수익성 증대를 위한 일본 은행들의 혁신 노력이 아시아로의 진출 확대를 초래하고 결과적으로 아시아의 엔 블록화로 연계될 가능성이 높다는, 미시적 주체의 선택이 의도하지 않았던 국제금융질서의 진화를 가져올 수 있다는 점을 암시하고 있다.

〈**제4장 일본의 생산성 하락과 임금**〉(**권혁욱**)에서는 일반적으로 일본경제의 장기불황의 주원인으로 지적되어 온 생산성 하락 문제를 분석한다. 생산성 하락의 원인으로는 정부의 규제와 경직적인 노동시장 때문에 생산성이 높은 기업의 진입이 저해된 점, 일본의 은행들이 BIS 기준을 충족시키기 위해 좀비기업을 연명시킨 점, 미국과 달리 일본에서는 ICT 부문에 대한 투자가 충분히 이루어지지 않은 점 등의 공급측 요인에 관한 정책 실패가 자주 거론되었다. 그에 비해 장기불황의 원인을 유효수요 부족이라는 수요측 요인으로 설명하려는 시각에서는, 디플레이션에 의한 투자의욕 감퇴, 은행의 대차대조표 훼손, 일본은행의 충분하지 못한 유동성 공급 등을 강조했다. 최근에는 공급측 요인과 수요측 요인을 연결하려는 시도가 활발한데, 그 매개로서는 자본설비의 가동률, 노동분배율 즉 임금 등을 분석하는 방법이 있다.

이러한 선행연구를 염두에 두며 이 장에서는 산업레벨의 데이터를 이용하여 생산성 하락과 임금저하의 실태, 그리고 양자의 관계에 대해 검토한다. 그 결과 장기불황 동안 양자가 하락하면서 서로 유의한 영향을 미치고 있음이 확인되었다. 저자는 양자의 관계를, 생산성 하락으로 시작된 일본경제의 저성장이 임금저하로 인한 유효수요 부족 때문에 장기침체로 이어졌다는 논리로 연결하고 있다. 다만 이 논리는 인과관계 검증이 이루어지지 못한 한계가 있다. 그러나 이 장의 분석과 그 함의는 최근 소득주도 성장론을 둘러싸고 치열한 논의가 전개되고 있는 한국사회에 많은 시사점을 제공할 수 있을 것으로 보인다.

〈제5장 일본 인적자원관리의 재편: 임금체계 변경의 의미를 중심으로〉(우종원)에서는 일본기업의 임금체계 변경이 초래한 영향에 대해 분석한다. 최근 일본에서는 유효구인배율(구인수/구직수)이 사상 최고치를 기록할 정도로 일손 부족 현상이 심각함에도 불구하고 임금 증가로 연결되지 않는 '비경제학적'인 현상이 나타나 한국에서도 화제가 되었다. 그 원인에 대해서는 노동시장의 수급 요인, 노사 등 여러 주체의 행동 요인, 임금제도 등으로 설명하려는 시도가 있었다.

이러한 선행연구를 염두에 두면서, 이 장은 고용사정 개선과 임금 간의 불일치라는 현상을 일본형 인적 자원관리 시스템의 재편이라는 관점에서 해명하고자 했다. 구체적으로는 임금 항목의 조합으로 이루어진 임금체계를 중심으로 분석한다. 1990년대 이후 일본 기업은 비정규직 고용을 확대하고 능력주의에서 성과주의로 인적자원관리 시스템을 재편했는데, 그것이 임금체계에 집중적으로 반영되었기 때문이다. 분석의 결과, 1990년대 중반 이후 당시까지의 능력급에서 역할급으로 임금체계가 변경됨으로써 임금수준이 생활수준과 괴리되어 일본사회 전체의 정체를 초래했다는 점이 확인되었다. 악화된 수익 환경에 적응하려는 일본기업들의 노력이 의도하지 않게 일본 경제사회에 부정적인 영향을 끼치게 된 것이다. 그리하여 저자는 노동자의 생활과 임금의 관계를 복원할 수 있는 방법으로 정규직과 비정규직을 포괄하는 '숙련도별 임금'을 통일적으로 적용할 것을 제안하고 있다.

이상과 같은 분석은 일본의 최신 논의를 소개할 뿐만 아니라 일본 사회에 건설적인 대안을 제시하고 있다는 점에서 매우 귀중하다. 이 장에서 다루는 임금의 의미는 앞서 소개한 4장과는 다른 시각에서 제시된다는 점에도 유의할 필요가 있다. 이 장의 내용은 불황의 장기화에 따라 각 기업이 합리적인 선택에 의해 도입한 역할급이 일본사회 전체로서는 정체된 사회 분위기와 격차 확대를 초래하는 '구성의 오류'가 나타나고 있음을 암시하고 있다. 이는 한국사회에서도 음미해야 할 주장으로 생각된다.

〈제6장 일본 자동차기업의 생산 및 개발 시스템의 혁신과 국제화〉(오재훤)에서는 일본 기업의 최근 시장상황에 대한 대응을, 장기불황 중 높은 국제경쟁력을 유지하고 있는 일본 자동차산업을 대상으로 검토한다. 일본 기업은 장기불황 속에서도 불채산 사업 부문의 매각, 정리해고 등의 구조조정보다는 조직능력 강화, 원가삭감을 통한 경쟁력 향상을 도모해온 것으로 알려져 있다.

이러한 특징을 염두에 두고 이 장에서는 환경변화에 대한 자동차기업의 대응을 검토했는데, 그로부터는 혁신과 진화라는 양면의 노력이 확인되었다. 즉 축소되는 국내시장에 대응하기 위한 설비투자 억제와 연구개발비 삭감이 진화의 모습이라면, 원가절감을 위한 생산라인 및 물류방식의 개선은 혁신의 대표적인 사례라고 할 수 있다. 또한 자동차산업의 모듈화에 대한 개발과정에서의 대응, 개발기능의 글로벌 전개과정도 진화 노력에 가깝다고 할 수 있다. 이상과 같은 이 장의 분석으로부터는 일본의 제조업이 장기불황 과정에서도 변화된 상황에 적응하고 여전히 높은 국제경쟁력을 유지하고 있는 근본적인 이유를 유추할 수 있다.

다만 4, 5장의 분석내용과 이 장의 분석 내용을 결합해 보면, 기업 내에서의 진화와 혁신 노력이 대부분 비정규직을 급속히 증가시키고 실질임금 비용을 저하시키는 방향으로 작동함으로써 거시적으로 일본경제의 디플레이션을 심화시키고 있다. 이러한 비판에 대응하는 기업 노력이 부족하다는 점도 함께 인식할 필요가 있다. 또한 저자는 한국 자동차기업의 생산시스템을 일본 자동차기업의 그것과 비교하면서 장기적인 관점에서는 일본 자동차기업의 방식이 경쟁력 향상에 필요하다고 지적하고 있다. 그 평가에 대한 찬반 입장을 떠나 진화과정이라는 관점에서 충분히 숙고해야 할 주장으로 생각된다.

〈제7장 후쿠시마 원전 사고와 에너지정책의 전환〉(임채성)에서는 2010년대 이후의 일본 정부의 경제정책 기조가 어떻게 변화했는가를 에너지 수급 정책을 통해 검토하고자 한다. 특히 2011년에는 동일본대지진에 의한 후쿠시마 원자력 발전소 사고가 발생하여 이 문제에 대한 정책 대응이 세계적으로도 주목되었기 때문이다.

후쿠시마 원전 당시 집권당이었던 민주당은 종래의 에너지 정책 원칙인 안정성, 효율성, 환경이라는 3E에 안전을 추가하고 2030년대에 원전을 제로로 한다는 방침으로 변경하였다. 그러나 2012년 말에 집권한 아베 자민당 정권은 경제성장을 에너지 정책 방향을 설정하는 근거에 추가함으로써 원전재가동 입장으로 선회하였다. 그러나 여론은 아직도 압도적으로 재가동에 반대하고 있다.

위 고찰에서 현 일본정부는 아베노믹스와 함께 에너지 정책면에서
도 성장력 회복 나아가 경제성장 제일주의 노선을 견지하고 있음을 알
수 있다. 이러한 정책 노선은 국민들의 의식수준을 반영한 것이기는 하
나, 정권에 대한 지지와 에너지 정책에 대한 지지가 반드시 일치하는 것
만은 아니다. 원전재가동에 대한 압도적 반대 여론의 존재는 이를 반증
하고 있고, 정권의 교체에 의해 원전 정책이 또다시 재검토될 여지가 남
아 있다고 생각된다.

〈제8장 탈(脫) 성장론의 확산과 그 의의〉(여인만)에서는 이제까지
의 장과는 관점을 달리하여 학계와 일반 국민들 사이에 진행되고 있는
성장을 둘러싼 담론을 검토한다. 장기간 불황이 지속되면서 성장력 회
복을 위한 노력이 지속되는 한편으로 그 가능성을 의문시하는 주장도
등장하게 되었다. 그러한 주장은 성장의 의미에 대한 근본적인 문제제
기에서 출발하여 성장을 통하지 않고도 당면 경제문제 즉 복지 수요의
충족이 가능하다는 '탈성장론'으로 발전하게 되었다.

이 장에서는 이러한 탈성장론의 등장 배경, 유형, 그리고 주요 주장
을 검토함으로써 그 논의의 의의와 실현가능성 그리고 그를 위한 여러
경제주체의 노력의 방향에 대해 살펴보았다. 검토의 결과, 탈성장론에
서 주장하는 경제문제 해결을 위해서는 증세가 불가피한데 향후 이 문
제를 둘러싸고 본격적인 논의가 이루어질 것으로 전망했다. 또한 그와
별도로 장시간 노동을 통한 소득의 증대보다는 노동시간의 감소를 여

가·봉사활동의 증가로 이용하려는 개인 레벨에서의 의식 변화가 꾸준하고 광범하게 확산되어 갈 것으로 예상했다.

이상과 같이 일본에서 탈성장에 관한 논의는 장기불황을 비관하기보다 단계적 변화로 인식하고 그 변화에 적극 대처해야 한다는 의식의 진화를 단적으로 반영하고 있다고 할 수 있다. 이 장에서 논의되고 있는 여러 주장은, 저출산·고령화 인구 문제, 비정규직 고용 증가, 계층 간 격차 확대 등 여러 면에서 일본과 비슷한 상황을 맞이하고 있는 한국에도 많은 시사점을 줄 수 있을 것으로 생각된다.

이상 8편의 논문을 통해 본서는 일본경제에 대한 한국의 종래 연구와 달리 경제주체들의 혁신과 진화의 다양한 측면을 강조했다. 이러한 관점이 새롭게 조명될 수 있기를 기대한다. 다만 연구팀 내부의 사정으로 당초 예정했던 아베노믹스에 관한 새로운 관점에서의 분석이 누락된 점이 아쉽다. 또한 일본 정부의 정책기조를 가장 잘 확인할 수 있는 재정편성에 대한 연구와 장기불황이 국민생활과 계층 간 격차에 미치는 영향에 관한 연구의 필요성을 절감하면서도 반영하지 못한 한계가 있다. 이러한 미흡한 점에 대해서는 다음 기의 연구를 기약해본다.

서울대학교 일본연구소
경제와경영연구팀을 대표하여
여인만

현대일본생활세계총서 **14**

구조적 대불황기 일본 경제의 진로

제1부

거시경제의
환경변화와 시사점

현대일본생활세계총서 **14**

구조적 대불황기 일본 경제의 진로

I 저출산·고령화와 일본 정부·기업·지역사회의 대응

류상윤

1. 고령화 최선진국 일본

일본은 널리 알려져 있듯이 고령화에서 세계 최선진국이다. 2015년 일본의 고령화율, 즉 전체 인구 중 65세 이상의 비율은 26.6%로 세계에서 가장 높았다(UN 인구통계).[1] 일본은 이탈리아, 독일과 함께 고령화율이 21% 이상인 사회를 가리키는 '초고령 사회(super-aged society)'에 도달했다. 그런데 20년 전(1995년)만 하더라도 일본은 세계에서 16번째로 고령화된 나라였을 뿐이다. 그보다 20년을 더 거슬러 올라간 1975년에는 46번째로, 고령화 선진국으로 불리는 지금과는 완연히 다른 모습이었다. 하지만 1975년 이후 인구대체수준보다 낮은 출산율이 계속되면서 고령화는 급속하게 진행됐고 2005년 이후는 부동의 고령화율 1위 국가가 됐다.

---

1) 일본 다음으로 고령화가 진행된 나라는 이탈리아와 독일이다(2015년 고령화율 22.4%, 21.2%).

'고령화사회(aging society, 고령화율 7% 이상)'에서 '고령사회(aged society, 14% 이상)'로 진입하는데 프랑스는 115년, 미국은 72년, 독일은 40년이 걸렸지만 일본은 단 24년(1970년→1994년)이 걸렸을 뿐이다(〈그림 1〉).

〈그림 1〉 각국의 고령화율 추이 (단위: %)

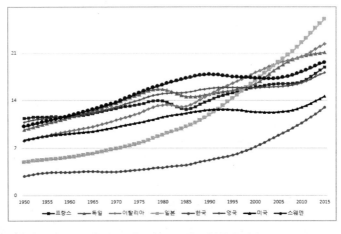

자료: UN World Population Prospects: The 2017 Revision

고령화 최선진국 일본은 고령화가 야기하는 경제·사회적 도전을 최일선에서 맞닥뜨리고 있다. 노동력 감소, 소비력 위축, 복지·재정 부담, 지방 소멸 위험 등 도전은 다양하고 또 거세다. 고령화는 일본이 직면했던 장기 불황의 한 원인으로도 지적되고 있다. 일본의 정부, 기업, 지역 사회는 고령화의 도전들에 여러 가지 방식으로 대응해 왔으며 그 일부는 성과를 내고 다른 일부는 성과를 내지 못했다. 한국 역시 고령화사회 18년 만에 2017년 고령사회에 진입했고 일본보다 빠르게 고령화가 진행되고 있다는 점에서 일본의 대응은 우리가 예사롭게 봐 넘길 수 없는 것이다.

이 글은 일본이 직면한 고령화의 주요 도전들(2절)과 이에 대한 일본 정부, 기업, 지역 사회의 대응들(3~5절)을 개관해보고자 한 것이다. 각 주체들의 대응은 책 한 권으로도 소개하기 모자라겠지만 여기서는 독자들에게 흥미로울 만한 사례들을 위주로 정리해 보았다. 결론을 미리 이야기하자면, 흔히 가장 근본적인 대응으로 이야기되는 저출산 대책은 그다지 성과를 내지 못했다. 그보다 일본의 주목해야 할 모습은 고령화라는 파고에 맞추어 각 주체들이 진화의 노력을 기울였다는 것이다. 정부는 고령자들이 연금을 늦게 받는 대신 계속 일할 수 있도록 제도를 바꿔 왔으며 기업은 한편으로는 고령자 고용을 늘리고 다른 한편으로는 고령자 수요에 부응하고자 노력해 왔다. 그리고 지역 사회는 외지인과 협력하면서 지역을 살기 좋은 곳으로 만들고자 힘써 왔다. 이 모든 노력들은 저출산·고령화를 거스르기보다는 고령화 최선진국이라는 현실을 받아들이고 그 안에서 삶을 조금이라도 풍요롭게 하고자 한 것이라는 점에서 적응 또는 진화라는 단어로 포괄할 수 있을 것이다.

2. 저출산 · 고령화의 그늘

수명 증가와 저출산의 조합은 고령자 비중의 지속적 증가, 아동·청소년 비중의 지속적 감소와 함께 어느 단계부터 일하는 연령층의 인구 감소, 더 나아가서는 전체 인구의 감소를 낳는다. 실제로 일본 인구는 2008년 1억 2천 8백만명을 정점으로 감소 추세에 있다. 이 같은 인구 현상은 경제적으로 복지·재정 부담의 증가, 노동력 감소, 소비력 위축을 낳으며 사회적으로는 농촌을 중심으로 한 지역 사회의 소멸 위험을 야기한다.

고령화의 복지·재정 부담을 잘 보여주는 지표로 부양비가 있다. 15-64세 인구를 흔히 생산가능인구[2]라고 부르는데 이들이 생산 활동을 통해 14세 이하 아동층과 65세 이상 고령층 인구를 부양한다는 개념 하에 그 비(14세 이하와 65세 이상 인구/15-64세 인구)를 계산한 것이다. 부양비는 고령화가 진행된 사회 외에도 평균수명이 낮고 출산율이 높은 사회에서 높은 값을 보이게 되므로 세계적으로 봤을 때는 일반적으로 빈곤국들에서 높다(2015년 1위는 니제르 1.12). 출산율과 사망률이 동시에 감소하는 이른바 인구변천(demographic transition)이 진행됨에 따라 부양비는 일정기간 낮아지다가 다시 높아지게 되는데 일본도 1960년대까지는 부양비가 낮아지다가 1990년대부터 다시 높아졌다(〈그림 2〉). 2015년 일본의 부양비는 0.64로 선진국으로 한정한다면 이스라엘과 함께 가장 높았다.[3] 생산가능인구 3명이 아동·고령층 인구 2명을 부양해야 하는 셈이다.

부양비는 현대 복지국가에서는 복지에 소요되는 재정 부담을 보여주는 지표로서도 이해할 수 있다. 조세 부담을 주로 지는 연령층에 비해

---

2) 생산가능인구라는 용어는 경제활동인구조사에서는 15세이상 인구 전체를 가리킬 때 사용되지만 고령화를 다룰 때는 흔히 15-64세 인구만을 가리킨다. 영어로는 working age population, 일본에서는 '생산연령인구'라고 한다.

3) 일본과 함께 초고령 사회에 진입한 독일과 이탈리아의 부양비(2015년)는 각각 0.52, 0.56이었다.

복지 재정의 주요 수요 연령층이 늘어나면 재정 부담이 늘 수밖에 없기 때문이다. 즉 1990년대 이후 일본에서는 복지 부담, 특히 고령자 복지 부담이 계속해서 늘어 왔던 것이다. 실제로 "악어 입"이라는 단어로 널리 알려진 것처럼 일본 재정은 1990년대 이후 세출과 세입의 간격이 벌어지는 모습을 보여왔다(〈그림 3〉). 재정 악화는 장기불황의 결과이기도 하지만 동시에 일본 정부가 과감한 불황 탈출 정책을 펴기 어렵게 만든 원인으로도 지적되고 있다.

〈그림 2〉 일본의 15-64세 인구와 부양비(우축), 1950-2015

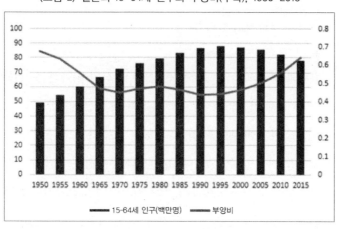

자료: UN World Population Prospects: The 2017 Revision

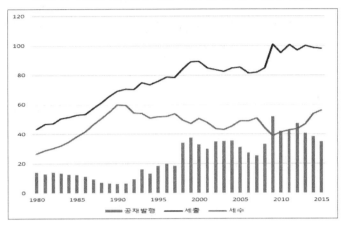

〈그림 3〉 일본의 일반회계 세출, 세수, 공채발행액 (단위: 조엔)

자료: 일본 재무성 홈페이지
주: 회계연도(4월~익년 3월) 기준

고령화와 경제성장의 관계를 논할 때 또 하나 주목하는 지표가 앞
서 언급한 15-64세 인구의 증가/감소 여부이다. 생산이란 노동과 자본이
주요 투입요소이기 때문에 투입할 수 있는 노동의 감소는 경제 성장에
제약 요건으로 작용할 수 있다. 주요 선진국 중에서는 이탈리아가 일본
에 비해 2년 빠른 1993년 3,926만명으로 최고점에 도달했지만 2015년에
도 3,803만명으로 감소폭은 크지 않았다. 반면 일본은 1995년 8,778만명
으로 최고점에 도달한 후 20년 후인 2015년 11%나 감소한 7,806만명이
됐다. 독일도 1년 뒤인 1996년 최고점에 도달했는데 감소폭은 일본보다
작았다(1996년 5,552만명, 2015년 5,373만명). 이처럼 일본은 저출산과
빠른 고령화에 따라 어느 선진국보다도 큰 충격을 생산 측면에서도 받
아왔다.

실제로 일본 경제의 잠재성장률 변화에 노동, 자본, 생산성이 각각 어느 정도 영향을 미쳤는지 성장회계 분석을 통해서 살펴본 연구에 따르면 1980년대에 비해 1990년대 잠재성장률이 2.7%p 낮아졌는데 그 중 생산성 하락이 1.5%p, 노동투입 감소가 1%p씩을 끌어내렸다. 물론 1990년 대는 아직 생산가능인구의 감소가 본격화한 시기는 아니었고 노동 투입 감소도 인원보다는 노동시간의 감소가 직접적인 요인이었다. 하지만 생산가능인구가 계속해서 증가했다면 노동시간 감소를 상쇄할 수 있었을 것이므로 생산가능인구 감소의 영향이 없었다고는 하기 어렵다. 또 다른 연구에 따르면 노동 투입의 감소는 1990년대와 마찬가지로 2000년대에도 성장률에 마이너스 요소로 작용했다(〈표 1〉).

〈표 1〉 일본 경제의 잠재성장률과 각 부문 기여도 추정

	기간	잠재성장률 (%)	노동 (%p)	자본 (%p)	생산성 (%p)
Hayashi and Prescott(2002)	1980~1989	4.0	0.5	1.6	1.9
	1990~1999	1.3	-0.5	1.4	0.4
Conference Board(2013)	1990~1999	1.0	-0.3	1.5	-0.3
	2000~2009	0.3	-0.2	0.5	0.0

자료: 조동철 외(2014, p.10)

생산가능인구의 감소는 곧 주력 소비연령인구인 30~40대 인구의 감소와도 연결된다. 일찍이 케인즈는 경제성장의 원동력이 되는 투자가 시장의 규모에 영향을 받는데 그 중요한 요소가 인구라고 말한 바 있다(古川 2016, 39-42쪽). 일본 전체 인구가 줄어들기 시작한 것은 2000년대

말부터이지만 주력 소비연령인구는 그 전부터 감소하고 있었다. 버블붕괴의 충격과 인구 감소에 따른 수요 위축이 겹치면서 일본 경제는 불황 탈출에 어려움을 겪었다(이근태 외 2017, 4쪽).

한편 저출산·고령화로 인한 인구 감소 압력은 모든 지역에 동일하게 작동하지 않는다. 일본 전국을 도쿄권, 오사카권, 나고야권, 기타 지역으로 구분했을 때 기타 지역의 인구는 2001년을 정점으로 일찍부터 감소하기 시작했다. 반면 도쿄권의 인구는 최근까지도 계속 늘고 있으며 오사카권과 나고야권의 인구는 비슷한 수준을 유지하고 있다(北島 2015). 2014년 일본창성회의(日本創成会議, 일본생산성본부가 2011년 만든 민간 회의체, 영문명은 Japan Policy Council)의 인구감소문제검토 분과회의는 일본 전국의 약 1,800개 시구정촌(市区町村) 중 약 반수가 2040년까지 "소멸할 가능성이 있다"는 충격적인 추정 결과를 2014년 5월 발표했다. 사회보장·인구문제연구소의 추계(2013년 3월)와는 달리 지역간 인구이동이 장래에도 약화되지 않는다는 가정 하에 추정한 것이다. 물론 자세히 들여다보면 이들이 말하는 "소멸"이란 해당 지자체의 인구가 0이 되는 것을 의미하지는 않고 20~39세 여성 인구가 2040년에 2010년의 절반으로 감소하는 것을 말한다.[4] 출산율이 상승하더라도 출산가능 여성인구 자체가 감소하면 그 지역 인구의 유지 또는 회복이 어려워진다는 설명이다.[5] 비록 인구 이동 가정이나 소멸이라는 단어가 좀

---

4) 사회보장·인구문제연구소의 전국 인구 추계(2012년 1월)에서는 20~39세 여성이 2010년 대비 2040년에 36% 감소한다(출생 중위, 사망 중위 기준).
5) 日本創成会議·人口減少問題検討分科会, 2014, 14쪽.

과장된 것이기는 하나 이 보고는 저출산·고령화로 인한 많은 지자체의 인구 감소 위기를 환기시켰다는 점에서 의미가 있다.

3. 일본 정부의 대응

3.1. 저출산 대책

인구 고령화를 막거나 늦추는 1차적인 방법은 젊은 인구를 늘리는 것, 즉 자녀를 더 많이 낳도록 하거나(자연증가) 외부에서 젊은 인구가 유입되도록 하는(사회적 증가) 것이다. 일본의 경우 한국과 마찬가지로 이민에 대해서는 배타적인 분위기가 강하기 때문에 적극적인 이민 정책이 펼쳐지지는 않았다. 그렇다면 출산 장려 정책은 어떠하였을까? 일본에서 본격적인 저출산 대책은 지금으로부터 23년 전인 1994년 처음으로 확립됐는데, 한국과 일본의 인구구조가 20년 정도 차이를 두고 있다는 점을 고려하면 결코 빨랐다고 할 수 없다.

일본에서는 한국 대통령의 국회 시정연설과 비슷한 성격을 가지는 수상의 국회에서의 소신표명(所信表明)을 통해 각 내각의 중점 과제를 엿볼 수 있다. 이 소신표명에 육아 문제가 처음 언급된 것은 1989년 10월 가이후 도시키(海部俊樹) 수상에 의해서였는데 그조차도 매우 짤막한 것이었다(아래 인용문). 여성과 고령자에 대한 지원이 먼저 언급된 후 아동에 대해서는 겨우 한 문장이 할애되었으며 표현도 매우 완곡했다.

(전략) 저는 예전부터 진정한 남녀평등을 지향하며 여성이 가진 능력과 경험을 활용해 균형 있는 사회의 발전을 도모해야 한다고 생각했습니다. 앞으로도 여성의 생활감각을 존중하고 지위 향상을 꾀하며 여성이 그 능력을 발휘해 남성과 함께 힘을 모아 사회에 공헌할 수 있도록 노력하겠습니다. 길어진 제2의 인생을 지탱할 공적연금은 그 제도를 확실한 것으로 만들어 나가야 합니다. 연금액의 개선을 도모함과 함께 장래 후생연금 지급개시연령의 명시, 피용자연금 각 제도간의 부담 조정 등을 내용으로 하는 법률개정을 제안했으며 그 조기성립을 강하게 희망합니다. 개호(介護)가 필요한 어르신들에 관해서는 와병 상태가 되는 것을 극력 방지하고 더 인간미 있는 생활을 보낼 수 있고 가능한 한 가정이나 지역에서 생활할 수 있도록 하는 사회 만들기를 지향하겠습니다. <u>장래의 고령화사회를 담당할 아동이 건강하게 태어나 자라기 위한 환경 만들기에도 노력하겠습니다.</u> (후략)[6]

후생성 아동가정국장으로서 이 문장의 삽입을 위해 노력했던 후루카와 데이지로(古川貞二郎)는 "당시 정부가 고령화 대책만으로도 힘에 겨웠으며 일본제국 시절의 '낳자 늘리자'의 기억으로 사회에는 출생은 부부 문제라는 의식이 뿌리 깊었"기 때문에 정부가 출산 장려 정책을 펴는 것이 쉽지 않았다고 회고했다(日本経済新聞社 2015a). '낳자 늘리자'는 1939년 후생성이 제시한 '결혼십훈(結婚十訓)'의 마지막 10번째에 해당하는 것으로 정확히는 '낳자 늘리자 나라를 위해'였다. 군국주의 국가의 슬로건에 대한 패전 후 일본 사회의 반발이 저출산 대책을 늦추는 이유가 되었던 것이다. 후루카와의 또 다른 회고에 따르면 특히 후생성의

---

6) http://worldjpn.grips.ac.jp(データベース「世界と日本」).

여성 간부들이 수상의 소신표명에서 출산 관련 이야기는 다루지 않는 게 좋겠다는 충고를 했으며, 당시 유명했던 페미니스트 운동가인 가토 시즈에(加藤シヅエ)는 "국장님, 당신이 신경 쓰지 않아도 인구란 건 기복이 있으니 걱정 마세요"라는 말을 했다고 한다(후지요시 2016, 29쪽). 이처럼 당시 일본 사회의 분위기는 출산=애국이라는 말이 아무렇지도 않게 이야기되는 요즘 한국의 분위기와는 매우 달랐다고 할 수 있다.

　1989년 10월 수상의 소신표명이 있은 후 이를 기초로 출산율 저하에 대한 대책을 마련하기 위한 후생성 내 논의가 시작되었다. 당시 후생성의 인구예측은 2025년까지 합계출산율이 2.0으로 회복되는 것을 전제로 하고 있었는데 만일 1985년의 합계출산율 1.76이 지속된다면 예측보다 생산가능인구가 대폭 감소하게 돼 연금, 의료비, 노동력문제 등이 심각해질 수 있다는 것이 기본적인 문제의식이었다(産経新聞社 1989). 이제와 돌이켜보면 여전히 매우 안이한 판단이었던 셈이다. 그런데 그로부터 1년도 채 지나지 않아 이른바 '1.57 쇼크'가 일본 사회에 저출산 문제를 다시 한 번 환기시키게 된다. '1.57 쇼크'란 1990년 6월에 발표된 1989년의 합계출산율이 병오년 말띠에 대한 사회적 편견으로 과거 최저 출산율을 보였던 1966년의 1.58보다 낮아진 것을 가리킨다(〈그림 4〉). 이 사실은 당시 신문들의 1면에 대대적으로 보도되었다.[7]

---

7) 예컨대, 1990년 6월 10일 요미우리신문 조간 1면에는 "생애출산 최저의 1.57인 아동과 고령자 금세기중에라도 역전(生涯出産 最低の1.57人 子供と高齢者 今世紀中にも逆転)"이라는 기사가 실렸다.

〈그림 4〉 일본의 합계출산율과 여성초혼연령, 1950-2016

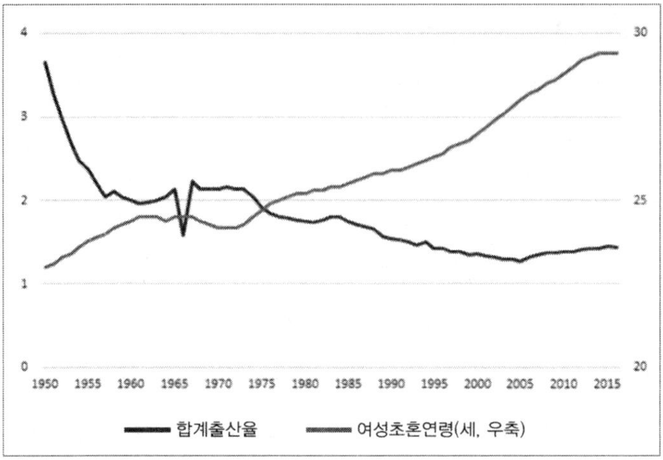

자료: 후생노동성, 인구동태통계조사

　　이에 일본 정부는 1990년 8월 '건강하게 아이를 낳고 기를 수 있는 환경 만들기에 관한 관계성청 연락회의'를 출범시켰으며 다음해 1월 관련 보고서를 공표하기도 했다. 이 보고서는 여성의 사회진출이 늘고 경제력은 향상된 반면 일·가정의 양립 곤란 등에 따른 결혼·육아 부담감의 증대가 여성의 미혼율 증가로 이어진 것이 저출산의 주요인이라고 파악했으며 그에 대한 대책으로 일·가정 양립지원, 남성의 가사 참가 지원, 모자보건 확충, 여유로운 교육(ゆとり教育) 등을 제시했다. 이에 따라 1992년 '육아휴업법(한국의 육아휴직에 해당)'이 시행되는 등 성과가 없었던 것은 아니지만 정부 정책의 관심은 여전히 고령자에 쏠려 있었고 후생성 내에서도 아동가정국은 주류가 아니었다(守泉 2014, 3-4쪽; 후지요시 2016, 32쪽).

범정부 차원의 저출산 대책 마련이 본격화된 것은 1993년 최초의 비자민 연립정권인 호소카와 내각이 출범하고 후생대신으로 민사당의 오오우치 게이고(大內啓伍)가 임명되면서부터였다. 오오우치는 1989년 후생성이 발표한 일명 '골드 플랜(고령자 보건복지 추진 10개년 전략)'에 대응하는 '엔젤 플랜'을 수립하고자 했다. 결국 그가 후생대신에서 물러난 후 1994년 12월이 되어서 '엔젤 플랜'은 범정부 차원의 '금후 육아지원을 위한 시책의 기본방향에 관하여'라는 제목으로 발표되었다. 엔젤 플랜은 일과 육아의 양립을 위한 고용환경정비, 보육 서비스 충실화, 모자보건의료체제의 충실화, 주택·생활환경의 정비, 학교교육·가정교육의 충실화, 육아의 경제적 부담 경감, 육아 지원 기반정비 등 7개 항목에 관해 구체적 대응책을 열거했다. 특히 같은 달 발표된 '긴급보육대책 5개년사업'에 의해 보육 서비스 확충이 중점 실시되었으며, 1995년에 실시된 육아휴직 중 25% 소득 보장, 1997년에 실시된 주 40시간 노동제도도 이 계획에 기초한 것이었다(守泉 2014, 4쪽; 후지요시 2016, 32-33쪽).

일본 정부가 엔젤 플랜을 발표하고 관련 대책을 실행해 나갔지만 합계출산율을 계속해서 하락했다(〈그림 4〉). 이에 따라 엔젤 플랜 이후에도 보육 서비스 확충, 일·가정 양립 지원, 일하는 방식 개혁 등에 초점을 맞춘 시책들이 추가되었다. 2003년에는 정부와 기업의 노력을 의무화한 '소자화(少子化)사회 대책 기본법'과 '차세대 육성지원 대책 추진법'이 제정되었다. 이 두 법에서 주목할 만한 것은 중앙과 지방정부 외에도 기업과 사업주에 의무를 부여한 점이다. 일·가정 양립을 저해하는 중요한 요소로서 이른바 일본식 고용의 문제점이 대두된 것이 배경이었다. 차세대 육성지원 대책 추진법은 상용근로자 300인 이상 기업에 대해 차세대 육성지원 행동계획을 책정하고 실시하도록 의무 짓기도 했다(守泉 2014, 5쪽). 2009년 집권한 민주당 내각은 기존 대책에 더해 가정에 대한 현금지원도 강화했다. 중학생 이하의 아동이 있는 전 가정에 아동 1인당 월 10,000~15,000엔의 아동수당이 지급되었다. 이 제도는 2012년 4월 이후 소득 제한이 부활하기는 했으나 2009년 전보다 액수나 규모가 커진 점에는 변함이 없었다(守泉 2014, 8쪽).

〈그림 5〉 일본의 보육소 정원과 대기아동수 (단위: 만명)

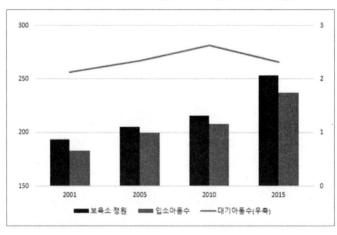

자료: 후생노동성 홈페이지
주: 2001년부터 대기아동수 기준 변경. 2015년 통계는 보육소 외에 '認定こ ども園' 등을 포함.

이처럼 다양한 대책이 시행되고 있는데 그 중에서도 난제로 이야기되는 문제 하나를 소개하고자 한다. 한국 언론에도 가끔 보도되는 바로 '대기아동' 문제이다. 가정 어린이집을 포함해 비교적 느슨한 조건을 만족한 모든 어린이집에 다니는 영유아의 보육료를 무료로 한 한국과 달리 일본에서는 일정한 기준을 갖춘 보육시설에 대해서만 정부가 인가를 주고 재정지원을 해왔다. 출생아 수는 줄어들고 있지만 부모의 취업으로 보육에 대한 수요가 늘어남에 따라 1995년 이후 입소 희망 아동수가 계속해서 늘고 있고 이에 따라 정부 역시 재정지원이나 민영화를 통해 인가 보육시설의 정원을 늘려가고 있다. 하지만 대도시를 중심으로 정원을 늘리면 다시 수요가 늘어나는 현상이 반복됨으로써 보육소에 지원서를 내고 입소를 기다리는 대기아동 수는 2만명대에서 줄지 않고 있다 (〈그림 5〉).

일본 정부의 다양한 저출산 대책의 성과는 어떠할까? 일본의 합계출산율은 2000년대 후반부터 하락을 멈추고 약간 반등하는 모습을 보였을 뿐 여전히 낮은 수준에 있다(〈그림 4〉). 초혼연령은 계속해서 상승하고 있으며 35~39세 여성의 미혼율은 1950년에는 3.0%에 불과했으나 1970년 5.8%, 1990년 7.5%, 2015년에는 23.9%까지 상승했다.[8] 이에 대해서는 일본의 GDP 대비 가족관계 사회지출이 1.35%에 불과해 한국 (0.94%)과 함께 OECD 국가들 중 최하위 그룹에 속해 있는 점이 지적되기도 한다(2011년 기준). 저출산 문제가 상대적으로 덜 심각한 덴마크, 영

---

8) 35~39세 남성의 미혼율은 1950년 3.2%, 1970년 4.7%, 1990년 19.1%, 2015년 35.0%. 5년마다의 국세조사 결과 수치임.

국, 스웨덴, 프랑스 등은 가족관계 사회지출이 3~4%에 이르렀다. 하지만 일본보다 지출 비중이 높은 독일, 이탈리아도 일본과 유사한 저출산 문제를 겪고 있는 것을 고려하면 각국의 사회 문화 요인 등도 중요한 요소로 작용하고 있다고 보아야 할 것이다(守泉 2015, 20쪽).[9] 이 점은 일본과 문화적 공통성을 비교적 많이 가지고 있는 한국에서도 저출산 극복이 쉽지 않을 수 있음을 시사한다.

한편 저출산 대책은 일·가정의 양립을 지원한다는 점에서 여성 고용 확대 정책과 일맥상통하며 출산 장려가 효과를 내지 못하는 상황에서 무게중심이 점차 여성 인력 활용으로 이동하고 있기도 하다. 최근 아베 정권의 성장전략도 1억 인구 유지를 내세우고는 있지만 실상은 워크 라이프 밸런스(work-life balance) 등을 통해 여성들의 고용 참여를 늘이는 데 방점이 찍혀 있는 것으로 보인다. 이것도 일종의 진화라고 할 수 있는데 실제로 출산율 상승은 지지부진한 반면 여성의 노동 참여는 계속해서 늘고 있다. 일본 생산가능인구의 정점은 1995년이었고(〈그림 2〉) 경제활동인구 즉 취업자와 실업자의 합계 역시 1990년대 중반까지 꾸준히 늘어나다가 1998년 정점(679만명)을 찍고 이후 감소로 돌아섰다(〈그림 6〉). 하지만 감소폭은 달랐다. 15-64세 인구는 1995년 대비 2015년에 11%나 감소했지만 경제활동인구는 1%밖에 감소하지 않았으며 최근에는 소폭 상승하는 모습도 보이고 있다. 취업자 수도 마찬가지다. 15-64세 인구의 감소에도 취업자 수가 감소하지 않았던 이유 중 하나로 특히 2000년대

---

9) 물론 정부 지출이 어디에 쓰이는지 즉 지출의 효율성도 중요할 것이다.

중반 이후 뚜렷이 나타난 여성 취업자 증가를 들 수 있다(〈그림 7〉).

〈그림 6〉 경제활동인구, 취업자 수, 1980-2017 (단위: 만명)

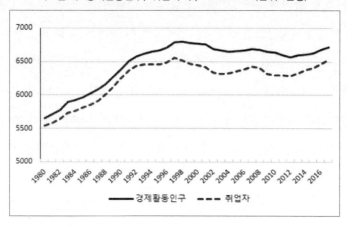

자료: 일본 노동력조사

〈그림 7〉 성별 취업자 수, 1980-2017 (단위: 만명)

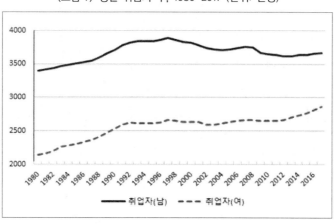

자료: 일본 노동력 조사

3.2. 연금제도 개혁과 고령자 고용 촉진

일본 정부의 중요 과제로 처음 고령화가 등장했을 때는 고령화로 인한 경제 활력의 저하보다는 고령자의 생활 안정이 더 우선시됐다. 1950년대 고도성장으로 선진국 대열에 진입한 일본은 그 후 연금, 의료 등 복지 시스템을 갖춰 나가기 시작했다. 그 전에도 공무원, 군인이나 피고용자를 대상으로는 의료보험과 연금 제도가 만들어져 있었지만 1961년 국민연금과 국민건강보험이 도입돼 '국민개보험', '국민개연금'을 실현할 수 있게 됐다. 하지만 피고용자를 대상으로 한 후생연금제도가 비교적 충실했던 데 비해 주로 자영업자가 대상이었던 국민연금은 역사가 짧고 액수가 충분하지 않아 고령자의 노후 문제가 제기됐다. 1970년대에는 국민연금의 충실화가 추진되었으며 의료 측면에서도 1973년 노인의료비지급제도, 1983년 노인보건제도가 실시돼 노인들이 무료 또는 매우 낮은 비용으로 진료를 받을 수 있게 됐다. 1970년대 후반부터 정부의 지도·지원에 의해 진행된 정년 연장도 건강 수명이 연장됨에 따른 고령자의 일하고자 하는 욕구와 생활 안정 요구가 크게 작용했다. 1980년대 들어 일본 기업의 정년은 60세가 주류가 됐으며 1986년 고연령자고용안정법에 의해 60세 정년제가 노력의무화됐다. 이와 병행해 1985년 연금개혁에 의해 55세였던 여성의 연금개시연령이 1999년까지 단계적으로 60세로 인상됐다(泉真 2013).[10]

---

10) 남성은 이미 1957년부터 4년에 1세씩 인상해 1973년에 60세가 되어 있었다. 이하 연금 지급개시연령 인상에 대해서는 社会保障審議会年金部会事務局, 支給開始年齢について, 第4回社会保障審議会年金部会資料1, 2011 참조.

그런데 앞의 1.57 쇼크는 정책의 방향을 전환시켰다. 고령자 고용 증대의 일차적 목표가 복지·재정 부담 완화에 두어지게 된 것이다. 1994년과 2000년의 연금개혁은 연금 재정 부담 완화를 위해 지급개시연령을 다시 65세까지 단계적으로 끌어올렸다. 일본의 은퇴 후 연금제도는 국민연금 가입자와 후생연금 가입자 모두가 받는 정액의 기초연금과 피고용자인 후생연금 가입자만 받는 보수비례의 후생연금으로 이루어져 있다. 1994년의 개혁은 이 중 먼저 남성의 정액부분 지급개시연령을 2001년부터 2013년까지, 그 다음 여성의 정액부분을 2006년부터 2018년까지 단계적으로(3년 간격 1세씩) 올리도록 했다. 그로부터 6년 후인 2000년의 연금개혁은 다시 보수비례 부분에 대해서도 지급개시연령을 끌어올리도록 했는데, 마찬가지로 12년 동안(남성 2013~25년, 여성 2018~30년) 65세로 올리는 것이었다.

연금을 더 늦게 받도록 하기 위해서는 고령자의 은퇴 연령 또한 늦출 필요가 있었다. 일본 정부는 고령자가 새로운 지급개시연령인 65세까지 일할 수 있도록 돕는 제도들을 차례로 도입했다. 노력의무화로 돼 있던 60세 정년제가 1998년에는 법정화 됐으며 2006년에는 65세까지 고용을 계속할 수 있는 조치(=고연령자 고용확보조치)를 기업에 의무화했다. 2006년의 의무화는 노사협정으로 대상자를 한정할 수 있도록 했는데, 여성 기초연금 지급개시연령이 65세가 된 2013년에는 이를 더욱 강화하여 노동자가 원할 경우에는 65세까지 계속 고용을 의무화하도록 했다(경과조치 있음).

여기서 계속 고용 의무화란 반드시 정년 연장을 의미하는 것은 아니다. 일본 정부 조사(취로조건종합조사)에 따르면 2016년 현재 일률정년제를 취하고 있는 기업11) 중 정년을 60세로 하고 있는 기업이 80.7%로 가장 많았고 그 다음으로 65세가 15.2%였다. 흥미로운 것은 중소기업일수록 65세 정년이 많았다는 것인데 종업원 1,000명 이상 기업의 90.4%가 60세 정년이고 65세는 6.7%에 불과했던 반면 30~99명 기업은 60세 정년이 78.3%, 65세 정년이 17.3%였다. 중소기업일수록 고령자 고용의 필요성을 더 느끼고 있음을 엿볼 수 있다. 한편 정부가 의무화한 고용확보조치의 내역을 보면 기업의 16.1%가 정년 연장으로 대응한 반면 81.3%는 계속고용제도를 도입했다(고연령자의 고용상황 조사, 2016년 6월 1일 현재). 대부분의 기업이 정년은 60세로 둔 채 정년이 지난 노동자를 재고용하는 방식을 채택한 것이다.

한국에서 최근 정년 60세 의무화와 맞물려 임금피크제가 사회적 논란이 된 바 있다. 이때 임금피크제를 도입한 사례로 일본 기업들이 많이 이야기됐지만 사실 일본에서는 우리처럼 정부가 적극적으로 임금피크제 도입을 추진·권고한 바도 없고 임금피크제라는 말도 없다. 다만 많은 일본 기업들이 60세 정년 연장이 입법화된 1990년대 후반 취업규칙 개정을 통해 임금 곡선을 완만하게 하거나 일정 연령 후 삭감하는 피크형 임금체계를 도입했다. 그 과정에서 법적 분쟁이 야기되기도 했으나 1997년 일본 법원은 노동자의 고령화 상황과 개정 후의 임금수준을 동종 업계와 비교하여 합리적이라면 문제가 없다고 판결해 이를 뒷받침했다.

---

11) 2016년 1월 1일 현재, 전체 조사 대상 기업의 93.7%가 일률정년제를, 4.6%가 무정년제를, 1.5%가 직종별 정년제를 취하고 있었다.

또한 최근 65세 계속 고용 의무화에 따라 사실상의 임금피크제가 자연스럽게 확산되고 있다. 앞서 언급했듯이 대부분의 기업은 정년을 60세로 유지한 채 정년이 지난 노동자를 재고용하는 방식을 취하고 있는데, 이때 재고용 후의 임금을 그 전보다 낮추는 것이 일반적이다(류상윤 · 문병순 2015, 30쪽).

이처럼 일본 정부가 고령화에 따른 재정 부담을 줄이기 위해 연금 개혁을 비롯한 노력을 해오고 있지만 GDP 대비 고령자 관계 사회복지지출(공공)은 1980년 3%에서 2010년 10%까지 상승했다. 같은 기간 사회복지지출(공공) 중 고령자 관계 지출의 비중도 29%에서 46%로 상승했다(이상 OECD 기준). 이처럼 고령화가 큰 요인을 차지하고 있는 사회보장 지출의 증가는 1990년 대비 2017년 예산 증가분의 대부분을 점한다(〈그림 8〉). 결국 증세를 피할 수 없게 되었고 그것이 2014년의 소비세율 인상으로 귀결되었다. 국민 반발이 뻔한 증세가 큰 무리 없이 통과될 수 있었던 것은 추가로 걷게 되는 세금을 사회보장 재원으로 사용한다는 정부의 논리가 먹혔기 때문이기도 하다. 그럼에도 소비세율의 추가 인상이 계속 미뤄지고 있는 것에서 보듯이 재정건전화라는 관점에서 사회보장과 세제의 개혁은 아직 멀었다고 할 수 있다.

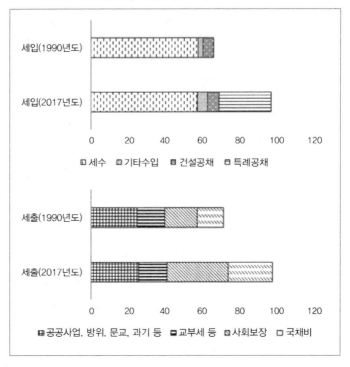

〈그림 8〉 일본 재정 세입·세출 구성의 변화 (단위: 조엔)

자료: 재무성 홈페이지

　　연금제도를 비롯한 사회보장 개혁이 재정 부담을 해소하지는 못했지만 저출산 정책이 여성 고용을 확대시킨 것과 마찬가지로 고령자 고용 확대에는 기여했다. 60-64세 인구의 고용률을 살펴보면(〈그림 9〉) 남성의 경우 2000년대초까지 고용률이 감소하는데 이는 연금제도의 정비, 농민을 포함한 자영업자의 감소 등의 영향을 받았다. 그 같은 감소 추세도 2000년대 중반에는 상승으로 반전했다. 여성의 경우도 2000년대 초까지는 고용률이 정체하는 모습을 보이다가 2000년대 중반 상승 궤도에 올라섰다. 2000년대 들어 기초연금의 지급개시연령이 65세로 단계적으로 상승하고 그와 관련된 정책으로서 앞서 언급했듯이 2006년에 65세까지 고용을 계속할 수 있도록 하는 조치가 기업에 의무화된 것이 영향을 미쳤던 것으로 보인다.

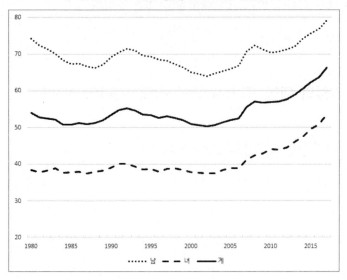

〈그림 9〉 60-64세 고용률, 1980-2017 (단위: %)

자료: 일본 노동력조사

고령자 고용의 증가가 앞으로 새로운 문제를 낳을 가능성도 있다. 앞서 계속고용제도가 사실상의 임금피크제 역할을 하고 있다는 점을 지적한 바 있는데, 일본 노동정책연구 · 연수기구의 '60대 고용 · 생활조사 (2014년 7~8월)'에 따르면 정년 후 계속고용자 중 80.3%가 임금액이 감소했다고 응답했다(JILPT 2017, 15-18쪽). 감소했다는 응답자 중에서는 감소폭 21~30%가 18.6%, 31~40%가 13.7%, 41~50%가 24.2%, 51~60%가 10.8%이었다. 업무 내용의 변화에 대해서는 계속고용자 중 50.7%는 변하지 않았다고 했고 34.8%는 같은 분야의 업무이지만 책임의 무게가 변했다고 했다. 변하지 않았다는 응답자 중에서도 77.2%가 임금은 감소했다고 했는데 앞으로 동일노동·동일임금이 강조되어 감에 따라 계속고용자에 대한 임금 차별이 점차 대두될 수 있을 것이다.

4. 기업의 대응: 고령자 고용 확대, 시니어 시프트

4.1. 자발적 고령자 고용 확대

앞서 본 것처럼 일본 사회가 일손 부족과 구인난으로 어려움을 겪고 있지만 2012년 이후 취업자 수는 오히려 늘어났다(〈그림 7〉). 2017년 취업자는 6530만명으로 2012년에 비해 250만명 증가했는데, 그 증가에 가장 크게 기여한 연령층이 65~69세로 5년 사이 211만명이 늘었다. 물론 여기에는 단카이(團塊)세대로 불리는 일본의 전후 베이비붐 세대(1947~49년)가 2012년에 65세를 맞기 시작한 것도 작용했지만 같은 기간 이 연령층의 고용률 또한 남녀 모두 뚜렷이 상승했다(〈그림 10〉). 앞서 65세 계속고용에 대해서는 일본 정부가 법적인 강제를 하고 있다는 것을 지적한 바 있지만 65세 이상에 대해서는 그 같은 강제가 없는데도 고용이 늘어났던 것이다.

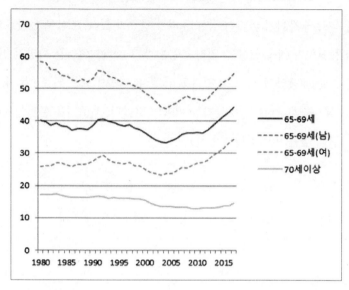

〈그림 10〉 65세 이상 고령자의 고용률, 1980~2017 (단위: %)

자료: 노동력조사

고령화와 건강연령의 상승에 따라 일하고 싶어 하는 고령자가 늘어
남과 함께 기업도 65세 이상 고령자를 고용하는 태세를 강화하고 있다.
후생노동성의 '고연령자의 고용상황' 조사에 따르면 70세까지의 고용을
가능하게 한 기업은 2009년 11.9%에서 2017년 22.6%로 두 배 가까이 늘어
났다(각년 6월 현재).[12] 특히 대기업(301인 이상)의 15.4%에 비해 중소기
업(31~300인)은 23.4%로 더 적극적인 모습을 보였다.

업종별 특성은 일본 노동정책연구·연수기구의 '고연령자의 고용
에 관한 조사(기업조사)'(2015년 7월)를 참고할 수 있다. 질문이 조금 다

---

12) 厚生労働省, 高年齢者の雇用状況.

Ⅰ. 저출산·고령화와 일본 정부·기업·지역사회의 대응 51

른 '65세 이후에도 희망하면 계속 일할 수 있는가'여서 후생노동성 조사와는 응답에 차이가 있다는 점에 유의할 필요가 있다. 조사에 응한 6,187개사 중 30%가 계속 일할 수 없다고 응답했고 나머지 70%는 희망자 전원 또는 기준 해당자가 일할 수 있다고 답했다. 업종별로는 의료·복지, 운수, 음식·숙박, 건설 등이 불가능 비율이 낮았다. 제조업은 불가능 비율이 비교적 높은 편이었다(〈표 2〉).

〈표 2〉 업종별 65세 이상 계속고용 가능 여부

업종	조사 기업 수	불가능	기준해당자 가능	희망자 전원 가능
전체	6,187	29.6%	55.5%	10.4%
건설업	460	19.1	67.0	11.7
제조업	1,757	33.8	55.2	8.1
정보통신업	187	47.1	31.6	2.1
운수업	613	18.6	61.7	17.0
도소매업	1,141	36.7	52.9	6.3
음식·숙박업	237	18.6	59.9	16.9
의료·복지	195	15.4	66.7	14.9
기타 서비스업	1,000	24.1	55.9	15.1

자료: JILPT(2016, p.188)
주: 합계에는 표본 수가 100보다 작은 업종(전기·가스·수도, 금융·보험, 부동산, 교육·학습지원)과 해당 질문 무응답이 포함돼 있다.

기업들이 65세 이상 고령자를 고용하는 이유는 무엇일까? 위의 질문에 가능하다고 답한 회사에 65세 이상 고령자를 고용하는 이유를 묻자(복수응답 가능) 가장 많은 응답 두 가지는 의욕과 능력이 있다면 나이는 중요하지 않다는 것(66%), 그리고 고령자에 체화된 능력·지식 등의 활용(63%)이었다. 그 다음은 '성실히 일해줘서'(25%), '기술이나 일에 대한 자세에 관해 젊은이들에게 교육효과를 기대해서'(24%)가 차지했다(JILPT 2016, 193쪽).

〈표 3〉 업종별 65세 이상 중도채용 이유 (복수응답 가능)

	전체	건설	제조	운수	도소매	음식·숙박	의료·복지	기타 서비스
채용 기업 수	1,006 (100%)	53 (100)	167 (100)	136 (100)	135 (100)	63 (100)	62 (100)	291 (100)
경영간부 확보	2.8%	3.8	3.6	0.7	2.2	-	4.8	1.4
중간관리직 확보	2.1%	5.7	3.0	-	-	-	3.2	2.1
높은 기능·기술·노하우 활용	25.2%	49.1	33.5	19.1	19.3	12.7	24.2	19.2
젊은 종업원에게 기능·노하우 전수	6.5%	9.4	12.6	2.2	4.4	3.2	4.8	5.2
근무태도나 일하는 방식의 성실함	19.3%	18.9	18.0	22.1	18.5	23.8	27.4	19.6
응모가 있어서	38.4%	18.9	19.8	39.0	40.0	57.1	40.3	52.2
비교적 저임금으로 채용 가능	11.0%	9.4	10.8	7.4	12.6	7.9	4.8	14.1

자료: JILPT(2016, p.255)
주: 전체 기업 수에는 기타, 업종 무응답과 표본 수가 50보다 작은 업종(전기·가스·수도, 정보통신, 금융·보험, 부동산, 교육·학습지원)이 포함돼 있다.

이상은 계속고용에 대한 것이고 조사에 응한 회사 중에는 65세 이상 인력을 중도채용(2014년 4월~2015년 7월)한 회사도 1,006사가 있었다. 이들에 대해 채용이유를 묻자(복수응답 가능) 응모가 있어서(38%)라는 대답이 가장 많았고 높은 기술·기능·노하우의 활용(25%), 근무태도나 일하는 방식의 성실함(19%)이 그 다음을 이었다. 업종별로 보면 건설업이나 제조업의 경우 노하우 활용에 더 무게를 두고 있는 것이 특징이었다(〈표 3〉).

이처럼 고령 노동 공급의 증가에 대한 대응이라는 수동적 측면도 있지만 전반적인 구인난 속에 축적된 노하우, 성실함 등과 같은 고령 인력의 가치 또한 재평가되면서 기업이 고령자 고용을 확대해갔다고 할 수 있을 것이다. 단카이 세대가 70세를 넘김에 따라 65~69세 연령층도 감소하게 될 것이므로 65~69세의 고용률을 늘리기 위한 기업의 노력이 앞으로 한층 더 늘어나는 한편 지금까지는 변화를 보이고 있지 않은 70세 이상 고용도 활성화될 가능성이 있다. 생산가능인구 감소에 따른 노동력 부족을 맞아 일본 사회는 고령자들이 더 일하는 사회로 적응·진화해가고 있는 것이다.

4.2. 시니어 비즈니스에서 활로 찾기

저출산·고령화로 일본 내수 시장은 큰 성장을 기대하기 어려운 시장이 됐지만 고령층에만 한정해서 보면 이들의 소비력은 계속해서 커지고 있다. 일본 총무성 통계국의 2016년 '가계조사'에 따르면 가구주가 65세 이상인 가구의 소비지출은 전가구 소비지출의 40%를 차지했다. 물론 여기에는 65세 이하 가구원의 소비도 포함되어 있기 때문에 고령자만의 소비력은 그보다 작겠지만 가구가 아닌 인구로 보더라도 2020년에 60세 이상 인구의 소비지출 비중이 46%에 이를 것이라는 추계도 있다(前田展弘 2013). 실제로 종이 기저귀 시장에서 2012년 성인용 기저귀가 유아용 기저귀를 추월했다(週刊東洋経済社 2013). 욕실이나 난간 개조를 포함해 고령자들의 생활 편의를 위한 주택 리폼 시장은 해마다 커지고 있으며 여성 전용 피트니스 센터로서 성공한 커브스(Curves)는 중고년 여성들로 북적대고 있다. 특히 2012년 단카이세대의 65세 진입은 기업들이 고령자 소비 시장을 더욱 주목하게 되는 계기가 되었고 '시니어 시프트(senior shift)'는 업계의 화두가 됐다.

고령자 소비 시장을 의료 · 의약, 개호, 생활 등 산업에 따라[13] 또는 건강장수, 사회참가, 여가 즐기기, 불편 · 불만 해소, 재택생활지원 등 고령자의 니즈에 따라 구분하기도 하지만[14] 여기서는 기업의 대응이라는 측면에서 주로 기존 기업의 시니어 비즈니스 확대 노력에 초점을 맞추어 몇 가지 사례를 소개하고자 한다.

과거 젊은이들이 주요 고객이었던 편의점은 이제 고령자 고객 증가에 대응하고자 노력하고 있다. 세븐 일레븐의 조사에 따르면 1999년도까지 10대와 20대가 고객의 절반 이상을 차지했으나 2015년도에는 25%에 그쳤다. 반면 50대 이상 고객은 같은 기간 16%에서 33%로 늘어났다(セブン&アイ · ホールディングス 2017, 28쪽). 고령자의 편의점 이용이 늘어난 것은 인구 구성의 변화도 있지만 이동이 상대적으로 부자유스러운 고령자들이 비싸더라도 가까운 근처 편의점을 이용하게 된 것도

---

13) 예컨대 심우창(2017).
14) 예컨대 前田展弘(2014).

배경으로 지적되고 있다. 일본에서 진행되고 있는 소매업의 추세는 대형화를 통해 싼 가격에 다양한 상품을 제공하는 것이지만 이것이 점포의 교외화와도 연결되다 보니 자택으로부터의 행동반경이 좁은 고령자들이 장보기에 곤란을 겪는 이른바 쇼핑난민(買い物難民) 문제가 발생했다(笹井 2010). 그에 대한 일종의 대안으로서 가까운 거리의 편의점이 가격은 비싸더라도 고령자들의 쇼핑 장소로 대두되어 온 것이다. 편의점들은 고객 변화에 대응해 그리고 고령자들을 좀 더 적극적으로 유치하기 위해 상품 구성을 바꾸는 등의 노력을 해왔다. 소량의 반찬류를 다양하게 배치했고 도시락도 과거에는 젊은이들을 대상으로 양을 중시하는 제품이 많았다면 소량의 건강을 중시하는 메뉴를 늘렸다. 세븐 일레븐은 도시락·반찬을 배달하는 '세븐밀(Seven Meal)' 서비스를 충실화해서 고령자들의 인기를 얻고 있다(村田裕之 2014, 71-72쪽, 김재홍 외 2017, 29쪽).

대형 쇼핑몰도 소비력이 늘고 있는 고령 고객들을 끌어들이기 위해 노력하고 있다. 가장 특징적인 것은 이온(AEON)인데 55세 이상을 G.G 즉 '위엄이 있는', '최고위의' 세대(grand generation)라 칭하며 이들을 상대로 한 마케팅에 힘을 쏟고 있다. 2013년 재개장한 도쿄 동부의 가사이(葛西)점은 그 첨병이다. 1~3층도 노인 모자, 돋보기 등을 좋은 위치에 전시하는 등 고령자를 배려했지만, 특히 4층은 한 층 전체를 'G.G 몰'이라고 하여 고령자들의 복합 쇼핑·문화 공간으로 만들었다. 카페와 문화교실을 고령자 교류의 장으로 활용하도록 했으며 고령자들이 애완동물에 많이 의지한다는 점을 고려해 애완동물 관련 상품·서비스를 좀 더

편안한 분위기에서 소비할 수 있도록 했다(DIAMOND online 2013). 최근에는 고령자의 생활 사이클이 빠르다는 점에 주목해 아침 7시로 개점 시간을 당기고 라디오 체조 모임을 열어 화제가 되기도 했다. 고령 주부들이 모여 체조를 한 후 식사나 쇼핑을 할 수 있도록 유도해 점포 매출액도 크게 늘었다고 한다(日本経済新聞社 2017).

입지상의 특성을 고령자 특화로 활용 또는 극복하려는 소매점도 나타났다. 도쿄 북부의 아카바네는 도영(都營)주택 등의 영향으로 고령자가 상대적으로 많은 지역이다. 다이에는 2012년 3월 이곳의 기존 점포를 개축한 신 점포를 열었는데, 에스컬레이터의 속도를 늦추고 가격표를 크고 보기 쉽게 표기하는 등 고령자 배려에 관심을 기울였으며 제품면에서도 성인용 기저귀 등 개호용품과 염색제, 지팡이 등 고령자 니즈에 맞는 제품들의 구성을 확대했다(이상진·홍석균 2012, 22쪽). 한편 도쿄 남부 오타구(大田區)의 다이신백화점은 약한 브랜드 가치와 역에서 좀 떨어져 있다는 입지상의 약점을 고령자 특화를 통해 극복해보고자 했다. 신제품만이 아닌 구제품도 다양하게 들여놓고 고령자들이 즐기는 식품은 가짓수를 늘렸으며 쉴 수 있는 의자를 마련하고 고령자 대상 무료택배서비스를 하기도 했다. 그래서 "여기라면 전부 있다"고 생각하는 고령자들로 매장은 붐볐으나(日本経済新聞社 2015b) 결국은 다른 계층의 이탈로 인한 고전으로 2016년 다른 소매기업(돈키호테)에 인수되고 말았다(日本経済新聞社 2016a). 이 사례는 고령자의 소비력이 커졌다고는 하나 다른 연령층을 배제하는 시니어 시프트는 위험할 수 있다는 것을 보여준다.

고령층 배려는 전기전자 업계에서도 진행됐다. 시기적으로 이른 예로서는 NTT도코모의 '라쿠라쿠폰'을 들 수 있다. 이것은 1999년에 판매를 개시해 스마트폰이 등장하기까지 크게 히트한 상품으로 중고년층을 타겟으로 해서 기능을 기본적인 것으로 최소화하고 디스플레이나 단추의 글자는 크게 하고 단추 간격을 벌려 잘못 누르지 않도록 한 것이다. 2000년대 후반에는 고령층 내의 다양성을 고려해 하이엔드, 미들, 로우엔드의 세 가지 타입으로 제품이 세분화되기도 했다. 발상 전환으로 히트한 상품도 있었다. 닌텐도가 2005년 발매한 '뇌를 단련하는 어른의 DS 트레이닝'[15]은 게임은 아이들이나 하는 것이라는 발상을 여지없이 깨트렸다. 치매 예방이라고 하는 중고년층의 강한 니즈를 게임이라는 제품으로 해소한 것이다(村田裕之 2014, 147-150쪽, 162-163쪽).

최근에는 스마트 기술을 이용해 기존 가전에 고령자 지킴이(見守り) 서비스를 추가하는 움직임도 나타나고 있다. 샤프는 시마네현의 한 지자체와 함께 고령자의 TV 시청 정보를 등록된 친족에게 메일로 알리는 서비스를 시험했다. 그 날 맨 처음 켠 시간을 알려주거나 24시간 켜지 않았을 때 통보해서 연고자들이 갑작스런 상황을 빨리 인지할 수 있도록 한 것이다(日本経済新聞社 2016b). 샤프는 집합주택을 대상으로도 건강과 관련한 간단한 TV 화면상의 설문을 통해 특이상황을 발견하고 대처할 수 있도록 하는 실험을 실시한 바 있다.[16]

전혀 상반된 사업으로 보이는 분야의 기업이 고령자 시장에 뛰어들

---

15) 한국에서는 '매일매일 DS 두뇌 트레이닝'이라는 이름으로 판매됐다.
16) http://www.sharp.co.jp/business/mimamori/.

어 사업을 확대하는 경우도 있다. 주로 학생들 대상의 교육사업을 전문으로 하던 기업이 고령자 주택 사업을 본격화하고 있는 것이 좋은 예이다. 저출산·고령화로 학생 교육 시장이 축소되고 있는 가운데 교육 서비스 노하우를 활용할 수 있는 길을 모색한 결과이다. '빨간펜 선생'으로 유명한 베네세와 학습지·참고서 전문 출판사 학연(学研)은 2004년경부터 각각 자회사인 베네세 스타일 케어와 학연 코코팜(cocofump)을 통해 개호 서비스, 고령자 주택 사업을 실시해왔다. 최근에는 일본 정부의 개호 정책 초점이 시설보다는 재택으로 옮겨가는 것에 주목해 고령자들이 불편 없이 살 수 있고 갖가지 필요한 서비스도 받을 수 있는 '서비스 딸린 고령자 대상 주택(サービス付き高齢者向け住宅)' 사업을 확대해 가고 있다(日本経済新聞社 2013a).

끝으로 기존 기업의 전환 노력은 아니지만 최근 유행하고 있는 '4차 산업혁명'과 관련된 기술을 고령자 시장에 활용하고 있는 일본 벤처 기업들의 노력도 소개해두고자 한다. 하나는 이미 상용화가 상당히 진전되고 상장까지 한 기업이고 다른 하나는 이제 시작 단계에 있는 것이다. 츠쿠바대학의 교수가 2004년 설립한 벤처 사이버다인(Cyberdyne)은 2009년부터 HAL이라고 하는 웨어러블 로봇을 생산·판매하고 있다. 이 로봇은 하반신 장애를 가진 사람의 보행 등을 돕고 재활을 지원하고자 개발된 것인데 하반신 힘이 약한 고령자의 니즈도 충족할 수 있어 'HAL 복지용'이 2010년부터 복지시설 등에 렌탈되기 시작했다(日本経済新聞社 2013b). 최근에는 모델을 좀 더 세분화해서 고령자의 앉고 서기를 지원하는 'HAL 허리 타입 자립지원형'과 고령자 개호 담당자의 허리 부담

을 덜어주는 'HAL 허리 타입 개호지원용'도 생산하고 있다.[17]

HAL에 비해서는 아직 시범 단계에 있지만 2017년 3월 경제산업성 주최 일본 헬스케어 비즈니스 콘테스트에서 최우수상을 받은 'DFree'라는 배설 예측 웨어러블 기기가 있다. 2015년 설립된 Triple W Japan이라는 벤처가 개발했는데, 웨어러블 기기가 초음파 센서로 방광의 수분량을 측정하고 알고리즘에 의해 배설시기를 예측해 스마트폰 등 외부 앱에 전달하는 것으로 고령자, 척추손상자 등 배설에 곤란을 겪는 환자와 간호 담당자들에게 큰 도움을 줄 것으로 기대되고 있다. 지금까지 요양 시설에서는 숙련된 간호 인력이 직접 돌아다니며 개개인의 배설량, 음수량 등을 체크해야 해서 배설이 가장 큰 업무 부담으로 조사되기도 했는데 DFree를 활용하면 여러 사람의 배설 예측 정보를 스마트폰 등으로 한 번에 확인할 수 있어서 효율화를 꾀할 수 있다(이지평 외 2017, 12쪽).

5. 지역 사회의 대응: '지역살리기협력대'와 '후쿠이 모델'

5.1. 폐촌 위기의 마을을 활기찬 마을로

저출산·고령화의 심화가 야기할 '지방소멸'에 가장 취약한 것은 역시 농어촌 마을이다. 실제로 많은 마을에서 폐촌 현상이 나타나고 있지만 그러한 위기를 딛고 활기를 되찾은 마을들도 있어서 일본 사회의

---

17) 사이버다인 홈페이지 참조(www.cyberdyne.jp). 이밖에도 다양한 모델들이 있다.

주목을 받고 있다. 이러한 마을들은 대개 현지 주민과 외지인 또는 이주민 사이의 활발한 상호작용을 통해 새로운 사업을 시도하면서 마을을 매력적으로 바꾸어 나갔다는 공통점을 가지고 있다.

그러한 상호작용은 정부시책의 지원도 받고 있다. 그 중 대표적인 것이 '지역살리기협력대(地域おこし協力隊)'이다. 이것은 2009년부터 일본 총무성이 재정지원을 통해 추진하고 있는 사업으로 지방자치단체가 도시주민을 협력대원으로 받아들이고 궁극적으로는 정착할 수 있도록 하는 것이다. 협력대원은 1~3년 동안 급료를 받으면서 농림어업 응원, 주민 생활지원 등의 지역협력활동에 종사하게 된다. 대원수는 2009년도 89명에서 2016년도에는 3,978명으로 늘었고 실시 지자체수도 31개에서 886개로 늘어났다.[18] 2015~16년에는 가난해도 행복하게 사는 법을 소개하는 한 TV 예능 프로그램[19]에 시바타 미사키(柴田美咲)라는 배우가 가고시마현의 한 섬에서 협력대원으로서 1년간 생활하는 모습이 방송되면서 화제가 되기도 했다. 2017년 3월말 현재 임기를 마친 협력대원 2,230명 중 48%인 1,075명이 활동지와 같은 시정촌(市町村), 14%인 321명이 인접 시정촌에 정주하고 있는 것으로 조사되어 나름의 성과를 올리고 있다고 할 수 있다.[20]

우리에게 눈 쌓인 풍경으로 널리 알려진 니가타현의 한 산촌 이케타니(池谷) 마을은 외부와의 교류, 지역살리기협력대 등을 적극 활용해

---

18) 일본 총무성 홈페이지.
19) 제목은 '幸せ!ボンビーガール'.
20) 平成29年度 地域おこし協力隊の定住状況等に係る調査結果.

마을 살리기에 성공한 대표적인 예 중 하나다.[21] 이 마을은 현 남부 내륙의 도카마치시에 속해 있는데 시 중심부에서 산간지대로 몇 km 들어가야 하는 산촌이다. 1950년대 중반에는 37가구 210명이 살았으나 2000년대 들어서는 9가구밖에 살지 않는 이른바 '한계집락'(존속이 곤란한 마을)이 되었다. 2004년 10월의 큰 지진은 마을을 다시 6가구로 축소시켰으나 반전의 계기도 제공했다. 마을에 작업실을 가지고 있던 도쿄의 한 화가를 통해 외부 비영리단체(NPO)의 피해 복구 지원을 받게 된 것이다. 외부 자원활동가들의 파견과 그들을 중심으로 한 사업에 대해 일부 주민의 반발도 있었으나 결국 '도카마치시 지역살리기 실행위원회'라는 주민들을 회원으로 한 단체가 결성돼 적극적으로 대응했다. 폐교가 됐던 분교는 자원활동가들의 거점이 되었고 쌀 직매, 농업 체험 등의 경제사업이 추진되었다.

외부 자원활동가의 잦은 방문은 마침내 이주로도 이어졌다. 가장 먼저 2010년 도쿄의 한 자원활동가 가족(3인)이 이주했는데 지역살리기 협력대에 응모할 수 있었던 것이 큰 도움이 되었다고 한다. 그는 3년간의 협력대 임기 종료 후 실행위원회 사무국장으로서 일하고 있다. 2011년에도 자원활동가 2명이 이주했다. 이주한 젊은이들의 힘으로 '도카마치시 지역살리기 실행위원회'는 외부 비영리단체의 지원을 받지 않고 독립 운영이 가능해졌으며 법인화도 진행되었다. 현재 이주자를 위한 웹사이

---

21) 이하 서술은 도카마치시 지역살리기 실행위원회 대표이사의 글(山本浩史 2014)과 위원회 홈페이지(iketani.org)를 참고했다. 위원회는 2017년 4월 '特定非営利活動法人地域おこし'로 이름을 변경하였다.

트(さとナビ)[22]도 운영돼 이주자들이 경험담을 공유하고 정보를 제공하고 있다. 이렇게 한 마을은 폐촌 위기의 마을에서 활기찬 마을로 변신할 수 있었다.

이밖에도 오카야마현 미마사카시의 다락논 살리기 등 현지 주민, 지역 내외의 비영리단체, 지역살리기협력대가 상호작용을 통해 마을을 변화시킨 사례는 더 있다. 폐촌 위기의 마을이 모두 살아나는 것은 쉽지 않겠지만 저출산·고령화라는 파고 속에서 집단지성과 연대의 힘이 발휘되고 있는 모습은 우리의 눈길을 끌기에 충분하다. 물론 협력대원이 제대로 활동하지 못하고 마을을 떠나는 실패 사례도 많다. 총무성의 어드바이저로도 일하고 있는 히라이 타로 교수는 협력대원을 들이고자 하는 지자체나 지역민들에게 협력대원은 도구가 아니라 함께 활동할 사람이라는 점을 강조한다고 한다(椎川忍 ほか編 2015, 230-231쪽). 협력대원이 주체성을 발휘되지 못하고 도구로서 소모되기만 할 경우 실패 가능성이 높다는 점을 시사한다.

5.2. '후쿠이 모델'? '사바에 모델'?

후쿠이(福井)는 한국 동해 쪽에 위치한 현으로 인구 79만명(2015년)에 불과해 전체 47개 도도부현 중 규모가 작은 현에 속한다. 이곳이 일본 전국의 주목을 받게 된 것은 여성들의 일과 출산·육아의 양립이라고 하는 저출산·고령화 대책의 관점에서 매우 "모범적"인 모습을 보여 왔기

---

22) http://www.tsukurou-tokamachi.jp/.

때문이다. 후쿠이현은 여성 고용률, 부부 가구 중 맞벌이 비율이 전국에서 가장 높고 합계출산율 또한 전국 평균보다 높은 수준을 보여 왔다. 2015년 국세조사에서 후쿠이현의 여성 고용률은 52.6%, 맞벌이 비율[23]은 58.0%로 47개 도도부현 중 1위였다(전국 평균은 각각 48.3%, 45.5%).[24] 출산·육아로 인해 발생하는 연령별 여성 고용률의 M자 커브도 후쿠이에서는 매우 완만한 모습을 보였다(〈그림 11〉). 그 배경으로는 집과 직장이 가까워 통근시간이 짧다는 점, 3세대 동거나 근거(近居)를 통해 주로 할머니가 육아와 가사를 지원하고 있다는 점[25] 등이 지적되고 있다 (塚本 2016). 후쿠이는 또한 맞벌이의 영향도 있어서 근로자 가구 평균소득도 전국에서 높은 수준에 속한다.

이처럼 후쿠이는 여성이 '아이를 낳기 좋은 곳', '일하기 좋은 곳'으로 일본 정부와 사회의 관심을 받고 있다. 조부모를 비롯한 주위의 육아지원을 통한 일과 출산·육아의 양립을 '후쿠이 모델'이라고 부르기도한다. 실제로 아베 내각은 2015년 3월에 각의 결정한 저출산대책(小子化社會大策大綱)에 '3세대 동거·근거(近居) 촉진'을 포함시켰으며 후쿠

---

23) 부부가 있는 가구 중 부부 모두 일하는 가구의 비율.
24) 1980년부터 2015년까지 5년마다의 국세조사에서 후쿠이현의 여성 고용률은 전국 도도부현 중 6번 1위, 나머지 2번은 2위였다. 맞벌이 비율은 7번 1위, 나머지 한 번은 2위였다. 여성의 정규직 비율 또한 높다.
25) 2015년 국세조사에서 후쿠이현의 3세대 동거율은 15.0%로 도도부현 중 2위이며 전국 평균(5.7%)보다 훨씬 높았다. 1995년부터 2015년까지 5년마다의 국세조사에서 후쿠이현은 3세대 동거율에서 매번 2위였으며 1위는 항상 야마가타현이었다. 2012년 현내 조사에서는 5세 이하 유아가 있는 가구의 46.7%가 같은 건물이나 부지 내에 3세대가 살고 있었고 차로 30분 이내 범위의 근접 거주율도 43.3%에 달했다(地域少子化對策檢証プロジェクト 제3회 회의 후쿠이현 보고 자료).

이를 포함한 많은 지자체에서 3세대가 가까운 거리에서 살 수 있도록 지원하는 프로그램을 운영하고 있다. 하지만 후쿠이 모델이 남녀의 가사·육아 분담이라는 관점에서 바람직하지 않다는 비판도 있다. 아이의 할머니와 맞벌이 하는 여성에게 가사·육아의 부담이 크게 지워지는 반면 남성들은 최근 의식이 조금씩 개선되고 있지만 대체로 방관하고 있다는 것이다(塚本 2016). 평균수명 증대에 따라 조모 세대가 그 위 세대의 개호를 담당해야 하게 되면 현재와 같은 육아 방식은 더 이상 작동하기 힘들 것이라는 우려도 있다(玄田 編 2013, 56쪽). 한편 중년 여성들이 일하는 보람을 크게 느끼고 있는 것은 분명하지만 육아기 여성들에게 가계를 위해 '일해야 한다'는 당위가 강한 사회적 압력으로 작용하고 있다는 것이 부담이 될 수 있다는 점도 지적됐다(金井 2014).

〈그림 11〉 여성의 연령별 고용률 (2015년, 단위: %)

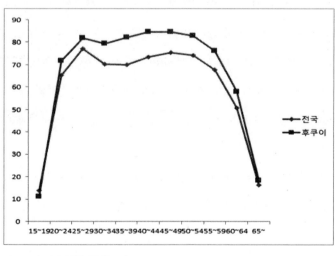

자료: 2015년 일본 국세조사

사실 흔히 이야기되는 '후쿠이 모델'은 후쿠이 지역 사람들이 저출산 · 고령화에 맞추어 대응한 것이라기보다는 정책 당국자들이 새로운 대응책으로서 '재발견 · 재해석'한 것이라고 할 수 있다. 저출산 · 고령화가 문제되기 전부터 후쿠이 여성들은 다른 지역보다 더 많이 취업하고 있었으며 그 배경에는 섬유 등 중소공업의 발달과 후쿠이를 포함한 호쿠리쿠(北陸) 지방의 문화적 특징이 지적되고 있다. 또한 여성 고용률, 맞벌이 비율, 3세대 동거율 모두 후쿠이는 여전히 선두권에 속하지만 전국 평균과의 격차는 후쿠이 모델이 재발견되기 훨씬 전부터 줄어들고 있다.

지역의 존속 위기에 대한 지역 사회의 대응이라는 점에서 더 주목해야 할 것은 언론인 후지요시 마사하루(藤吉雅春)가 말하는 '사바에 모델'이다. 그는 '후쿠이 모델'이라는 책을 써서 호쿠리쿠 지방의 활발한 지역 재생 노력을 소개했는데 그 중에서도 가장 두드러진 곳이 후쿠이현의 한 도시 사바에(鯖江)다.[26] 사바에시는 현청 소재지인 후쿠이시에 인접한 내륙 도시이며(〈그림 12〉) 2015년 현재 인구는 6만 8천명으로 후쿠이시(27만), 사카이시(9만), 에치젠시(8만)에 이어 후쿠이현의 제4도시이다. 그런데 2010년부터 2015년까지 5년 동안 후쿠이현 전체와 다른 16개 시정(市町)의 인구가 모두 감소했는데 반해 사바에시의 인구는 8백명이 늘었다.

사바에시는 한때 사라질 운명에 처하기도 했다. 2000년대 초반 이른바 '헤이세이(平成) 대합병'이라는 지자체 합병이 추진될 때 당시 시장

---

26) 후지요시(2016)의 일본어 원제가 바로 '후쿠이 모델'이다.

은 후쿠이시와의 합병을 추진했다. 하지만 안경의 도시,[27] 체조의 도시[28]로 나름의 아이덴티티를 가지고 있던 사바에 사람들의 저항은 컸다. 지역 사회는 둘로 갈라져 싸웠고 2004년 주민소환 투표에 의해 시장이 교체됐다. 새로운 시장 선거에서 당선된 것이 현 시장 마키노 햐쿠오(牧野百男)다. 그는 직접 민주주의를 추구하며 시민이 제안한 사업들을 적극적으로 시정에 끌어들였다(후지요시 2016, 203-207쪽).

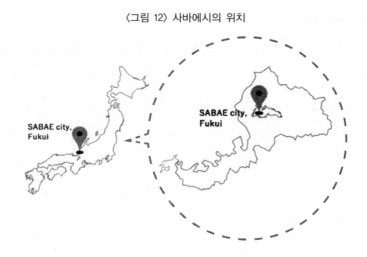

〈그림 12〉 사바에시의 위치

가장 유명한 것이 '오픈 데이터', 즉 공공 데이터의 공개다. 2010년 현내 IT 기업 jig.jp의 사장인 후쿠노 다이스케(福野泰介, 1978년생)의 제안을 시장이 받아들여 시작됐다. 그해 12월 시내 공중 화장실의 위치정보를 공개한 것이 최초인데 이를 활용한 화장실 찾기 앱이 개발됐다. 2017

---

27) 일본제 안경의 거의 대부분이 사바에에서 생산된다.
28) 1995년과 1998년 두 차례 세계체조대회가 사바에에서 열렸다.

년 5월 기준으로는 약 180 종류의 공공 데이터가 공개되고 있으며 이를 활용한 앱이 200개 이상에 이른다. 최근에는 시와 민간의 협력으로 커뮤니티 버스의 승객 수, 휠체어 공간의 점유 상황 등을 버스 기사가 쉽게 체크하고 이것을 앱으로 볼 수 있는 시스템이 구축되기도 했다.[29] 사바에시의 이 같은 노력은 일본 중앙 정부와 다른 지자체에도 파급되고 있으며, 유명 IT 기업들로부터도 좋은 반응을 얻어 이들의 후원을 통해 'Hana 도장(道場)'이라는 오픈 이노베이션과 창업을 지원하는 센터가 2015년 말 시내에 세워졌다(Fobes Japan 2017).

사바에시가 시민의 제안을 통해 실시한 '특이한' 사업들은 더 있다. 2008년 도쿄 생활을 마치고 후쿠이로 돌아온 다케베 미키(竹部美樹, 1978년생)가 시장에게 제안해 시작한 것이 "시장을 해보시지 않겠습니까?"라는 캐치 프레이즈를 단 '지역활성화 플랜 콘테스트'다. 수도권의 젊은이들이 사바에시에 모여 지역 활성화를 위한 아이디어를 발표하며 경쟁하는 것이다. 지역 젊은이들의 자각을 위해서는 외부인의 자극, 외부인과의 교류가 필요하다는 다케베의 발상에서 비롯된 것이었다. 제안된 아이디어 중에는 2014년에 실제로 시청에서 도입한 실험적인 프로젝트 '사바에시청 JK과'도 있다. 'JK'란 사실 속어로 '여자 고교생(Joshi Kokosei)'의 준말이다. JK과는 지역 여고생들이 중심이 되어 지역 사회와 협력해 젊은 여성들이 즐길 수 있는 마을 만들기 활동을 진행하고 있다.[30]

---

29) 新・公民連携最前線PPPまちづくり, 「ITをメガネ、繊維、漆器に続く第4の産業に、鯖江市」, 日経BP社 online, 2017.5.15.

6. 한국에 주는 시사점

　저출산·고령화는 일본 못지않게 한국의 경제·사회에도 큰 도전이 되고 있다. 한국과 비슷한 점이 많은 일본의 경험은 출산율을 회복하는 것, 그리고 한번 나빠진 재정을 건전한 수준으로 되돌리는 것이 매우 어렵다는 것을 보여주고 있다. 한국 정부의 저출산 대책은 일본보다 서둘러 진행되고 있다고 볼 수 있는데 그것은 선배 일본의 경험을 지켜봤기 때문에 가능했다. 하지만 혼외 출산 장려와 같은 파격적인 정책이 추진되지 않는다면—그것이 바람직한 것인가는 별개의 문제이지만—저출산·고령화의 파고를 되돌리기 어려울 것이라는 것도 일본의 경험은 말해주고 있다.

　되돌릴 수 없다면 적응하고 진화해가는 수밖에 없다. 실제로 일본 정부 정책의 초점이 여성, 고령자 고용 확대로 옮겨가고 있는 것, 그리고 기업과 지역 사회가 시대 변화에 대응해가고 있는 모습이 그러하다. 특히 소멸 위기에 처한 지역 사회 중 일부가 민간단체, 외부와의 교류를 통해 활력을 만들어내는 모습은 매우 인상적이다. 정부의 재정지출이나 획일적인 정책보다는 기업과 민간의 다양한 아이디어가 중요하다는 것을 보여준다.

　한국 사회가 맞닥뜨리고 있는 저출산·고령화의 도전은 일본보다 더 큰 것인지도 모른다. 사회보장제도가 제대로 갖추어지기도 전에 고

---

30)　후지요시(2016, 208-218쪽), 新·公民連携最前線PPPまちづくり, 「ITをメガネ、繊維、漆器に続く第4の産業に、鯖江市」, 日経BP社 on line, 2017.5.15.

령화를 대비한 개혁 과제에 맞닥뜨렸고 그 과정에서 발생한 사회적 파열음 중에 대표적인 것이 노인층의 높은 자살율에서 비롯된 OECD 1위 자살율의 불명예다. 청년 실업난 속에 일자리에 대한 세대 갈등의 모습도 나타나고 있다. 최근 선거는 지역 갈등보다 세대 갈등이 더 좌우한다는 이야기도 있다. 고령자의 증가에 적응하면서 그 안에서 활력을 만들어내기 위해서는 한국 사회 여러 당사자들이 함께 고민하고 협력해나갈 필요가 있다.

마지막으로 저출산 대책과 관련하여 간략히 첨언하고자 한다. 한국에서는 출산=애국이라는 표현이 거리낌 없이 표출되고 있다. 하지만 그것이 개인의 선택을 억압하는 것이 아닌지 신중할 필요가 있다. 이웃 일본의 '소자화사회 대책 기본법'은 부대결의에서 "소자화에 대처하기 위한 시책을 추진함에 있어서 결혼 또는 출산에 관한 개인의 의사 및 가정이나 육아에 관한 국민의 다양한 가치관을 존중함과 동시에 아이를 가지지 않은 자의 인격이 침해되지 않도록 배려할 것"을 명기한 바 있다. 즉 과거 군국주의 시절의 출산 장려와는 달리 "결혼·출산을 희망하는 사람이 안심하고 결혼·출산·육아를 할 수 있는 사회의 구축"이 저출산 대책의 기본 전제로 되어 있는 것이다(守泉 2015, 20-21쪽). 아이를 낳고 기르고자 하는 사람들을 지원하는 노력은 계속하되 개인의 선택권 또한 존중되는 사회가 바람직하다.

일본 무역 및 직접투자의 동향과 특징

박상준

1. 상품수지 적자와 경상수지 흑자

2011년 동일본 대지진의 여파로 일본 국내 원자력발전소 가동이 전면 금지되면서 에너지원으로 사용되는 천연자원의 수입이 급증하였다. 게다가 기록적인 엔고와 세계적 불황으로 수출이 타격을 입으면서 일본의 상품수지는 버블붕괴 이후 처음으로 적자를 기록하게 된다. 2010년 1084억 달러 흑자였던 상품수지는 2011년 42억 달러 적자가 되었고, 2014년에는 적자가 988억 달러까지 증가하였다. 2015년 들어서야 적자가 73억 달러로 감소하였고, 2016년에는 508억의 흑자로 돌아섰으며 2017년 역시 흑자를 기록할 것으로 전망되고 있다. 2011년부터 2015년까지 연속 5년에 걸친 상품수지 적자 기간 동안 특이한 점은 상품수지의 적자에도 불구하고 경상수지는 흑자를 지속했다는 것이다.

〈그림 1〉 한국의 경상수지와 상품수지 (billion $)

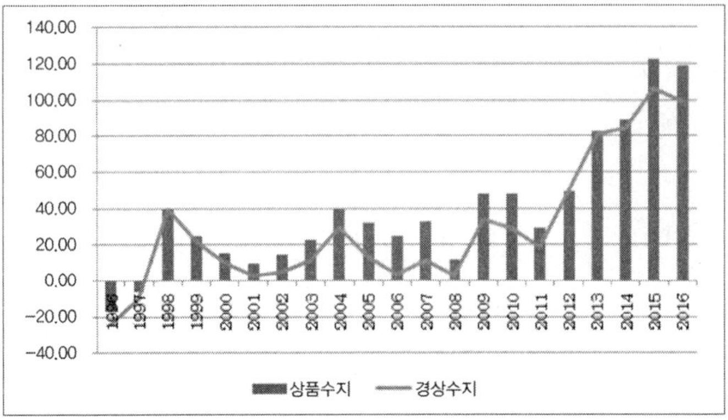

자료: 한국은행

　〈그림 1〉과 〈그림 2〉는 각각 한국과 일본의 상품수지와 경상수지
를 보여준다. 상품수지와 경상수지가 같이 움직이는 것은 한국과 일본
에서 동일하게 관측되는 현상이지만, 한국에서는 경상수지가 상품수지
보다 낮은 값을 보이는 것이 일반적인 반면 일본에서는 2000년대 들어
일관되게 경상수지가 상품수지보다 큰 값을 갖는 것을 알 수 있다. 즉,
1999년까지는 일본의 경상수지 상품수지 간의 관계가 한국과 유사하지
만, 즉 경상수지를 결정하는 주요 항목이 상품수지이지만, 2000년 이후
로는 한국과 다른 양상을 보이는 것이다.

　특히 앞에서 언급된 대로 2011~2015년에는 상품수지가 적자가 되
면서 경상수지도 큰 폭으로 감소하였지만, 그럼에도 불구하고 경상수지
는 여전히 흑자인 것을 보여준다. 이는 상품수지 적자를 상회하는 수준
의 흑자가 경상수지의 다른 항목에서 실현되었음을 의미한다. 경상수지

는 상품수지, 서비스수지, 일차소득수지(본원소득수지), 이차소득수지
(이전소득수지)의 합이며, 한국과 일본처럼 수출주도형 성장을 추구한
국가에서는 상품수지가 경상수지의 가장 큰 항목인 것이 일반적이다.[1]
그러나, 일본에서는 2000년 중반 이후 일차소득수지가 크게 증가하기
시작하였고, 특히 2008~2009년 금융공황 이후에는 일차소득수지가 경
상수지의 다른 모든 항목을 압도하고 있다. 일본의 상품수지가 가장 큰
흑자를 기록한 것은 2004년의 1333억 달러인데, 2007~2016년의 일차소
득수지는 매년 예외 없이 상품수지의 최고기록을 상회하고 있다.

〈그림 2〉 일본의 경상수지와 상품수지 (billion $)

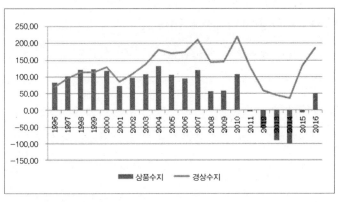

자료: 일본 재무성, IFS
주: 일본 재무성에서 발표한 엔화 수지를 IFS의 엔/달러 환율을 이용하여 달러
　수지로 변환하였다.

---

1) 경상수지 각 항목의 추이에 대해서는 2장에서 다시 자세한 논의가 있을 것
　이다.

한편, 〈그림 1〉을 보면 한국의 경상수지와 상품수지는 1998년부터 예외 없이 흑자이며 그 값에 큰 차이가 없는 것을 알 수 있다. 한국의 일차소득수지는 2010년부터 흑자가 되었으나, 가장 큰 흑자를 기록한 2012년에도 121억 달러에 불과해 같은 해 상품수지 흑자 494억 달러의 25% 수준에 불과하다. 한편 한국의 상품수지가 최고치를 기록한 것은 2015년의 1223억 달러로 그 해 경상수지는 1059억 달러였다. 일차소득수지도 36억 흑자였던 반면, 서비스수지와 이차소득수지가 각각 149억 달러와 50억 달러의 적자였기 때문이다.

일차소득수지가 상품수지를 압도하여 상품수지의 적자에도 불구하고 경상수지가 흑자가 되는 것은 제조업 수출주도형 경제에서 이전에 없었던 새로운 현상이다. 일차소득수지는 해외에서 국내로 지급되는 급료 및 임금, 혹은 투자소득을 포함한다. 5장에서 상세한 데이터가 제시되겠지만, 일본 일차소득수지 흑자의 대부분은 증권투자소득과 직접투자소득에서 발생한다. 증권투자소득이 가장 큰 비중을 차지하지만 최근 들어 직접투자소득이 빠르게 증가하고 있다. 투자소득이 상품수지를 압도할 만큼 커진 배경에는 일본이 해외에 가지고 있는 막대한 규모의 대외자산이 있다. 2015년 말 기준으로 일본의 순대외자산은 3.7조 달러로 추산된다.[2] 전세계에서 가장 큰 규모의 순대외자산을 가지고 있으며, 2000년의 1.15조 달러에서 지난 15년간 3배 이상 증가하였다. 3조 달러가 넘는 해외자산 덕분에 일본은 해외로부터의 소득이 미국에 이어 두 번

---

2) Oxford Economics 추산.

째로 많은 나라이다. GDP규모에 대비하여 보면 오히려 미국의 네 배가 된다. 그리고 막대한 규모의 대외자산과 해외소득을 가능하게 한 것은 일본기업의 성공적인 해외진출(수출과 직접투자)이다.

이러한 배경에서 본 논문은 일본기업의 수출, 대외투자 등의 특징을 통해 대외자산과 해외소득이 증가하게 된 배경을 살펴보고자 한다. 특히 2008~2009년 글로벌 금융위기 이후에 어떤 변화가 있었는지를 중점적으로 볼 것이다.

2011~2015년의 상품수지 적자는 일본의 정책 입안자들에게 적지 않은 당혹감을 안겼는데, 엔화의 약세에도 불구하고 무역수지 적자가 해소되지 않은 것은 물론이고 수출액이 오히려 감소하였기 때문이다. 그러나, 최근 무역적자의 이면에는 수출액보다는 영업이익률을 우선하는 일본기업의 전략적 선택이 있었다. 그 결과, 수출액이 감소하고, 무역수지가 적자인데도 불구하고, 제조업 대기업들의 매출액대비 영업이익률에는 큰 개선이 있었다.

거기에 더하여, 엔고로 인한 가격경쟁력의 저하를 우려한 일본기업들이 영업이익이 개선될 때마다 해외직접투자를 통해 해외생산량을 늘린 것도 수출액이 감소하는 요인이 되었다. 일본 제조업체의 해외 생산 비율은 2012년 실적치부터 20%를 넘기 시작하였다. 2000년에 10%를 넘어선 후, 10여년 만에 그 두 배가 된 것이다. 해외생산을 하는 기업의 비율은 2013년 70%를 넘기도 하였다. 그 비율이 50%를 넘은 것은 1996년의 일이다.

일본 해외생산의 한 특징은 고도의 기술을 요하는 최고급·고성능

(high-end) 제품은 일본 국내에서 생산하고, 그 외의 제품(low-end product)은 해외에서 생산한다는 것이다. 예컨대, 일본의 닛산자동차는 고속도로에서 자동주행이 가능한 미니밴을 세계 최초로 일반 소비자에게 판매하기 시작했는데, 일본 국내에서의 일이다.[3] 일본 국내에서 생산된 미니밴을 일본의 소비자에게 판매하는 것으로 가장 첨단의 제품을 국내에서 먼저 선보이는 전략이다.

이처럼 내수의 부진과 엔고의 여파를 넘어 세계시장에서 경쟁력을 유지하기 위해 일본기업은 끊임없이 진화하였고, 그 결과 일본의 수출·무역구조도 변화를 거듭하였다. 일본 대외경제구조의 변화를 살피는 일은 장기침체 초기의 일본과 유사한 인구구조·경제동학을 보이는 최근의 한국에 많은 시사점을 줄 것으로 기대된다.

다음의 2절에서는 일본 수출입 규모의 변화와 그 특징을 살펴볼 것이다. 전세계 GDP에서 차지하는 일본의 비중이 감소하는 것과 동시에 전세계 교역량에서 차지하는 일본의 비중 역시 감소하였으나, GDP대비 수출액에 있어서는 오히려 미국보다 빠르게 증가한 것을 볼 수 있을 것이다. 그러나, 2013년 들어서는 엔화의 절하에도 불구하고 수출액이 감소하였으며, 무역수지의 적자폭이 확대되는 이상 현상이 발생하였다. 3절에서는 교역상대국과 산업별 수출입을 살펴봄으로써, 2절에서 보인 일본 무역구조 변화의 원인을 규명해 보려고 한다. 국가별로는 2000년대 들어 확대일로를 걷던 대중수출의 비중이 2012년 들어 감소하였으며,

---

3) 일본경제신문(2016).

같은 시기 산업별로는 일본의 수출에서 가장 큰 비중을 차지하는 분야 중 하나인 일반기계의 수출이 감소하였다. 한편, 2011년 이후 일본 무역 수지적자의 가장 큰 원인은 산유국과의 교역임을 볼 수 있을 것이다. 4절 은 일본의 수출단가와 환율의 관계로부터 최근 엔화절하에도 불구하고 달러로 평가된 수출액이 감소한 이유의 일부를 보여준다. 일본의 수출 기업들은 엔화의 급격한 절상이나 절하가 있는 경우, 환율의 변화폭에 비해 수출단가의 변화폭을 작게 함으로써 가격경쟁력을 유지하거나 영업 이익을 극대화하는 것을 도모한다는 것을 알 수 있을 것이다. 2013~2014 년처럼 엔화가 급격히 절하되는 경우, 수출단가를 낮춤으로써 해외에서 의 시장 점유율을 높이기보다는, 적정수준의 가격을 유지함으로써 영업 이익을 극대화하고자 하기 때문에 수출액에는 환율절하의 긍정적 효과 가 나타나지 않는 것이다. 따라서 전산업의 중소기업을 대상으로 한 분 석에서는 영업이익이 환율과 무관한 것으로 나타나지만, 제조업 대기업 을 대상으로 한 분석에서는 영업이익이 GDP증가율 뿐만 아니라, 환율 에도 적지 않은 영향을 받는 것으로 나타난다. 5절은 일본의 대외직접투 자와 대외자산, 그리고 해외로부터의 소득을 보여준다. 일본은 막대한 무역수지에서 비롯한 자금으로 대외투자의 규모를 계속 늘려왔으며, 따 라서 전세계에서 가장 큰 규모의 대외순자산을 보유하고 있다. 그 덕에 해마다 막대한 금액의 소득이 해외에서 발생한다. 그리고 그 소득은 국 내로 이전되기도 하지만, 해외에 다시 투자됨으로써 일본의 해외 생산 기반을 넓히는 역할을 하고 있다. 마지막으로 6절에서는 지금까지의 논 의와 향후의 연구과제에 대해 간단히 정리해 보고자 한다.

2. 일본 수출입 규모의 변화와 특징

2.1. 일본의 GDP와 수출

<그림 3> 전세계 GDP에서 차지하는 각국 GDP의 비중 (단위: %)

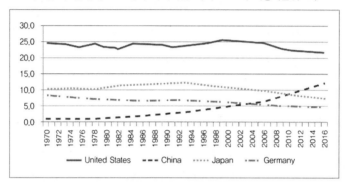

자료: WDI 데이터를 이용하여 저자가 계산

1991년 이후 일본경제는 침체를 거듭한 반면 BRICs 등의 신흥 경제 대국이 두각을 나타내면서, 전세계 GDP에서 차지하는 일본 GDP의 비중은 1991년 12.3%에서 2005년 9.4%로, 2016년에는 7.8%로 하락을 거듭하였다. 〈그림 3〉을 보면, 같은 기간 미국경제나 독일경제 역시 그 비중이 감소하였으나, 일본에 비해서는 감소폭이 작은 것을 알 수 있다. 미국경제의 경우 2000년대 초까지는 세계 GDP에서 차지하는 비중이 오히려 증가하였다가 2000년대 중반 부동산버블의 붕괴와 함께 감소하기 시작하였다. 중국이 부상하기 전까지 세계에서 세 번째로 큰 규모였던 독일 경제의 비중은 1991년 7.1%에서 2016년4.9%로 일본에 비해서는 소폭 하락하였다.

GDP의 상대적 비중이 감소하는 것과 함께, 전세계 교역량에서 일본이 차지하는 비중 역시 버블의 붕괴 이후 꾸준히 감소하였다. 〈그림 4〉를 보면 버블붕괴 직후인 1993년 일본의 수출액이 전세계 수출액에서 차지하는 비중은 10.3%로 독일의 비중을 상회하는 것을 알 수 있다. 그러나, 2014년에는 그 비중이 4.3%로 독일의 8.0%에 크게 못 미치는 수준이다. 전세계 교역량에서 일본이 차지하는 비중의 극적 변화는 일본 수출 기업들의 실적 저조로 곧잘 잘못 해석되고는 한다. 그러나, GDP관련 데이터를 들여다보면 "잃어버린 20년" 동안 일본경제를 지탱한 한 축이 실제로는 대외교역인 것을 알 수 있다.

〈그림 4〉 전세계 수출액에서 차지하는 각국 수출액의 비중 (단위: %)

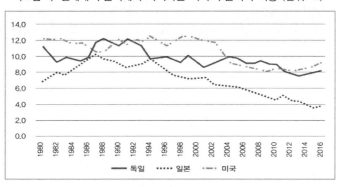

자료: DOTS 데이터로부터 저자가 계산

우선 〈그림 4〉에서 독일과의 단순 비교에 문제가 있는 것은, 유로 경제의 출범과 더불어 독일은 유로권과의 교역이 폭발적으로 증가하였기 때문이다. 일본의 연평균 경제성장률이 거의 제로에 가까웠다는 것을 고려하면, 일본 수출 규모의 증가는 결코 저조한 편이 아니다. 1991년부터 미국발 금융공황이 시작된 2008년 사이 미국의 실질 GDP는 50%가 증가한 반면, 일본의 실질 GDP는 20%가 증가하는데 그쳤다. 그러나, 같은 기간 미국과 일본의 수출액 증가율은 각각 120%와 100%로 큰 차이가 없다. 그 결과 〈그림 5〉에서 볼 수 있듯이 GDP대비 수출액에서는 일본이 높은 수치를 보일 뿐만 아니라 일본과 미국의 격차가 2008년까지 지속적으로 확대되었다.

뿐만 아니라, 일본이 세계 교역량에서 차지하는 비중이 줄어든 이유 중 하나는, 1985년의 플라자합의 이후 생산설비를 점차 외국으로 이전하였기 때문이다.[4] 따라서, 교역 비중의 감소만으로 판단하면, 일본 기업 제품의 해외 판매량을 과소평가할 소지가 있다. 예컨대, 일본의 대표적 수출기업인 도요타의 경우, 2000년만 해도 80%의 자사 브랜드 자동차를 일본 국내에서 생산하였다. 그러나, 2014년에는 불과 40%만을 일본 국내에서 생산하였다.[5]

---

4) 일본의 해외직접투자와 해외생산비율 등에 대해서는 5장에서 자세히 볼 것이다.
5) 현대자동차는 해외 7개국에서 생산되고 있는 반면, 도요타자동차는 해외 21개국에서 생산되고 있다. 아시아, 북미, 유럽은 물론, 남미, 남아프리카에도 공장을 가지고 있다.

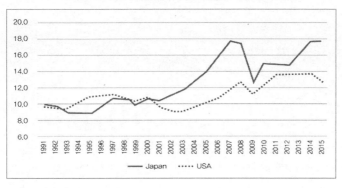

〈그림 5〉 실질 GDP대비 수출액 (상품과 서비스)

자료: WDI

한편 〈그림 6〉에는 일본의 국민계정 데이터를 바탕으로 작성된 수출입과 순수출의 GDP대비 비중이 표시되어 있다. 실질 GDP대비 실질 수출의 비가 1994년의 8.9%에서 2015년에는 17.5%로 증가한 것을 볼 수 있다. 그리고, 2003년 이후 꾸준히 양의 값을 보이는 실질 순수출은 해외 수요에 대한 일본의 의존도를 보여준다고 할 수 있겠다. 특히 2003~2007년의 경기회복은 대외수요의 증가에 의한 것이었다고 보는 학자들이 적지 않다.[6]

---

6) 노구치(2013) 참조. 일본의 GDP증가율 데이터는 4장에서 볼 수 있다.

〈그림 6〉 일본의 실질 GDP와 수출입 (국민계정, 단위: %)

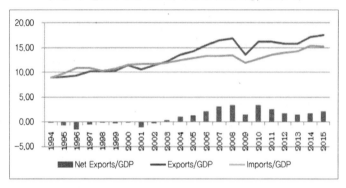

자료: 일본 내각부, 경제사회종합연구소

2.2. 일본의 경상수지

〈그림 7〉 일본의 경상수지 (단위: 10억 달러)

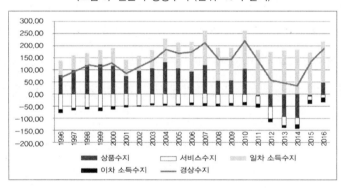

자료: 일본 재무성

　　버블의 붕괴 이후에도 일본기업이 해외시장에서 경쟁력을 잃지 않고 있었다는 것은 일본의 상품수지를 통해서도 알 수 있다.[7] 〈그림 7〉은

---

　7) 세계시장에서의 경쟁력은 산업에 따라 기업에 따라 다양한 유형의 변화가

1996년부터 2015년까지 일본의 경상수지와 그 세부항목을 보여 준다. 2010년까지 단 한 번도 상품수지가 적자였던 적이 없던 것을 알 수 있다. 반면 2011년부터 2015년까지는 연속 5년간 상품수지가 적자를 기록하였다. 이 기간이 특별한 것은 2012년 후반에 들어서면서 일본엔화가 절하되기 시작하였는데도 불구하고, 상품수지가 적자를 기록하였기 때문이다.

상품수지가 적자였는데도 불구하고, 경상수지가 흑자인 것인 일차소득수지의 흑자가 상품수지의 적자를 압도하였기 때문이다. 상품수지가 역대 최대 적자였던 2014년의 경우, 적자액은 10.5조엔이었다. 같은 해 일차소득수지는 19.4조엔으로 역대 최대 흑자를 기록하였다. 일차소득수지는 2013년에 비약적으로 증가하였는데, 뒤에서 보겠지만 직접투자수익이 급증하였기 때문이다.

〈그림 8〉 일본의 상품수지 소득수지와 환율 (단위: 좌축 10억 달러; 우축 달러당 엔)[8]

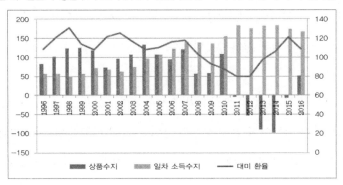

자료: 수지 데이터는 일본 재무성. 환율은 IFS

있었다. 여인만(2017)은 수송기계 및 부품은 경쟁력을 유지하고 있었지만 전기전자 및 금속에서 경쟁력이 저하되고 있었음을 보여준다.
8) 〈그림 8〉은 엔화로 평가된 상품수지를 보여준다. 달러로 평가한 상품수지를 보아도 전반적인 추세에는 큰 차이가 없다.

〈그림 8〉은 일본의 상품수지와 일차소득수지를 엔화의 대미환율과 함께 보여주고 있다.[9] 2010년까지는 엔화의 절하가 상품수지의 증가와 정의 관계가 있는 것을 그림으로도 확인할 수 있다. 소득수지는 2007년까지는 환율과 큰 관계없이 비교적 꾸준히 증가하였다. 그러나, 2011년 이후에는 그 관계가 변하여, 2013~2015년에 걸쳐 엔화의 대미환율이 급격히 절하되었음에도 불구하고 상품수지는 2014년까지 오히려 적자폭이 확대되었다가 2015년 들어서야 적자폭이 감소하였다. 반면 소득수지는 엔화의 절하와 함께 매년 최고치 기록을 갱신하고 있다.

2013년의 적자는 J-curve 효과로 설명할 여지가 있으나, 2014년의 적자는 환율의 절하 후 충분한 시간이 경과하였다는 것을 감안할 때, J-curve 효과로 설명하기에 무리가 있어 보인다. Bahmani-Oskooee and Goswami(2003), Bahmani-Oskooee and Ratha(2007), Ono and Baak(2014) 등의 연구에 의하면, 일본의 J-curve 효과는 약 2~4분기의 래그를 보인다고 한다. 즉, 엔화의 절하 후 1년이 지나지 않아 상품수지가 개선된다는 것이다.

가능한 한 가지 설명은 유가의 상승이다. 2013년과 2014년 중동지역으로부터 일본이 수입한 상품의 금액은 각각 1630억 달러, 1520억 달러였다. 2011년 동일본 대지진 이후 석유 등 천연자원 수입이 급증한데다가 유가가 급등하였기 때문이다. 다음 장에서는 일본의 교역상대국

---

9) Ito, Koibuchi, Sato and Shimizu(2012, 2013)에 따르면, 일본 상품수출의 약 50%는 결제통화가 미국 달러였으며 약 40%는 엔화였다. 2012년 이후 달러 결제가 늘어나, 2014년의 경우 달러결제는 50%를 조금 상회하고 엔화 결제는 40%를 조금 하회하는 정도이다.

별·산업별 수출입을 살펴봄으로써, 2013~2014년의 퍼즐에 대한 답의 일부를 찾아보려고 한다.

3. 일본의 교역상대국별 산업별 수출

3.1. 일본의 국가별 수출입

〈그림 9〉에서 볼 수 있듯이, 일본의 상품수지 적자에서 가장 큰 비중을 차지하는 것은 석유수출국인 중동지역과의 교역이다. 사실, 중동지역을 배제하면, 일본의 상품수지는 2014년에만 아주 적은 금액의 적자인 것을 알 수 있다. 2011년 이후 중동지역과의 상품수지 적자가 갑작스럽게 확대된 것은 2011년의 동일본 대지진과 유가의 상승에서 원인을 찾을 수 있다. 동일본 대지진으로 전국의 원자력 발전소가 가동을 멈추자, 화력발전량의 확충을 위해 석유수입이 급증하였고, 설상가상으로 유가까지 급등하였기 때문이다. 그러나, 석유수출국과의 교역을 제외한 상품수지가 흑자로 전환되었다 하더라도, 엔화가 절하되고 있던 2013~2014년에 흑자폭이 크게 감소했다는 것은, 석유수입의 급증과 유가의 급등만으로는 이 시기의 이상 현상을 완전히 설명할 수 없다는 것을 시사한다.

〈그림 9〉 일본의 국가별 상품수지 (단위: 10억 달러)

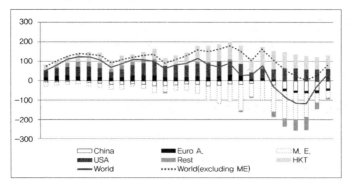

자료: DOTS
주: ME=Middle East; HKT=Hong Kong, South Korea, Taiwan; Rest=Rest
of the World

〈그림 10〉과 〈그림 11〉에는 일본의 국가별 수출과 수입 규모가 표
시되어 있다. 2008년 리먼쇼크가 전세계를 강타하기 전까지, 일본 수출
에서 가장 큰 비중을 차지하는 것은 대미수출이었다. 2007년 대미수출
과 대중 수출의 비중은 각각 20.4%와 15.5%로 대미수출의 비중이 5% 포
인트 가량 높은 편이었다. 그러나, 미국의 경기침체 악화로 2008년 이후
대중수출의 비중이 크게 늘어나, 일본의 가장 중요한 수출 상대국은 중
국이 되었다. 2011년 미국의 비중은 15.5%에 불과했던 반면 중국의 비중
은 19.7%로 상승하였다. 같은 해, 홍콩·타이완·대한미국의 비중은
19.4%로 중국과 비슷하였다. 아시아의 네 나라, 중국·타이완·홍콩·
대한민국이 일본 수출의 40%를 소화한 것이다.

한편, 2012년 들어 미국 경기는 회복되는 반면 중국 경기가 악화되
자, 수출시장으로서의 미국의 역할이 커져, 2015년 일본의 총수출에서

차지하는 대미수출의 비중은 20.2%로 증가하여 17.5%의 중국을 다시 넘어서게 된다.

그러나, 미국의 비중이 증가한 것이 곧 대미수출액의 증가를 의미하는 것은 아니다. 대미수출은 2012년 1420억 달러에서 2015년 1264억 달러로 11% 감소하였다. 같은 기간 대중수출이 2012년 1442억 달러에서 2015년 1092억 달러로 24%나 감소한 것에 비하면 상대적으로 실적이 좋아 보일 수 있겠지만, 엔화가 달러 당79.8엔에서 121엔으로 급격히 절하되는 동시에 미국의 경기가 회복되던 시기였던 것을 감안하면 이례적인 수출 감소라 아니할 수 없을 것이다. 달러당 환율이108.2엔에서117.8엔으로 절하되었던 2004년과 2007년 사이에는, 대중수출과 대미수출이 각각 47.9%, 13.2% 증가한 바가 있다. 당시에 비해 세계 경기가 악화된 시기라는 것을 고려한다 하더라도, 2012년과 2015년 사이에도 세계 교역량은 증가하고 있던 것을 감안하면, 같은 기간 일본 수출의 감소에는 다른 설명이 필요해 보인다.

〈그림 10〉 일본의 국가별 수출 (단위: 10억 달러)

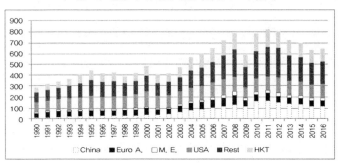

주: 〈그림 9〉 참조

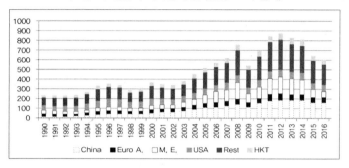

〈그림 11〉 일본의 국가별 수입 (단위: 10억 달러)

주: 〈그림 9〉 참조

한편, 〈그림 11〉을 보면 2000년대 들어 일본의 수입에서 가장 큰 비중을 차지하는 것은 대체로 중국이었던 것을 알 수 있다. 수출에서와 마찬가지로 2000년대 들어 중국의 비중이 눈에 뜨게 상승하였다. 국제수지 적자가 가장 컸던 2013년 중국으로부터의 수입액은 1808억 달러 정도로 총수입의 21%를 차지하였다. 같은 해, 중동으로부터의 수입액은 약 1626억 달러로 총수입의 20%를 차지하였다. 〈그림 9〉에서 보았듯이 일본 무역적자의 대부분은 이 두 지역과의 교역에서 발생하고 있다. 미국의 비중이 다시 커진 수출의 최근 추이와는 다르게, 수입에 있어서만큼은 중국이 여전히 가장 비중이 큰 교역국이다. 중동으로부터의 수입액이 줄면서 2015년 일본 수출에서 차지하는 중국의 비중은 24%로 높아졌다. 2013-2015년에는 수출액과 마찬가지로 수입액 역시 감소한 것 역시 〈그림 11〉에서 볼 수 있다. 앞에서 2012~2015년 사이에 대중수출과 대미수출이 각각 24%와 11% 감소하였다고 하였다. 같은 기간 대중수입과 대미수입은 각각 15%와 13% 감소하였다. 대중수입의 감소폭이 대중수출

구조적 대불황기 일본 경제의 진로

의 감소폭에 비해 적은 것은 수출과 수입품목에 차이가 있기 때문이다.

3.2. 일본의 산업별 수출입

〈그림 12〉 일본의 산업별 상품수지 (단위: 10억 달러)

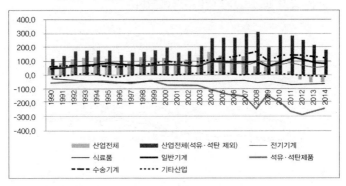

자료: RIETI-TID2014[10]

〈그림 12~14〉에는 일본의 산업별 상품수지, 산업별 상품수출과 수입이 표시되어 있다. 일본의 수출에서 가장 큰 비중을 차지하는 것은 전기기계, 일반기계, 수송기기 등 기계류이다. 그리고 이 세 산업에서 가장 큰 무역흑자를 내고 있다. 한편 일본의 수입에서 가장 큰 비중을 차지하는 것은 앞 절에서 시사된 바와 같이 천연자원이다.

주요 수출품인 전기기계, 일반기계, 수송기기 중 2011~2014년에 수출액이 가장 크게 하락한 것은 일반기계이다. 이 기간에 일본의 수출은 15% 하락한 반면, 일반기계수출은 20%나 하락하였다. 전기기계와 수송

---

10) TID 데이터에 대해서는 RIETI(2016)을 참조.

기기는 각각 14%, 10% 하락하였다. 그런데, 2011년 일본 일반기계수출의 24%가 대중수출이었다. 전기기계의 경우에는 총수출의 29%가 대중수출이었다. 2011-2014년 사이에 일본의 대중수출은 17% 하락하였는데, 일반기계의 대중수출은 34.6%나 하락하였다. 전기기계와 수송기기의 대중수출은 각각 16.4%, 8.2%가 하락하였다.

〈그림 13〉 일본의 산업별 상품수출 (단위: 10억 달러)

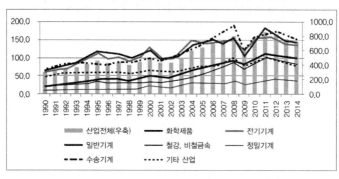

자료: RIETI-TID2014

앞 절에서 최근 일본의 수출이 가장 큰 폭으로 하락한 교역상대국이 중국임을 보았는데, 바로 대중수출의 부진은 주로 일반기계와 전기기계 수출의 부진에 기인한 것이었다. 한편, 2011~2014년 사이에 일본의 대중수입은 1.7%가 하락하였는데, 일반기계와 전기기계의 대중수입은 오히려 5.3%, 39.4% 증가하였다. 엔이 절하되는 상황에서 일반기계와 전기기계의 대중수출은 하락한 반면, 대중수입은 증가한 것은 이해하기 어려운 현상이지만, 박진호(2014), Shimizu and Sato(2015)의 연구에서 그 이유의 가능한 설명을 찾아볼 수 있다.

Shimizu and Sato(2015)는 2012년 이후 일본의 수출이 부진한 이유 중 하나를 일본의 해외직접투자에서 찾는다. 2008~2009년 엔고로 고통받은 일본의 제조기업들이 과거보다 더 적극적으로 생산기지를 해외로 이전한 것이 그 이유라는 것이다. 즉, 국내에서 생산하여 판매하는 것이 아니라, 해외 현지에서 생산·판매하는 비중을 늘린 것이다. 박진호(2014)는 직접투자의 성격이 변한 것을 수출 부진의 이유로 들고 있다. 일본의 직접투자가 수출유발효과가 큰 '수직적 직접투자'에서 수출대체효과 및 역수입효과가 큰 '수평적 직접투자'로 변하였기 때문이라는 것이다. 수직적 직접투자의 경우 국내에서 부품을 제조하여 해외생산기지에 납품하기 때문에 수출유발효과가 크다. 반면, 수평적 직접투자는 국외현지법인이 국내 생산을 대체하기 때문에 수출이 감소하게 된다.

한편, 타카다(2013)와 Shimizu and Sato(2015)는 환율이 수출물가에 미치는 영향이 줄어든 것 역시 최근 일본 수출부진의 이유로 들고 있다. Baak(2016)은 엔/달러 환율이 1% 절하될 때, 일본 기계류수출의 대미수출단가는 0.48% 낮아지고, 대미수출량은 0.47% 증가하여 수출액에는 큰 변화가 없음을 보여준다. 그리고, 환율이 1% 절하될 때, 수출단가가 0.48%만 낮아지면, 수출로 인한 영업이익이 증가할 것이다. Baak(2016)과 Shimizu and Sato(2015)의 연구결과를 종합하면, 일본기업들은 환율이 절하될 때, 수출단가를 충분히 낮추어 시장 점유율을 높이려고 하기보다는 영업이익을 극대화하는 전략을 택하고 있다는 추측이 가능하다. 따라서, 다음의 4장에서는 환율과 수출단가, 그리고 환율과 일본 제조기업 영업이익의 관계를 살펴볼 것이다.

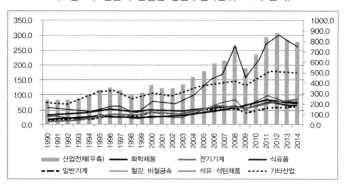

자료: RIETI-TID2014

4. 환율·수출단가와 일본기업의 영업이익

4.1. 환율과 수출단가의 관계

〈그림 15〉 일본의 환율과 수출단가

자료: IFS

〈그림 15〉에서 볼 수 있는 대로, 일본의 수출단가는 달러로 표시된 엔의 가치와 밀접한 상관관계를 가진다. 그러나, 엔이 비교적 안정적으로 움직이던 2000~2007년에 비해 엔 가치가 급격히 변하는 시기에는 환율의 변화에 비해 수출단가의 변화가 더 적은 것을 알 수 있다. 예컨대 리먼쇼크 이후 엔화 가치가 급등하고 있을 때, 일본의 수출기업들은 수출단가를 적극적으로 인상하지 않음으로써 시장 점유율의 하락을 막고자 한 것으로 보인다. 그만큼 영업이익에는 손해가 났을 것이다. 그러나, 그 반동으로 2012년 이후 엔화가 절하될 때는 그 절하 폭만큼 수출단가를 낮추지도 않았다. 수출단가를 낮춤으로써 수출물량을 늘리기보다는 엔화로 평가되는 영업이익을 높이는 선택을 한 것이다.

　경제산업성(2017)의 통상백서에 의하면 일본기업은 미국이나 유럽기업에 비해 영업이익률이 낮은 편이다. 일본기업 2934사, 미국 기업 1240사, 유럽기업 1468사의 2006~2015년 데이터를 분석한 결과에 따르면, 일본기업 영업이익률의 중위값은 4.2%에 불과한데 비해 미국과 유럽기업은 각각 7.5%, 6.7%로 계산되었다. 영업이익률이 낮기 때문에, 환율의 절하를 영업이익률을 높이는 기회로 삼았을 가능성이 있다.

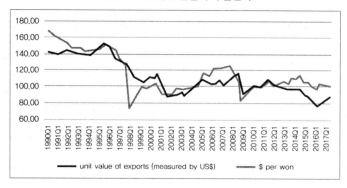

〈그림 16〉 한국의 환율과 수출단가

자료: 환율은 IFS, 수출단가는 한국은행

한편, 〈그림 16〉에는 일본과의 비교를 위해 한국의 원화와 한국의 수출단가가 표시되어 있다. 2002~2007년 원화 가치가 상승하고 있을 때, 수출단가가 그만큼 오르지 않은 것은 일본의 예와 비슷해 보인다. 그러나, 2012년 이후 수출단가의 하락은 원화가치의 변화로는 이해하기 어려운 것이, 원화가치가 상승하는데도 수출단가가 하락하기 시작하였기 때문이다. 이는 일본과의 경쟁관계로 이해할 수 있는데, 일본의 엔화가 절하되어 일본의 수출단가가 떨어지자, 원화가치가 상승하고 있는데도 불구하고 한국의 수출단가 역시 떨어지기 시작한 것이다. Baak(2016)은 일본 엔화가 절하되면 한국의 대미수출단가는 하락하지만, 한국 원화의 절하는 일본의 대미수출단가에 거의 영향을 미치지 못한다는 시뮬레이션 결과를 보고하고 있다. 한편 Baak(2016)에 따르면, 대일수출에서는 중국의 인민화 환율이 한국이 대일수출단가에 영향을 준다고 한다. 한국의 수출기업이 더 어려운 상황에 놓여있음을 시사하는 결과이다.

4.2. 환율과 기업의 영업이익

〈그림 17〉 엔화 환율과 일본기업의 매출액 대비 영업이익률 (단위: %, 우축)

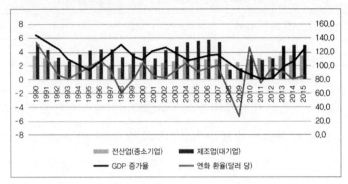

자료: 매출액대비 영업이익률은 일본 재무성의 법인기업통계조사를 바탕으로
　　　계산; GDP증가율은 WDI, 환율은 IFS

　그렇다면 환율은 과연 기업의 영업이익에 영향을 미치는 것일까?
〈그림 17〉을 보면, 전산업의 중소기업은 일본 GDP증가율과 밀접한 관
계가 있는 반면, 제조업 대기업은 환율에도 상당한 영향을 받는 것을 알
수 있다. GDP증가율은 낮지만 엔화가 절하되고 있는 시기에 제조업 대
기업들의 영업이익이 개선되는 경우가 자주 있기 때문이다. 제조업 대
기업들이 주로 수출기업들인 것을 감안하면, 엔화절하로 인한 효과라
볼 수 있겠다.

　〈표 1〉에는 기업의 영업이익률을 GDP증가율과 엔/달로 환율에 회
귀시킨 간단한 회귀분석 결과가 보고되어 있다.

<표 1> 영업이익률의 회귀분석 결과 (Annual data, 1990~2015)

	GDP 증가율		엔/달러 환율		Adjusted	
	추정계수	p-value	추정계수	p-value		
대기업 (제조업)	0.30	0.02	0.15	0.21	0.34	0.40
중소기업 (전산업)	0.10	0.06	-0.004	0.52	0.07	0.15

GDP증가율은 대기업과 중소기업 영업이익률과 정의 관계를 보이지만, 엔/달러 환율은 대기업에서만 정의 관계를 보이고, p-value 역시 대기업은 0.21로 중소기업의 0.52에 비해 상당히 낮은 것을 볼 수 있다. 그렇다면, 엔저로 인한 영업이익의 증가를 기업들은 어떻게 활용하였을까?

5. 일본의 대외직접투자와 대외자산 · 소득

5.1. 일본의 대외직접투자

Koo(2009)는 일본기업들은 영업이익을 주로 부채의 상환에 썼기 때문에 일본기업들이 투자를 증가시킬 여력이 없었다고 주장한다. 실제로 지난 20여년간 일본기업의 실물투자는 상당히 부진한 편이었고, 반면 기업의 부채비율은 상당히 개선된 것이 사실이다. 그러나, <그림 18>에서 볼 수 있듯이 일본기업들은 대외직접투자를 늘리는 데에도 적극적이었다. 대외직접투자가 비약적으로 늘어난 2005~2007년은, <그림 17>

에서 볼 수 있듯이, 엔화의 절하, 국내경기의 회복으로 일본기업들의 영업이익률이 상당히 높던 시절이었다. 대외직접투자가 다시 급격히 증가한 2013~2015년은 국내경기는 부진하였으나, 엔화의 절하와 함께 일본기업들의 영업이익이 상당히 개선되던 시기이다. 즉, 〈그림 18〉은 영업이익이 개선되던 시기에 대외직접투자가 증가한 것을 보여준다. 한편, 그 시기에는 대외직접투자 항목 중, '수익의 재투자'가 유독 증가하는 것도 볼 수 있다. 해외에서의 수익을 다시 해외에 투자한 것이다.

그렇다면 주로 어디에 투자하였을까? 값싼 노동력을 찾아 아시아에 주로 투자하였을 것이라는 일반의 인식과 달리, 〈그림 19〉에서 2005년부터의 데이터를 보면 북미와 유럽에 투자된 금액이 아시아에 투자된 금액을 훨씬 상회하는 것을 알 수 있다. 2013~2014년에는 북미에 투자된 금액만도 아시아에 투자된 금액 이상이다. 일본기업들은 값싼 노동력보다는 현지의 시장성을 더 중요시하기 때문이다.

〈그림 18〉 일본의 대외직접투자 (단위: 조 엔)

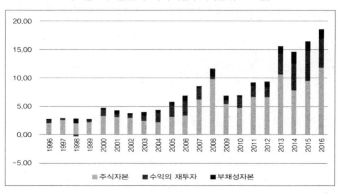

자료: 일본 재무성

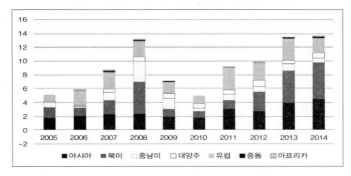

〈그림 19〉 일본의 지역별 대외직접투자 (단위: 조 엔)

자료: 일본 재무성

5.2. 일본 제조업의 해외생산비율과 해외생산 이유

〈그림 20〉 일본 제조업의 해외생산비율

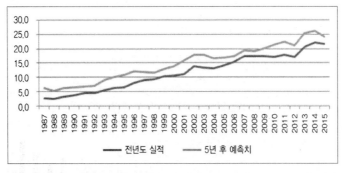

자료: 일본 내각부 경제사회종합연구소, "기업행동에 관한 앙케이트 조사(2016)"

〈그림 20〉은 일본 제조업의 해외생산비율이 거의 해마다 증가하여 최근에는 그 비율이 20%를 넘어섰음을 보여준다. 일본기업 생산품의 20% 이상이 해외에서 생산되는 것이다. 해외에 생산거점을 가지고 있는 기업의 비율 역시 거의 해마다 상승하였다. 〈그림 21〉을 보면 2013년에

는 75% 이상의 기업이 해외에 생산거점을 가지고 있었음을 알 수 있다.

〈그림 20〉과 〈그림 21〉에서 해외현지생산의 비율이 최근 들어 조금 낮아지는 경향을 보이는 것은 일시적인 현상인지 새로운 추세인지 아직 불확실하다. 2013년 아베노믹스가 실시된 이후 국내경기를 살리기 위해 일본기업의 국내 복귀를 적극 장려하는 정책을 쓰고 있는데 그 효과가 가시화되고 있는 것일 수도 있고, 최첨단·고성능(high-end) 제품은 국내에서 개발·생산하려는 기업들의 전략 때문일 수도 있겠으나, 판단을 내리기에는 데이터가 미흡한 실정이다.

한편, 〈표 2〉는 해외에 생산거점을 두는 이유에 대한 설문조사결과를 보여주는데, 제품에 대한 수요의 확대 여부가 가장 중요한 고려사항인 것을 볼 수 있다. 특히 소재형 제조업의 경우, 값싼 노동력을 찾아 해외로 이전한다는 답변이 11.1%에 불과한 반면, 제품에 대한 수요를 고려한다는 답변은 52.5%나 된다. 그리고, 이러한 일본 기업들의 선호가 유럽과 북미시장에 대한 대규모 투자로 이어진 것이다.

〈그림 21〉 해외현지생산을 하는 기업의 비율 (제조업)

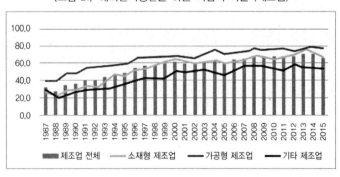

자료: 일본 내각부 경제사회종합연구소, "기업행동에 관한 앙케이트 조사(2016)"

〈표 2〉 해외에 생산거점을 두는 주요 이유 (단위: %)

해외에 생산거점을 두는 이유	제조업 전체	소재형 제조업	가공형 제조업	기타 제조업
노동비용이 저렴	20.5	11.1	23.8	25.6
고도의 능력을 갖춘 인재의 확보가 용이	0.3	-	0.6	-
자재·원재료, 제조공정, 물류, 토지·건설 비용이 저렴	10.6	5.1	13.4	11.5
현지·인접국의 수요가 왕성 혹은 확대 전망	39.6	52.5	35.4	32.1
현지 고객의 필요에 부응하는 것이 가능	12.9	10.1	16.5	9.0
현지에 부품·원재료의 안전 공급이 가능한 공급자가 존재	2.6	4.0	-	6.4
모기업·거래기업의 진출에 따른 동반 진출	10.9	15.2	7.9	11.5
현지 정부의 산업육성정책, 세제·금융 등의 우대 조치	0.3	-	0.6	-
현지 기반시설이 필요한 적정수준에 도달	-	-	-	-
기타	2.3	2.0	1.8	3.8
회답 기업 수	341	99	164	78

자료: 일본 내각부. 경제사회종합연구소. 기업행동에 관한 앙케이트 조사(2016)

5.3. 일본의 대외자산과 대외소득

앞의 2절서 무역수지의 적자에도 불구하고, 일본의 경상수지가 흑자인 것은 소득수지 흑자가 무역수지의 적자를 압도하기 때문인 것을 보았다. 그렇다면, 일본 소득수지의 주요 항목은 무엇일까?

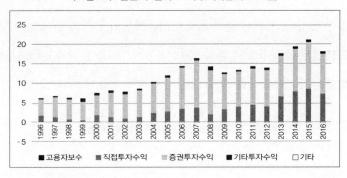

〈그림 22〉 일본의 일차 소득수지 (단위: 조 엔)

자료: 일본 재무성

　〈그림 22〉에서 볼 수 있듯이 가장 큰 구성 항목은 증권투자수익이
지만, 가장 빠른 속도로 증가하고 있는 것은 직접투자수익이다. 일본 상
품수지의 적자 규모가 가장 컸던 것은 2014년의 일인데, 당시 상품수지
의 적자는 10조엔이었던 한편 직접투자수익 흑자는 7.8조엔으로, 직접
투자수익이 역대 최대 규모의 상품수지적자와 비슷할 정도였다.

〈그림 23〉 대외순자산의 국제비교 (단위: 조 달러)

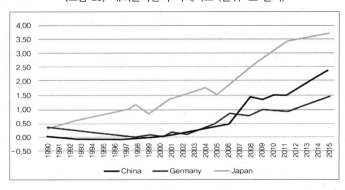

자료: Oxford Economics(Datastream)

경상수지의 흑자를 발판으로 해외투자를 지속함으로써, 〈그림 23〉에서 볼 수 있듯이, 일본은 세계에서 대외순자산이 가장 많은 나라가 되었다. 2015년 중국과 독일의 대외순자산은 각각 2.4조 달러와 1.4조 달러인데, 일본의 대외순자산은 그 두 나라의 합계에 비등한 3.7조 달러나 된다.

〈그림 24〉 해외순소득의 국제비교 (단위: 10억 달러)

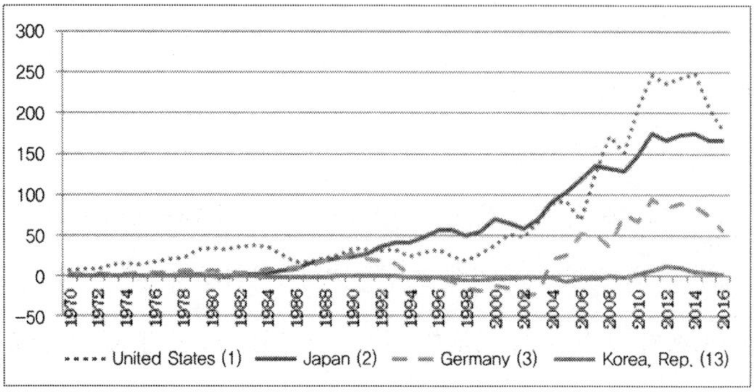

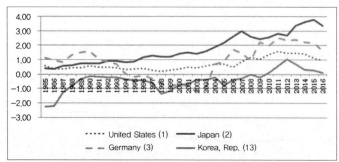

자료: WDI
주: 괄호 안의 숫자는 해외순소득 순위이다

〈그림 25〉 GDP 대비 해외순소득 (단위: %)

자료: WDI 자료로부터 저자가 계산
주: 괄호 안의 숫자는 해외순소득 순위이다

대외순자산의 축적은 당연히 해외로부터의 소득으로 이어져, 대외소득은 미국에 이어 세계에서 두 번째로 많은 나라가 되었다. GDP대비 대외소득으로는 세계에서 가장 높은 수준이다.

〈그림 25〉에서 볼 수 있듯이 2015년 일본의 대외소득은 일본 GDP의 4%를 넘었는데, OECD에서 3%를 넘은 나라로는 일본이 유일하고, 두 번째로 그 비율이 높은 독일은 2%를 조금 넘는 수준일 뿐이다.

6. 기업의 해외진출과 소득수지

일본의 내수경기가 부진함에 따라, 일본 기업들은 적극적으로 해외시장을 개척하였고, GDP대비 수출액은 1990년의 6.5%에서 2011년에는 15.7%까지 증가하였다. 그리고, 해외시장에서 활로를 찾고자 하는 일본의 기업들에게 환율은 영업이익을 결정하는 중요 변수가 되었다.

1990년대 중반과 2000년대 초·후반에 엔고로 고전한 일본 기업들은 엔저 시기에 영업이익이 개선되면 적극적으로 대외직접투자에 나서, 해외에 생산거점을 구축하였다. 해외에 생산거점을 두는 가장 큰 이유는 노동비용의 절감이 아니고 해외수요 확대의 가능성이다. 그 결과, 일반적인 선입견과 달리 북미와 유럽에 대한 투자가 아시아에 대한 투자보다 그 규모가 크다. 이미 일본 기업(제조업) 제품의 20%는 해외에서 생산되고 있으며, 60% 이상의 기업이 해외에 생산거점을 두고 있다. 그러나, 최첨단·고성능(high-end) 제품의 개발과 생산은 여전히 국내 생산

기반을 사용하려는 기업들이 많은 것도 사실이다.

일본기업의 경쟁력은 상품수지흑자와 막대한 규모의 소득수지로 나타난다. 2010년까지 일본의 상품수지는 줄곧 흑자였으며, 일본 경상수지흑자를 견인하였다. 한편, 2011년 이후에는 상품수지가 줄곧 적자를 면치 못하였으나, 상품수지의 적자를 압도하는 소득수지흑자 덕분에 경상수지는 여전히 예외 없이 흑자를 기록하고 있다.

해외에서 발생한 소득의 일부분은 다시 해외에 투자되었으나, 다른 일부는 국내로 유입되어, 최근 소득수지의 40% 상당은 대외직접투자에서 발생하는 소득이다. 경상수지의 흑자로 막대한 규모의 해외직접투자와 해외금융투자가 가능하였고, 그 결과 2015년 일본은 전세계에서 가장 큰 규모의 해외순자산을 보유한 국가가 되었으며, GDP대비 해외소득이 4%를 넘게 되었다.

한편 2012년 이후 엔화의 절하에도 불구하고 일본의 수출이 감소하고 상품수지가 적자인 것은 영업이익을 우선시하는 전략적인 선택에 한 원인이 있는 것으로 보인다. 엔화가 절하되었으나 수출단가는 그만큼 낮아지지 않아 수출량에는 큰 변화가 없었던 것이다. 그러나, 그 결과 수출기업의 영업이익이 상당히 개선되었고, 영업이익의 개선은 더 많은 규모의 대외투자로 이어졌다. 그리고, 해외생산의 증가 역시 국내로부터의 수출이 감소하는 원인이 된 것으로 보인다.

일본기업의 성공적인 해외진출은 일본의 대외자산, 해외소득, 경상수지에 많은 기여를 한 것이 사실이다. 그러나, 생산거점의 해외이전은 국내 일자리에 부정적인 영향을 미쳤을 것이라 예상된다. 산업공동화 현상이 고용에 미친 영향에 대해서는 아직 충분한 연구결과들이 나오지 않고 있다. 그러나, 경기침체와 기업의 해외진출에도 불구하고 실업률과 청년실업률이 각각 2002년에 기록한 5.4%와 8.2%의 최고치를 넘지 않은 것은 일본의 노동력구조와 관련이 있을 것으로 보인다. 일본의 노동력인구는 1998년에 정점을 찍은 후 감소하기 시작하였다. 1998년은 일본 경제가 최악의 경기부진을 겪은 해이기도 하다. 그 후 2002년에 실업률이 최고치를 기록한 후, GDP증가율이 -5.5%였던 2009년이나 -0.5%였던 2011년에도 실업률과 청년실업률은 2002년의 최고치를 넘지 않았다. 2002년과 2011년 사이에 일본의 노동력인구는 약 1.5%, 100만명이 감소하였다. 그러나, 노동력의 감소와 기업의 해외진출이 일본 노동시장에 미친 종합적인 영향은 아직 제대로 규명되지 못하였고, 향후의 연구과제로 남아있다.

현대일본생활세계총서 **14**

구조적 대불황기 일본 경제의 진로

구조적 장기불황과 일본금융의 미래
일본 금융기관의 아시아 진출과 엔화 국제화

김동환

1. 문제의 제기

주지하는 바와 같이 글로벌 금융위기 이후 선진국의 잠재성장률 (2015년 현재 1.6%)은 신흥국의 잠재성장률(2015년 현재 5.21%)에 비해 매우 낮은 수준을 이어가고 있다. 국제수지 발전단계설에 따르면 잠재 성장률이 높은 신흥국은 국제금융시장에서 자금수요 주체가 되는 한편 잠재성장률이 낮아진 성숙국은 자금공급 주체가 된다. 하지만 2000년대 들어와 새로운 현상이 나타나고 있다. 즉, 중국 등 신흥국이 급속한 경제 성장을 통해 경상수지 흑자가 확대됨에 따라 본래는 자금수요 주체여야 할 신흥국이 자금공급 주체로 바뀌면서 글로벌 과소투자·소비 및 과잉 저축 현상을 부추겨 온 것이다.

글로벌 금융위기 이후 선진국을 중심으로 구조적 장기불황(Secular Stagnation) 논쟁이 치열하게 전개되고 있다. 이 논쟁에 불을 붙인 이는 서머즈[1]이다. 그는 선진국 경제가 과잉저축 문제를 필두로 저출산·고령화, 생산성 둔화, 노동분배율 저하 등의 문제에 직면하고 있고, 이로 인해 자연이자율이 마이너스 수준으로 하락하였음에도 불구하고 실질이자율이 동일한 수준까지 떨어지지 않음에 따라 투자가 이루어지지 않고 디플레이션이 장기간 지속되고 있다고 진단한다. 또한 그는 글로벌 금융위기 이후 선진국의 잠재성장률 경로가 급격하게 하방 이동(shift down)한 까닭에 향후 경기가 통상적 경기사이클(business cycle)에 따라 다시 회복된다고 해도 글로벌 금융위기 이전 상태로 되돌아가기 쉽지 않다고 주장한다.

「미국의 성장은 끝났는가」로 유명한 고든[2] 역시 선진국 장기침체의 원인을 노동력인구 감소, 노동생산성 저하, 고령화, 교육수준 저하, 소득격차 확대, 가계와 정부의 높은 채무부담 등 공급측면의 애로로 인한 잠재성장률 저하에서 찾고 있다. 다만 그는 이러한 공급제약은 기본적으로 물가상승을 유발하기 때문에 최근의 장기 디플레이션을 설명하기 어렵다고 서머즈를 비판한다.

한편 쿠퍼[3]는 현재와 같은 구조적 장기불황 논쟁이 제조업의 생산성 저하만을 문제 삼고 있지, 교육 등 서비스 기회가 확대됨에 따라 소비

---

1) Summers L. H., "U.S. Economic Prospects: Secular Stagnation, Hysterisis, and the Zero Lower Bound", Business Economics, National Association for Business Economics Vol 49, 2014.
2) Gordon, R. J., "Is US Economic Growth Over?", NBER Working paper, 2012.
3) Cooper R. N., "Has the World Entered Secular Stagnation?", Perspectives from Around the World, Research Institute of Economy, Trade and Industry, 2016.

자후생이 개선되는 측면은 무시하고 있고, 이자율 저하를 통해 기업투자 등의 회복을 꾀하고 있으나 이미 기업투자는 이자율변화에 둔감해진지 오래라고 주장하며 구조적 장기불황 논쟁에 이견을 제기하고 있다. 다만 그도 장기침체의 한 가지 원인이 양극화와 같은 공급측면에 있다고 보아 국내 부유층으로부터 비교적 저축성향이 낮은 빈곤층에 대한 소득재분배(직접 또는 세수를 기초로 하는 재정지출), 세계적(특히 개도국의) 인프라 투자 및 온난화 대책을 위한 투자 등을 장기침체 탈출 수단으로 제안하고 있다.

〈표 1〉 1970~2015년 중 자연이자율 하락(-4.02%p) 요인별 기여도

고령화	저출산	생산성둔화	노동분배율 하락	투자재가격 하락
-1.81%p	-1.84%p	-1.90%p	-0.52%p	-0.44%p

자료: Eggertsson et al.(2017)
주: 자연이자율은 잠재성장률 수준의 균형 실질이자율을 의미

이처럼 글로벌 금융위기 이후 장기불황 상황이 지속되자 세계적 은행들은 비즈니스 모델과 성장전략을 변경하기 시작하였고, 일본의 은행들도 성장의 한계에 봉착한 국내시장을 탈피하여 투자기회가 아직은 풍부한 신흥국 진출에 박차를 가하기 시작하였다. 이를 위해 일본 경제산업성은 2010년 6월 "신성장전략~원기 넘치는 일본" 부활시나리오의 7가지 전략분야의 하나로 "아시아 경제전략"을 내걸고 있는데 특히 금융전략으로 "아시아의 주력 시장, 주력 플레이어로서의 지위 확립"을 2020년

까지의 목표로 설정하였다. 또한 일본 금융청은 상기 신성장전략의 일환으로 2010년 12월 금융자본시장 및 금융산업의 활성화를 위한 액션프로그램을 발표하면서 일본 금융기관의 아시아 역내활동 확대방침을 밝힌 바 있다.

이 글은 잃어버린 20년과 구조적 장기불황에서 벗어나기 위한 일본 정부 및 은행들의 노력을 금융측면에서 조망하면서 향후 이와 같은 움직임이 세계 및 아시아의 경제·금융지형을 어떻게 변화시킬지 등에 대해 논의하고 우리에게 주는 시사점을 찾아보는 것이 목적이다.

2. 구조적 장기불황과 일본 은행의 해외진출

2.1. 일본경제 구조적 장기불황의 원인

일본경제가 구조적 장기불황에 빠졌다면, 그 원인은 공급측 요인과 수요측 요인 모두에서 찾아질 수 있을 것이다.

첫째, 고령화·저출산으로 노동력인구가 감소함에 따라 잠재성장률이 낮아지는 등 공급측면의 문제이다. 예컨대 15~64세의 생산연령인구는 1980년대에는 연간 1% 정도 증가하다 1998년부터 감소세로 전환한 후 현재는 1% 이상의 속도로 감소하고 있고, 1980년대까지만 해도 4%대였던 잠재성장률은 현재 0.3%로 저하되고 있다.[4]

---

4) 이에 대해 다케다(2016)는 여성 및 고령층 취업자 증가로 생산연령인구 "비율"은 그다지 크게 변동하고 있지는 않다고 비판한다. 다케다 하루히토(여인

둘째, 수요측면의 문제이다. 예컨대 기업의 GDP대비 설비투자는 1980~90년대초 15~20%에서 2000년 이후 13~15% 정도로 낮아진 가운데 제조업을 중심으로 기업의 해외이전이 증가하고 있다. 기업의 해외이전은 일본 경제성장의 원동력이었던 수출을 저하시키는 결과를 초래하였다. 또한 노동생산성이 높은 제조업의 해외이전으로 국내에는 생산성이 낮은 서비스업 비율이 높아지게 되면서 경제 전체의 노동생산성이 저하되고 이는 실질임금을 낮추어 개인소비 감소로 이어지고 있다.

셋째, 엔화강세나 디플레이션도 경제의 발목을 붙잡는 요인이 될 수 있다. 다만, 2013~14년에는 엔화약세가 진행됨에도 불구하고 수출이나 소비가 계속 저조한 것을 보면 엔화강세나 디플레이션이 일본경제의 구조적 장기불황의 근본 원인이라고 보기는 어려운 듯하다. 古金(2016)에 따르면 이와 유사한 사례는 19세기 영국의 대불황기(1873~93년)에도 나타난 바 있는데, 불황의 원인은 당시 미국, 독일 등 후발선진국의 급속한 경제발전, 이들에 대한 영국 자본의 유출에 있었다. 대불황기 후반 영국은 무역수지가 적자이고 투자수지가 흑자인 성숙채권국 단계에 있었는데, 자본유출은 국내 투자가 저조했기 때문에 발생한 것이지 디플레이션이 불황의 근본 원인은 아니었다.

영국의 사례가 일본에 주는 시사점은 물가에만 초점을 맞춰 디플레이션을 탈피하려 하면 구조적 장기불황에서 벗어나기 어렵다는 점이다. 게다가 최근 연구는 장기침체에서 벗어나기 위해서는 재정지출 확대가

만 역), 『탈성장신화』, 도서출판 해남, 2016.

유효하다고 하지만, 일본의 경우 GDP의 2배에 달하는 재정적자의 누적, 저출산·고령화 문제 등을 감안할 때 구미선진국에 비해 장기침체 탈출을 위한 정책옵션은 제한적이다.[5][6] 결국 일본은 장래에 대한 비관론이 팽배한 가운데 국내 인구가 감소하고 국내 시장의 파이가 줄어들고 있음을 감안하면 기업과 금융의 해외진출 전략이 그 어느 때보다 절실히 필요하다고 하겠다.

2.2. 일본 은행의 해외진출 유형 및 특징

글로벌 금융위기 이후 선진국 경제가 장기침체에 빠져드는 가운데 금융규제가 강화됨에 따라 세계적 은행들은 비즈니스 모델을 재검토하기 시작하였다. 이들은 나라마다 조금씩 차이가 나긴 하지만 특히 유럽의 은행들은 종래의 양적확대 및 사업다각화 전략을 수정하여 高레버리지 및 투자은행 업무비중을 줄이고 강점 지역 및 분야에 자원을 집중하

---

5) 구조적 장기불황 탈출을 위해 서머즈는 ①취업교육 확대, 기술혁신 등 공급 측면 구조개선, ②저금리 유지 및 인프라 재구축, 에너지원 다양화 등 공공 투자 확대를 통한 총수요 확대가 필요하다고 하여 기본적으로는 케인즈와 마찬가지로 낙관적 견해를 보이고 있는데, 이를 위해 금융정책보다는 재정 정책이 유효하다고 주장한다. 반면 Eggertsson et al.은 ①인플레기대(π)를 큰 폭으로 높여 실질이자율(r)을 낮추는 확장적 통화정책($\because r = i-\pi$), ②자연이 자율을 실질이자율 수준까지 높이는 확대 재정정책이 필요하다고 주장하지만, 기본적으로는 구조적 장기불황 탈출에 비관적이다. 두 가지 정책이 모두 해악적인 것으로 인식되고 있어 실행에 어려움이 있기 때문이다.
6) 현재와 같은 잠재성장률의 구조적 저하, 음의 자연이자율을 new normal로 받아들인다면 다케다(2016)의 주장대로 일본은 과거의 성장신화에서 탈피하여 질적성장을 추구하고 생활의 질을 개선하는 등 발상의 전환이 필요한지도 모르겠다.

는 전략을 채택하는 경향을 보이게 된다(이하 〈참고〉 참조).

일본의 은행들은 기본적으로 자국시장 중심의 상업은행 모델을 유지하는 가운데 글로벌 금융위기 이후 아시아를 연고시장으로 사업과 지역의 다양화를 꾀하고 있다. 본래 일본의 은행들은 선진 금융기술과 서비스의 학습, 자국기업의 해외진출 지원을 목적으로 선진국시장에 먼저 진출한 바 있었지만, 글로벌 금융위기 이후 아시아시장에서 철수하는 구미선진국 은행의 사업부문이나 현지은행 등을 인수하며 失地回復(竹村 2011)을 꾀하고 있다.

〈표 2〉 일본 은행의 중기경영계획에 반영된 해외전략

	구체적 전략
미쓰비시UFJ FG	대출, 영업순익 확대를 통한 아시아 비즈니스 강화
미쓰이스미토모 FG	IB(투자은행) 부문의 현지 주재기능 집약, 유력 금융기관과의 업무제휴를 통해 아시아를 축으로 한 국제업무 확대
미즈호 FG	경영자원의 전략적 재배치를 통해 현저한 발전이 예상되는 아시아지역 강화
스미토모신탁은행	PF(프로젝트 파이낸스) 등 아시아 지역의 중점전략 강화
요코하마은행	아시아진출 기업에 대한 지원 강화

자료: 竹村(2011)

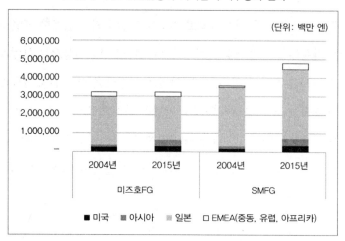

〈그림 1〉 주요 일본은행의 지역별 수익구성의 변화

자료: 각 은행 연간보고서
주: 경상이익 기준

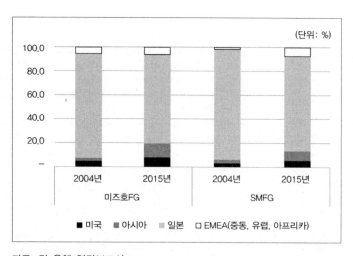

자료: 각 은행 연간보고서

〈참고〉 글로벌 은행의 해외진출 전략

유럽 은행의 지역별 수익분포는 크게 연고시장과 선진국시장으로 대별된다. 연고시장이란 자국을 포함하여 역사적, 지리적으로 관계가 깊은 지역(예컨대 식민지시대의 舊연방국)의 시장을 의미하는데, 주로 동유럽을 포함한 유럽지역, 중동, 아프리카, 중남미에 포진해 있다. 이와 관련하여 BNP파리바, 소시에티제너럴은 동유럽, 중동, 아프리카 등 연고시장에서 강점분야인 소매금융 업무를 확대하고 있고, 산탄데르는 유럽에 본거지를 두면서 유럽 재정위기 이후 중남미 시장으로 핵심 상업은행 업무기반을 강화하고 있다. 한편 투자은행 업무에 주력해 온 도이체방크, 크레디스위스, UBS는 자본시장이 발달한 영국 등 유럽 선진국과 미국 등 선진국시장을 중시하는 지역전략을 전개하고 있다.

영국 역시 HSBC와 스탠더드차터드는 연고시장을 중심으로 업무를 전개해 왔으나 글로벌 금융위기 이후 아시아시장 비중이 높아져 2015년 현재 각각 수익의 40%, 70% 정도를 아시아시장에 의존하고 있다. 한편 바클레이스, RBS와 같은 투자은행은 미국이나 유럽과 마찬가지로 선진국시장 중심으로 사업을 전개해 왔는데, RBS의 경우 공적자금 투입 이후 해외사업을 정리하거나 축소하여 자국시장에 집중하는 추세를 보이고 있다. 로이즈뱅크 그룹은 RBS와 마찬가지로 글로벌 금융위기 이후 공적자금을 지원받은 후 자국시장에 주력하고 있다.

미국의 경우 웰스파고, BoA와 같은 상업은행은 본래 자국시장을 중심으로 업무를 전개해 왔고, 시티그룹이나 JP모건·체이스와 같은 은행지주회사는 자국시장뿐만 아니라 유럽, 중남미, 아시아 신흥국 등으로 사업지역을 분산하는 글로벌화 전략을 전개해 왔다. 시티그룹은 해외수익 비중이 50%를 초과하는 가운데 글로벌 금융위기 이후 미국, 유럽 등 선진국시장 비중을 줄이는 대신 중남미나 아시아 등 신흥국시장 비중을 늘린 반면, 골드만삭스, 모건스탠리와 같은 투자은행은 수익의 80% 이상을 미국, 유럽, 일본 등 선진국 시장에서 획득하는 선진국 지향 영업을 전개하고 있다.

〈그림〉 글로벌 주요 은행의 지역별 수익구성 비교 (2004-2015)

[유럽의 경우]

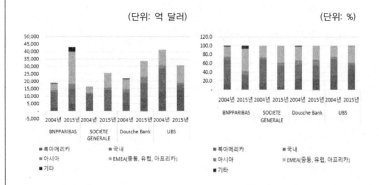

자료: 각 은행 연간보고서
주: BNP 파리바, 도이체방크=Net revenue(총수익 기준), UBS=operating income(영업이익 기준), 소시에티제너럴=Net income(당기순이익 기준)

[영국의 경우]

(단위: 억 달러)   (단위: %)

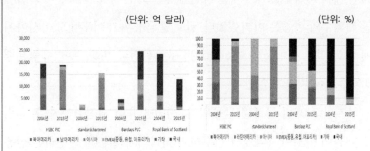

자료: 각 은행 연간보고서
주: HSBC, 스탠더드차터드, 바클레이스=profit on ordinary activities before tax
(세전이익 기준), RBS=total income(총수익 기준). 참고로 로이즈뱅크는 해외
수익이 적자로 공표하지 않고 있음

[미국의 경우]

(단위: 억 달러)   (단위: %)

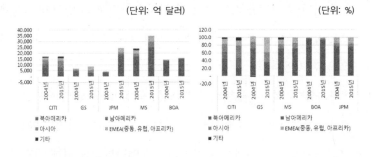

자료: 각 은행 연간보고서
주: CITI= Net income(당기순이익 기준), 골드만삭스= pre-tax earnings(세전이익
기준), 아시아=일본시장만 해당됨. JP모건·체이스= Net income(당기순이익
기준), 모건스탠리=NET EVENUE(순수입기준), BOA=Net income(당기순이익
기준)

일본의 은행들은 1990년대 초반까지만 해도 자본금, 자산 등의 측면에서 세계 10대 은행 중 6개를 차지할 정도로 큰 규모를 자랑하고 있었지만 해외수익 비중은 미미했었다. 글로벌 금융위기 이후에도 아시아지역에 대한 일본 은행들의 여신잔고는 구미선진국 은행, 특히 유럽은행의 1/5 수준에 지나지 않았다.

하지만 2008년 글로벌 금융위기, 2010년 유럽 재정위기 이후 유럽계 은행들이 아시아지역에서 철수하기 시작하자 일본의 은행들은 신흥국 상업은행에 대한 출자나 인수, PF대출을 늘리기 시작하며 해외사업을 확대하였고 외화예금도 크게 늘면서 해외수익 비중이 비약적으로 증가했다[7]. 특히 3대 메가뱅크의 해외수익 비중은 꾸준히 증가하여 미쓰비시 UFJ의 경우 전체 수익의 30% 이상을 해외에서 올리고 있다. 일본의 지방은행 역시 주재원사무소 설치 및 현지은행 등과의 업무제휴 등을 통해 ASEAN 각국으로 진출을 가속화하면서 특히 중소기업의 해외진출에 도움을 주고 있다.[8]

게다가 일본 전국은행협회가 2015년 3월 공표한 「일본 저출산·고령화사회의 진전과 향후 경제성장을 지원하기 위한 금융사업의 방향」이라는 보고서에 따르면 지금까지 지방은행은 메가뱅크에 비해 해외진출

---

7) 다만 최근에는 해외사업에도 리스크가 커져 2016년에는 미쓰이스미토모은행이 출자한 인도네시아 연금저축은행(BTPN)의 주가하락으로 570억엔의 손실을 기록했고, 2015년 미츠비시UFJ신탁은행은 UBS그룹으로부터 펀드관리 업무를 매수하는 등 대출과 같은 전통적 은행업무 대신 투자은행 부문이나 안정적 수익이 기대되는 자산운용 비즈니스가 존재감을 드러내고 있다.
8) 金融庁, 「我が国企業・金融機関の国際展開の拡充にむけて」, 『官民ラウンドテーブル』, 2013.5.

에 소극적이었고 해외진출 기업에 대한 독자적 지원도 불가능하였으나, 향후 현지은행 및 국제기구 등과의 협력 하에 종래의 수직연대(기업과 금융기관)가 수평연대(금융기관과 금융기관)로 확대되면 특히 중소기업의 해외진출에 탄력이 붙을 것이라 전망하고 있다.

〈표 3〉 미국, 유럽, 일본 금융기관의 아시아 여신잔고 (2010년 9월 기준)

	일본	미국	유럽
중국	100	164	380
한국	100	239	453
대만	100	363	757
홍콩	100	78	646
싱가포르	100	84	341
인도네시아	100	98	285
태국	100	36	108
말레이시아	100	162	568
베트남	100	57	325
인도	100	375	813
소계	100	195	471

자료: BIS, Consolidated banking statistics, 竹村(2011) 재인용

<표 4> PF 글로벌 Top10

순위	은행	조성규모*
1	Mitsubishi UFJ	16,227 (6.1)
2	SMBC	13,451 (5.1)
3	Mizuho Financial	9,848 (3.7)
4	BNP Paribas	9,003 (3.4)
5	Credit Agricole	8,054 (3.1)
6	ING	7,555 (2.9)
7	CBA	7,277 (2.8)
8	HSBC	6,884 (2.6)
9	SG	6,394 (2.4)
10	SBI Capital	5,647 (2.1)
합 계		90,340 (34.2)

자료: Thomson Reuters IFR, PFI Financial League Table
주: * 100만$, ( )안은 점유율(%)

<그림 2> Mitsubishi UFJ 해외예금 비중 추이

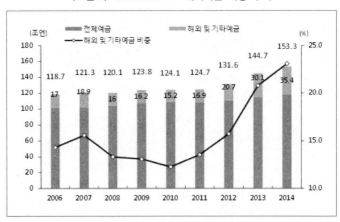

자료: Mitsubishi UFJ Financial Group Financial Highlights

<그림 3> 일본 3대 메가뱅크의 해외수익 비중

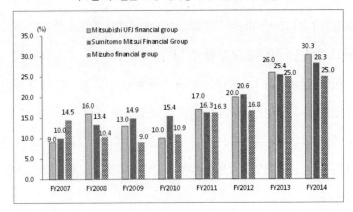

자료: Mizuho financial group, Mitsubishi UFJ Financial Group, Sumitomo
    mitsui financial group 각 사의 annual report

주: (1) MUFG는 연결 net operating profit의 그룹전체 중 global(overseas)
    사업부문 비중, (2) Mizuho는 연결 net business profit의 그룹 전체 중
    international banking 비중, (3) SMFG는 SMBC의 banking profits(before
    provision for general reserve for possible loan losses) 중 international
    banking unit 기준으로, 개별 SMBC 자료

<그림 4> 일본은행의 ASEAN 진출 상황 (2013년 4월 시점)

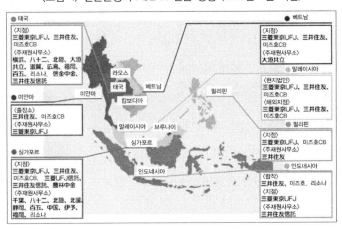

자료: 安田隆二(2008)

安田隆二(2008)에 의하면 일본 은행의 해외진출 유형은 시대별로 글로벌화 1.0(1970년대), 글로벌화 2.0(1980년대), 그리고 향후 추구해야 할 글로벌화 3.0 시대로 구분할 수 있다.[9]

첫째, 글로벌화 1.0 시대는 국내 은행들이 주로 자국기업의 해외진출과 관련된 외환업무 및 현지 일본계 기업들에 대한 금융서비스를 제공하던 1970년대를 말한다. 당시 무역금융·외환 등 금융서비스의 대상 고객은 일본 기업이었고, 거래주체는 국내 본점의 담당 영업본부에 한정되었다.

둘째, 글로벌화 2.0 시대는 국내 은행들이 자국기업 및 글로벌기업을 대상으로 상업은행 서비스 및 국제 신디케이트론을 제공하고 미국·유럽 등 선진국 자본시장에서 일본계 기업의 주식 및 채권 발행을 유도하던 1980년대에 해당한다. 이 시기에 은행들은 해외진출을 가속화하는 자국기업을 위해 해외에서의 자금조달 업무를 확대하였으며, 일부 유럽권 기업 및 금융기관·정부를 고객으로 하는 도매시장에도 참여하기 시작하였다. 또한 이 시기에는 일본 금융기관들의 미국·유럽 금융기관 매수 및 자본출자도 활발하게 일어나 스미토모은행은 골드만삭스에, 일본생명(日本生命)은 아메리칸 익스프레스, 리먼 브라더스 등에 출자하였다. 그러나 90년대 버블 붕괴와 함께 글로벌 시장에서 일본 금융은 힘을 잃고 침체기에 접어들게 된다.

셋째, 향후 맞이할 글로벌화 3.0 시대란 일본의 경험과 강점을 살리

---

9) 이 장은 安田隆二(2008) 및 野村綜合硏究所(2012)에 크게 의존하고 있다.

면서 해외시장에서 현지화를 확대하고 非일본계 고객을 대상으로 M
(Merchant Banking), A(Asset Management), R(Retail Banking), S(System
Banking)[10]과 같은 비즈니스에 초점을 맞추는 시대이다. 글로벌화 3.0
모델은 두 부분으로 구성되는데, 하나는 세계 각 거점에서 리스크 있는
사업을 담당하는 Merchant Banking[11]과 현지의 개인 및 중소기업을 대
상으로 하는 Retail Banking으로 현지화를 심화하는 것이며, 다른 하나는
Asset Management와 System Service가 각 지역의 거점을 연결하는 것이다.

　　그렇다면 향후 글로벌화 3.0 시대의 도래가능성은 어느 정도 되는
가? 우선 해외 M&A와 관련하여 해외에 진출한 일본의 기업들은 종래의
메인뱅크 관계를 이용해 자국 은행이 제공하는 M&A 서비스를 이용하고
있으나, 사업기회를 포함한 제반 정보를 제공하는 능력이 외국계 금융
기관에 비해 상대적으로 떨어진다. 둘째, 기업의 자금조달과 관련하여
일본 은행들은 저렴한 수수료, 의사소통 등의 측면에서는 만족도가 높

---

10) 글로벌 금융네트워크를 연결하는 인프라 시스템을 의미하는데, 이는 금융경
　　쟁력의 중요한 조건이며 수익의 원천으로 이어진다.
11) 머천트뱅크는 소수의 부유층(개인 및 기업)을 대상으로 예금 · 대출업무, 증
　　권의 인수 · 중개업무, 기업 M&A의 중개 · 자문업무 등을 수행하는데, 자본
　　이득을 위해 자기자본을 직접투자(principal investment)하거나 사모펀드
　　(private equity fund)를 활용하는 것도 머천트뱅크의 주요 업무 가운데 하나
　　이다. 전통적인 머천트뱅크는 1986년 영국의 '증권제도자유화(소위 빅뱅)'
　　이후 미국이나 유럽대륙의 대형 금융기관에 흡수되어 현재 몇 개밖에 남아
　　있지 않지만, 18~9세기까지만 해도 첨단 금융기술과 정보력을 무기로 국제
　　금융시장에 위세를 떨친 바 있다. 예컨대 베어링브라더스(현 ING그룹)나 로
　　스차일드는 각각 1736년, 1837년에 미국으로 진출한 대표적인 머천트뱅크
　　였다. Kim, Dong Hwan, "The Wall Street Panic and the Korean Economy",
　　Korea's Economy, Vol 25, 2009. 참조.

으나 실질적으로 기업이 원하는 수준의 충분한 자금을 현지통화로 제공하지 못하고 있다. 셋째, 일본 기업들은 현지에서의 인프라 정비 불충분으로 인해 자본시장에서 자금을 조달하는 경우가 많지 않다. 넷째, 해외에서 활동하는 일본 기업들의 CMS(cash management service) 이용 동향을 감안하면 현재 제공하는 서비스로 충분할 수 있으나, 일본만의 독자적인 결제시스템은 국제적 표준과 달라 거래에 마이너스로 작용할 가능성이 있다. 이와 같은 SWOT 분석에 더불어 해외에 진출한 일본 기업의 금융수요가 정보·송금 서비스 향상 등 결제수요에 집중되어 있음을 감안할 때, 글로벌화 3.0 시대 조기 도래의 관건은 적어도 아시아에서 보편적으로 활용될 수 있는 지급결제 관련 인프라를 구축하는 데 달려 있을 가능성이 있다.

〈그림 5〉 해외진출 일본 기업이 자국 금융기관에서 제공받기 원하는 서비스

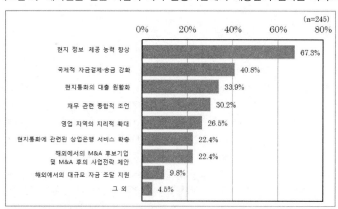

자료: 미즈호 종합연구소(2012)에서 재인용

현재 일본 국내 금융시장은 이미 포화상태에 있으며 고령화로 인해 추가적인 성장을 추구하기 어려운 실정이다. 이와 같은 판단의 근거는 고령 세대들이 향후 수익성을 고려하여 일본증권이 아닌 외국증권으로 자산포트폴리오를 구성할 가능성이 높고, 국내 대기업뿐만 아니라 중소기업도 활동거점을 해외로 옮기고 있는 데에 크게 기인한다. 이에 따라 일본의 금융기관들은 1,600조엔 규모의 개인금융자산 등을 적절히 활용하여 성장가능성이 있는 해외시장, 특히 아시아 금융시장에서 재도약의 기회를 찾아 '금융입국' 기반을 확보하고자 노력해 왔다.[12]

　　금융입국이란 금융기관의 활동범위를 세계로 넓혀 그 수익이 안정적으로 일본에 들어오는 메커니즘을 구축하는 것으로, 넓게는 금융업을 진흥·발전시키거나 금융시스템을 정비함으로써 국가의 번영을 도모하는 것(コトバンクデジタル大辞泉)을 의미한다. 이는 마치 일본이 1930~40년대에 추진하였던 "대동아 금융권"과 유사한 뉘앙스를 지니는데, 당시 대동아 금융권이란 아시아지역에서 엔화가 국제통화로서 통용되는 엔화 결제동맹, 즉 지금으로선 엔화 국제화의 의미로 사용되었다(大鷹正次郎, 每日新報, 맥코맥 등 참조).[13] 엔화 결제동맹 내지 엔화 국제화는 적어도 아시아에서 보편적으로 활용될 수 있는 지급결제 관련 인프라로서 일본 금융의 글로벌화 3.0 시대의 도래를 앞당기는

---

12) 아시아의 GDP는 향후에도 높은 성장이 기대되며, 이를 뒷받침하기 위한 프로젝트 파이낸스에 대한 니즈도 크고, 아시아의 대기업 및 중견기업에는 적극적인 설비투자 및 운전자금에 대한 수요가 존재한다.

13) 大鷹正次郎,「大東亜の歴史と建設」, 輝文堂, 1943; 每日新報,「大東亜金融圏은 日銀을 중심으로」, 1942.8.10; 맥코맥 외(백계문 옮김),『日本帝國主義의 現況 —大東亞共榮圈의 부활』, 한마당, 1972.

핵심 기제라 할 수 있겠다.

3. 일본 금융의 아시아 진출과 과제: 엔화 국제화를 중심으로

3.1. 아시아의 지정학적 위상 변화와 일본의 역할

아시아는 1980년대 중반 이후 경상수지 흑자를 배경으로 하여 확산된 일본의 자본, 기술을 각국의 질 좋고 저렴한 노동력, 자연자원과 결합함으로써 고도 경제성장의 발판을 마련하고 지정학적 위상을 높여왔다. 하지만 이 과정에서 아시아를 둘러싼 미국, 유럽, 중국, 일본의 헤게머니 각축전이 전개되는 양상도 보였다.

즉, 미국은 아시아의 중요성이 커짐에 따라 아시아-태평양을 하나로 묶는 APEC 경제권의 설립을 주도하며 금융 · 기업에 관한 미국식 표준을 확대 보급해 왔다. 유럽은 ASEM을 통해 아시아와의 경제협력 및 유대관계를 강화해 왔고, 중국은 1997년 홍콩반환을 계기로 주변국을 화교경제권에 편입시켜 아시아에서 일본의 역할을 대신하고자 남방정책을 추진해 왔다. 한편 일본은 아시아 각국을 엔화 경제권으로 편입시켜 생산기지화 하고 서구식 표준을 대체할 수 있는 아시아적 표준을 모색해 왔다.

그런 와중에 1997년 아시아 금융위기가 태국, 인도네시아, 대만, 홍콩을 거쳐 한국으로까지 확산되면서 일본 자본의 아시아 환류는 주춤해졌다. 아시아 금융위기는 기본적으로는 아시아 각국 경제 및 결제시스템의 구조적 취약성으로 인해 발생했다. 즉, 아시아는 달러결제 위주의 무역 및 금융거래, 달러표시 대외채무에 지나치게 의존한 성장추구, 달러에 과도하게 연계된 환율결정시스템 유지로 단기 국제자본의 투기적 공격대상이 되어왔다. 하지만 국제자본흐름에 대한 감시·규제기구 부재하에 자기충족적 기대(self-fulfilling expectation)에 따라 국경을 넘나드는 헷지펀드 등은 아시아 및 글로벌 금융시장에서 근시안적, 한정합리적(bounded rational)인 군집행동과 패닉을 조장하였다. 이와 같은 국제자본시장의 내재적 불안정성은 시장패권주의적 글로벌화의 한계 내지 맹점에 크게 기인하는 것으로 언제든 아시아 지역경제에 의도하지 않은 배타적 블록의 탄생을 예고하고 있었다. 아시아 지역에서의 엔 블럭 또는 엔화 국제화, 중국 주도의 아시아인프라투자은행(AIIB)이 바로 이것이다.

3.2. 엔화 국제화의 현황 및 문제점

일본은 1980년대 중반 이후 미국을 거의 압도하는 속도로 무역 및 자본거래 규모를 증가시켜 왔다. 아래 그림은 이와 같은 사실을 잘 보여준다. 예컨대 1976년만 해도 미국의 무역 및 자본흐름은 각각 715억(對 기타선진국 521억, 아시아 93억, 일본 101억) 및 281억(對 기타선진국 210억, 아시아 63억, 일본 8억) 달러였던 데 비해 일본의 무역 및 자본흐름은 각각 390억(對 미국 157억, 기타선진국 106억, 아시아 127억) 및 44억

(對 미국 41억, 기타선진국 3억, 아시아 0) 달러에 그쳐 양국간 격차가 매우 컸다. 하지만 1980년대 중반을 지나 1996년에 이르면 미국의 무역 및 자본흐름이 각각 4,715억(對 기타선진국 2,841억, 아시아 1,199억, 일본 675억) 및 2,886억(對 기타선진국 1,819억, 아시아 436억, 일본 631억) 달러였던 데 비해, 일본은 각각 3,800억(對 미국 1,180억, 기타선진국 805억, 아시아 1,815억) 및 2,923억(對 미국 631억, 기타선진국 1,750억, 아시아 542억) 달러로 크게 늘어나면서 오히려 자본흐름 측면에서는 미국을 역전하는 현상이 벌어지기도 하였다. 이와 같은 추세는 2000년대 들어와서도 줄곧 이어지면서 미국이 자본수출국에서 자본유입국으로 반전된 데 반해 일본은 특히 아시아를 중심으로 자본수출을 크게 늘려왔다.

〈그림 6〉 국제 무역 및 자본흐름 (단위: 십억 달러)

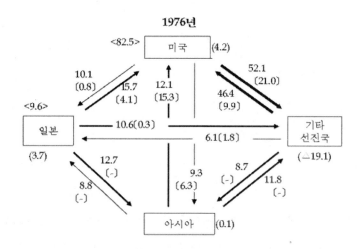

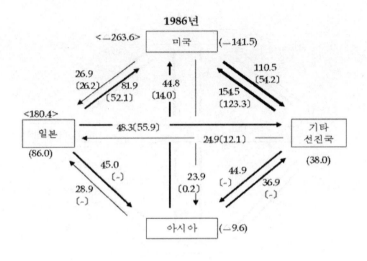

1986년

<−263.6> 미국 (−141.5)

26.9
(26.2)　81.9
　　〔52.1〕　　44.8
　　　　　　(14.0)　　154.5
　　　　　　　　　　〔123.3〕　110.5
　　　　　　　　　　　　　　〔54.2〕

<180.4>
일본
(86.0)

48.3(55.9)

24.9(12.1)

기타
선진국
(38.0)

45.0
(-)

28.9
(-)

23.9
(0.2)

44.9
(-)　36.9
　　(-)

아시아 (−9.6)

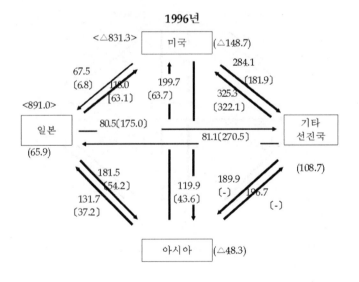

1996년

<△831.3> 미국 (△148.7)

67.5
〔6.8〕　118.0
　　　〔63.1〕　199.7
　　　　　　　(63.7)　325.3
　　　　　　　　　　〔322.1〕　284.1
　　　　　　　　　　　　　　〔181.9〕

<891.0>
일본
(65.9)

80.5(175.0)

81.1(270.5)

기타
선진국
(108.7)

181.5
〔54.2〕

131.7
〔37.2〕

119.9
(43.6)

189.9
(-)　196.7
　　(-)

아시아 (△48.3)

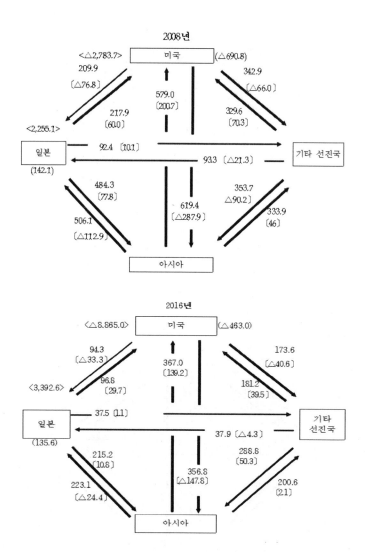

2008년

<△2,783.7>   미국   (△690.8)

209.9
[△76.8]

342.9
[△66.0]

579.0
[200.7]

217.9
[60.0]

329.6
[70.3]

<2,255.1>

일본   92.4 [10.1]   기타 선진국

(142.1)   93.3 [△21.3]

484.3
[77.8]

353.7
△90.2

506.1
[△112.9]

619.4
[△287.9]

333.9
[46]

아시아

2016년

<△8.865.0>   미국   (△463.0)

94.3
[△33.3]

173.6
[△40.6]

367.0
[139.2]

96.8
[29.7]

181.2
[39.5]

<3,392.6>

일본   37.5 [1.1]   기타 선진국

(135.6)   37.9 [△4.3]

215.2
[10.8]

288.8
[50.3]

356.8
[△147.8]

223.1
[△24.4]

200.6
[2.1]

아시아

자료: IMF, Direction of Trade Statistics and International Financial Statistics;
U.S. Department of Commerce, Survey of Current Business; OECD,
Developments, Cooperation; 日本銀行, 國際收支統計

주: 각 수치는 주요 교역국간 수출입의 총계를 나타냄. 단, [ ]은 자본흐름,
( )은 경상수지, 〈 〉는 순자산규모를 나타냄. 아시아: 한국, 중국, 홍콩,
싱가포르, 태국 · 기타선진국: 프랑스, 영국, 독일이 포함됨

구조적 대불황기 일본 경제의 진로

엔화 국제화는 일본 및 각국의 경상·자본거래 및 외환보유고에서 엔화가 차지하는 정도에 의해 측정될 수 있다. 하지만 이상에서 살펴본 바와 같이 일본경제의 위상이 꾸준히 제고되어 온 것에 반해 엔화 국제화의 정도는 매우 미미하다. 엔화는 아시아에서 조차 회계나 결제 수단으로서 제 기능을 발휘하지 못하고 있는 반면, 같은 기간 중 미국은 세계최대 채무국으로 전락하였음에도 불구하고 달러화의 기축통화로서의 유용성은 약화되지 않고 있다.

예컨대 1997년의 경우 우리나라 수입 및 수출의 달러 결제비중은 각각 89.2% 및 82.1%였던 반면 엔화 결제비중은 각각 5.0% 및 10.0%에 불과했다. 엔화 결제비중은 수입의 경우 2000년대 초중반까지 두 자리 숫자로 증가하다 글로벌 금융위기 이후 감소세로 반전하여 2016년 현재 6.6%를 기록하고 있고, 수출의 경우에는 1997년 이후 줄곧 감소하여 2016년 현재 3%에 머물고 있다. 게다가 1997년에는 공교롭게도 대일 차입규모가 큰 태국, 인도네시아, 말레이시아, 한국 등 아시아 국가들은 헷지펀드에 의해 투기적 공격을 받고 통화위기를 맞게 되었다. 이는 기본적으로는 대일 차입의 달러결제 비중이 높은 데에 크게 기인하지만 엔화가 국제 개입통화(intervention currency)나 결제통화(invoicing currency)로서는 물론 아시아 지역통화로서의 기능도 다하지 못했음을 드러내는 것이라고 할 수 있다.

<표 5> 결제통화로서의 엔의 위상 : 한국의 경우(무역거래) (단위: 억 달러, %)

	수입						수출					
	계	달러	엔	마르크	파운드	기타	계	달러	엔	마르크	파운드	기타
1985	258.6 (100.0)	244.9 (94.7)	9.6 (3.7)	1.6 (0.6)	0.8 (0.3)	1.7 (0.7)	239.3 (100.0)	197.1 (82.4)	29.4 (12.3)	4.9 (2.0)	1.2 (0.5)	6.7 (2.8)
1988	567.7 (100.0)	497.8 (87.7)	48.5 (8.5)	9.0 (1.6)	4.0 (0.7)	8.4 (1.5)	417.3 (100.0)	343.8 (82.4)	49.7 (11.9)	12.2 (2.9)	2.5 (0.6)	9.1 (2.2)
1992	719.9 (100.0)	639.1 (88.8)	45.0 (6.3)	20.3 (2.8)	6.1 (0.8)	9.4 (1.3)	683.4 (100.0)	537.3 (78.6)	92.8 (13.6)	25.8 (3.8)	4.4 (0.6)	23.1 (3.4)
1995	1184.3 (100.0)	1043.0 (88.1)	77.2 (6.5)	28.6 (2.4)	9.3 (0.8)	26.2 (2.2)	1251.7 (100.0)	994.0 (79.4)	159.6 (12.8)	47.1 (3.8)	8.4 (0.7)	42.6 (3.4)
1997	1330.8 (100.0)	1187.3 (89.2)	66.8 (5.0)	23.4 (1.8)	11.3 (0.8)	42.0 (3.2)	1461.8 (100.0)	1199.7 (82.1)	146.3 (10.0)	42.2 (2.9)	11.9 (0.8)	61.7 (4.2)

	수입							수출						
	계	달러	엔	유로화	파운드	원화	기타	계	달러	엔	유로화	파운드	원화	기타
2002	1531.6 (100)	1190.1 (77.7)	200.8 (13.1)	82.5 (5.4)	10.2 (0.7)	21.0 (1.4)	27.0 (1.8)	1636.4 (100)	1405.5 (85.9)	87.5 (5.3)	90.4 (5.5)	11.7 (0.7)	6.0 (0.4)	35.3 (2.2)
2007	3581.3 (100)	2881.3 (80.5)	386.9 (10.8)	200.4 (5.6)	12.9 (0.4)	64.3 (1.8)	35.5 (1.0)	3744.6 (100)	3054.9 (81.6)	175.5 (4.7)	364.2 (9.7)	29.7 (0.8)	27.2 (0.7)	93.1 (2.5)
2008	4363.7 (100)	3569.7 (81.8)	423.6 (9.7)	253.6 (5.8)	11.0 (0.3)	68.7 (1.6)	37.1 (0.9)	4244.4 (100)	3559.0 (83.9)	198.6 (4.7)	328.6 (7.7)	24.4 (0.6)	34.7 (0.8)	99.1 (2.3)
2013	5172.9 (100)	4342.1 (83.9)	293.2 (5.7)	289.9 (5.6)	17.0 (0.3)	176.4 (3.4)	54.3 (1.0)	5613.6 (100)	4768.5 (84.9)	197.6 (3.5)	317.6 (5.7)	17.3 (0.3)	121.2 (2.2)	191.4 (3.4)
2016	4076.8 (100)	3192.3 (78.3)	269.4 (6.6)	270.2 (6.6)	14.7 (0.4)	248.9 (6.1)	81.3 (2.0)	4971.8 (100)	4183.6 (84.1)	148.4 (3.0)	272.7 (5.5)	17.5 (0.4)	136.0 (2.7)	213.6 (4.3)

자료: 한국은행, 지역별 결제통화

〈표 6〉 아시아 은행들의 대외채무 (단위: 백만 달러)

[1997년]

		채무국				
		한국	인도네시아	말레이시아	태국	계
채권국	일본	23,732	23,153	10,489	37,749	95,123
	독일	10,794	5,610	5,716	7,557	29,677
	프랑스	10,070	4,787	2,934	5,089	22,880
	미국	9,964	4,591	2,400	4,008	20,963
	영국	6,064	4,332	2,011	2,818	15,225

[2107년]

		채무국				
		한국	인도네시아	말레이시아	태국	계
채권국	일본	9,723	1,131	931	3,325	15,110
	독일	1,674	532	226	847	3,279
	프랑스	3,276	90	426	858	4,650
	미국	22,173	6,585	5,129	3,372	37,259
	영국	9,057	1,201	3,909	3,562	17,729

자료: BIS(1998, 2017)
주: 상기 통계는 은행 간 자금거래(대출 및 차입)를 의미

이와 관련하여 맥코맥 외(1972, 190-191쪽)의 지적은 흥미롭다. 그들은 가디언(The Guardian, 1972.1.6.)을 인용하여 다음과 같이 밝히고 있다.

달러화에 대한 의존경험은 대단히 불쾌했다 … 이러한 곤경에서 벗어

나는 확실한 방법은 엔화가 국제통화로 확립되어 … 대외거래를 엔화로 계약체결하는 것 … 1972.1.4 엔화 결제동맹이 정체를 드러냈다 … 동남아시아 참가국들이 일본과 거래할 때 엔화로 사용하고 반대급부로 신용을 제공하며 … 이러한 엔화 경제블록은 戰前의 大東亞共榮圈을 상기시키는 것이다.

엔화 국제화가 진전되지 않은 데에는 일본측 요인(귀책사유)도 크게 작용한다. 즉, 일본의 엔화결제 무역 비중은 1990년대 초반 이후 꾸준히 감소하였는데, 특히 엔화의 지속적인 강세를 예상했던 일본의 수출업자들은 시장점유율의 감소를 우려하여 수출의 엔화결제 비율을 낮춰왔다. 게다가 원유 등 국제원자재 시장의 달러결제 관행은 원자재 수입국인 일본으로 하여금 엔화 사용에 대한 유인을 낮추는 요인으로도 작용하였다. 이는 국제무역 관행상 일반적으로 수출국 또는 선진국의 통화가 선호되는 정형화된 사실(stylized facts)과도 괴리가 있다(McKinnon 1979; Krugman 1984). 만약 이러한 "정형화된 사실"이 사실이라면 엔화는 적어도 아시아에서는 중요 결제통화로 사용되었어야 했다.

일본의 엔화결제 자본거래 비중 역시 1990년대 이후 저조한 상태가 지속되고 있다. 예컨대 일본 은행들의 해외대출 가운데 엔화로 결제되는 비중은 1990년대 중반 이후 줄곧 0.2% 수준에 지나지 않고, 일본의 기업 및 금융기관이 발행하는 해외채권 중 엔화표시 채권의 비중은 1994년의 13.3%를 정점으로 줄곧 하락하여 1997년에는 4.5%에 그치고 있다. 또한 금융개혁의 지연으로 국제표준의 금융인프라가 정비되지 못한 것도 엔화 국제화의 장애요인으로 작용하고 있다. 즉, 금융개혁이 지연됨에 따라 통화국제화의 전제조건인 국내 금융심화(financial deepening)가 진전되지 못하고 있으며, 이에 따라 아시아에 있어서 엔화표시 BA(banker's acceptance), 단기채권 및 CP(commercial paper) 등의 유통시장의 발달이 지연되고 엔화의 수요자인 아시아의 기업 및 금융기관의 엔화 유동성 확보가 곤란한 상황이 지속되고 있다.[14]

〈그림 7〉 엔화 국제화의 정도 : RMB 비중 및 COFER

[RMB 비중]

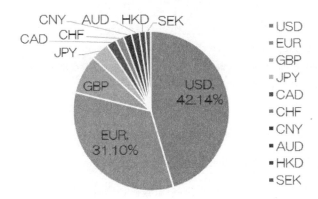

자료: SWIFT사, 2017년 4월
주: RMB(Renminbi) 비중은 국제 상거래(개인 및 은행 간 결제액)에서 어떤 통화가 어느 정도 이용되는가를 나타내는 통계

---

14) Williams(1968)와 McKinnon(1979)은 19세기 런던의 발달된 BA(banker's acceptance)시장이 당시 파운드를 국제통화로 만들었다고 주장한다.

[COFER]

통화별	금액 (백만달러)	비중
외화준비 합계	10,793,400	100.00%
내역판명분	7,900,632	73.20%
USD (미국 달러)	5,052,937	63.96%
EUR (유로)	1,559,261	19.74%
GBP (영국 파운드)	349,325	4.42%
JPY (일본 엔)	332,771	4.21%
CAD (캐나다 달러)	160,828	2.04%
AUD (호주 달러)	146,119	1.85%
CNY (인민 원)	84,506	1.07%
CHF (스위스 프랑)	13,732	0.17%
기타	201,153	2.55%
내역불명분	2,892,768	26.80%

자료: IMF, 2016년 12월
주: COFER(Currency Composition of Foreign Exchange Reserves)는 IMF가 발표하는
공식 외화준비통화별 구성

또한 국제금융시장 안정을 위한 미·일 공조는 오히려 일본의 능동적 외환관리에 제약요인으로 작용하여 결과적으로 엔화 국제화의 걸림돌이 되어 왔다. 왜냐하면 일본은 외환보유고의 상당부분을 유동성 높은 미국 재무성증권으로 운용하고 있음에도 불구하고 국제금융시장 안정을 위해 이의 자유로운 매각이 사실상 불가능한 바, 이에 따라 엔화가치 안정을 위한 시장개입용 달러자금 확보에 한계가 있고 엔의 국제적 위상도 낮은 상태를 지속하고 있기 때문이다.

국제적으로 널리 유통되는 화폐는 각종 거래비용(transaction cost)이 적게 들어 거래량이 많고 안정적이어서 환율변동이 적은 특징을 갖

는다. 그리하여 어떤 통화가 일단 국제통화가 되면 관성(inertia)이나 근시안(myopia) 등과 같은 한정합리성(bounded rationality)의 힘에 의해 상당 기간 줄곧 국제통화로 통용되게 된다(Swoboda 1968; Krugman 1984; Tavlas 1992; Tavlas and Ozeki 1992).

한국 등 아시아 각국은 엔화를 사용하거나 보유함으로써 자국 통화와 엔의 직접결제를 통해 외환수수료를 절약하고 아시아 역내무역(특히 대일무역)을 제3국 통화(예컨대 對달러)의 환율변동위험으로부터 차단함으로써 국내 경기안정화, 저리의 엔자금 이용 등의 편익을 얻을 수 있는 반면 달러결제가 관행화된 국제 금융거래나 원자재 구입의 불편, 통화정책의 자유도 저하 등과 같은 비용을 감수해야 한다. 이때 엔화 사용·보유에 따른 비용이 그 편익보다 클 경우 국제통화로서 엔화가 갖는 매력은 당연히 떨어지게 된다.

엔화가 국제통화로 사용되기 위해서는 무엇보다 구조적 장기불황에 빠져 있는 일본경제가 다시금 활기를 되찾고 엔화가치 및 일본 국내금리가 중장기적으로 지금보다는 다소 높은 수준에서 안정화될 필요가 있다. 동서고금을 막론하고 약세 통화가 국제통화의 지위를 차지한 바 없는 바, 엔화가치 및 국내금리의 상향 안정화는 일본 국내 금융시장의 폭과 깊이를 제고하여 동 시장을 국제금융센터로 발전시키는데 필요하기 때문이다(Tavlas and Ozeki 1992). 하지만 엔화가치와 국내금리가 높아지게 되면 중장기적으로 국내산업의 공동화, 국내자본·기술·인력의 해외이전이 불가피해 질 것인데, 국제수지발전단계론에 따르면 이는 경상수지 흑자국이 균형국으로, 미성숙채권국이 성숙채권국으로 변천되는 과정에서 일반적으로 나타나는 현상이라 할 수 있다. 일본이 경상수지 흑자국에서 균형국 내지 적자국으로, 미성숙채권국에서 성숙채권국으로 변천되는 과정은 무역대국에서 금융대국으로 변모하는 과정과 유사한 바, 엔화 국제화는 이러한 변천과정을 통해 자연스럽게 전개될 것으로 기대된다.

〈그림 8〉 국제수지발전단계론

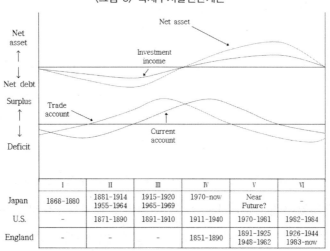

	I	II	III	IV	V	VI
Japan	1868-1880	1881-1914 1955-1964	1915-1920 1965-1969	1970-now	Near Future?	-
U.S.	-	1871-1890	1891-1910	1911-1940	1970-1981	1982-1984
England	-	-	-	1851-1890	1891-1925 1948-1982	1926-1944 1983-now

자료: Iwada(1990), Cariness(1874), Enke&Salera(1947), Meier and Baldwin (1957), Crowther(1957), Bach(1960)을 참조하여 작성

다만 일본경제가 잃어버린 20년의 장기불황으로부터 충분히 벗어나지 못한 현재 상황에서 엔화가치와 국내금리가 올라가는 것은 일본으로서는 거의 악몽에 가까운 시나리오로서 마이너스 금리정책을 통해 엔화약세를 유도하는 아베노믹스 정책과도 정면으로 부딪치게 된다. 하지

만 적어도 일본과 아시아 간의 관계만을 놓고 볼 때, 이와 같은 엔화 약세 유도정책은 아시아 각국의 수출경쟁력을 저하시키고 아시아 경제를 침체에 빠뜨릴 가능성을 배제할 수 없다. 게다가 엔화약세는 중국, 싱가포르, 브라질, 러시아, 제반 중동국가의 국부펀드는 물론 글로벌 IB나 헷지펀드를 통한 해외자원의 확보·개발 경쟁이 치열하게 전개되는 현재 일본 자신에게도 도움이 되지 않는다. 사카키바라(榊原栄介)의 말대로 20세기가 (상품 및 서비스를) "파는 시대"였다면 21세기는 (해외 부존자원을) "사는 시대"로 전환되고 있기 때문이다.

4. 결론 및 정책적 시사점

이상의 논의와 관련하여 엔화 국제화가 일본 금융기관의 아시아 진출, 더 나아가 일본경제의 구조적 장기불황 탈출 수단으로 활용될 수 있기 위해서는 일본은 적어도 중장기적으로 다음에 열거하는 몇 가지 정치경제적 과제를 풀어야 할 것으로 판단된다.

첫째, 일본은 한국 등 아시아 각국과는 물론 아시아에서 정치경제적 기득권을 주장하는 미국 등 선진국과의 다차원 협력체제를 구축할 필요가 있다. 전술한 바와 같이 일본이 경상수지 흑자국에서 균형국으로, 미성숙채권국에서 성숙채권국으로 변모되는 과정, 즉 일본이 무역대국에서 금융대국으로 위상이 전환되는 과정에서 미국은 경상수지 적자국에서 균형국으로, 금융대국에서 무역대국으로의 변모가 어느 정도 불가피할 것이다.

그러나 이러한 일련의 패러다임 변화가 순조롭게 이뤄지기 위해서는 미-일간 엔화강세-달러약세의 용인, 각종 기득권의 조정 등 협조적 빅딜이 필요하다. 한편 일본의 국내산업 공동화문제는 한국 등 아시아 국가로의 자본·기술·공장·인력 이전문제와 직결되어 있는바,[15] 이들 문제를 원만히 처리하기 위해서는 아시아 각국의 협조가 절대적으로 필요하다. 이를 위해 아시아와 일본은 이중의 모니터링 기능을 갖춘 순환기구 구축에 상호 협력할 필요가 있는데, 이에 대해 미국 등 선진국이 어떤 반응을 보일지는 미지수다. 예의 순환기구는 아시아에 있어 노동·물류·금융거래의 양자간 및 다자간 창구 및 결제는 물론 헷지펀드와 같은 글로벌 펀드의 투기적 공격 등에 대한 모니터링 기능도 수행할 수 있어야 한다.[16]

둘째, 향후 한국을 포함한 아시아 지역경제에 엔블럭이 형성될 가능성도 배제할 수는 없으나, 이에는 상당한 시간이 소요되리라 예상되므로 이에 대한 지나친 우려는 불필요할 뿐 아니라 실익이 없는 것으로 판단된다. 예컨대 일본경제 및 동경 국제자본·금융시장의 활성화는 엔

---

15) 특히 한일 양국은 부실채권(non performing loan and junk bond)을 유동화할 채권시장은 물론 비효율적 기업의 경영권을 자유롭게 양수도할 수 있는 M&A시장을 활성화할 필요가 있다. 이들은 앞으로 전개될 한일간 산업구조조정, 더 나아가서는 아시아 각국 간 산업구조조정의 새로운 패턴을 시사하는 것일 수도 있다.
16) 이와 관련하여 大鷹正次郎(昭和十八年)는 아시아 역내 통화를 관리하고 국가 간 신용을 창조·공여하기 위한 결제기구는 물론 노동·물류 등의 원활한 환류를 수행할 종합적 생산기구의 확립이 필요하다고 주장한다.

화 약세를 시정하고 엔의 국제화를 촉진하며 아시아 지역에서의 BA시장을 활성화시켜 일본과 경합관계에 있는 가전, 반도체, 자동차 등 한국 주요 수출산업의 경쟁력을 제고하고 아시아 지역의 무역을 확대시킬 것으로 기대된다.

끝으로 한일 양국 및 아시아-일본이 경제협력 관계를 유지해 감에 있어 한 가지 경계해야 할 것은 市場에 대한 지나친 기대이다. '보이는 손(visible hand)'에 대한 막연한 기대가 경제시스템의 비효율을 초래하고 시장을 불모로 만들어 국가 간 협력의 수단을 제한했던 것처럼 시장에 대한 지나친 기대는 정부의 정책을 무력화하고 경제활동의 근간인 재산권을 불확실하게 하여 경제협력의 가능성 자체를 소멸케 할 가능성도 배제할 수 없기 때문이다. 한일 양국 및 아시아-일본에 남겨진 가장 큰 과제는 시장과 정부가 조화를 이루는 경제 패러다임을 구축하여 '정부인가 시장인가'하는 비생산적인 패러다임 논쟁을 종식시키고 아시아경제 더 나아가 세계경제를 불황의 늪으로부터 구해내는 일일 것이다.

현대일본생활세계총서 14

구조적 대불황기 일본 경제의 진로

일본의 생산성 하락과 임금[*]

권혁욱

1. 잃어버린 20년의 원인

　일본경제가 지난 25년 동안 경험한 기록적인 저성장의 주요한 원인을 급격한 생산성의 하락에서 찾는 많은 연구가 있다(대표적인 연구로 Hayashi and Prescott 2002, Fukao and Kwon 2006가 있다). 총공급측면에서 사업소와 기업을 대상으로 조사된 마이크로데이타를 이용한 실증연구 결과가 밝힌 생산성 상승률 하락 원인은 다음의 세 가지로 요약할 수 있다. 첫째, 생산성 상승률 하락을 시장의 자연선택메커니즘(Natural Selection)의 기능부전에서 찾는다. 산업의 평균 생산성과 비교해서 생산성이 높은 기업이 시장으로부터 퇴출하는 이상한 현상과 더불어 기업활동에 대한 정부의 지나친 규제와 경직적인 노동시장으로 높아진 진입장

---

* 이글은 「일본에서의 생산성 하락과 임근저하」『시장경제연구』47권 2호(2018. 6)의 내용을 수정・가필한 것이다.

벽이 산업의 평균 생산성보다 높은 생산성 수준을 가진 기업의 진입을
줄여서 생긴 시장의 경쟁기능 약화가 생산성 하락을 가져왔다고 본다.[1]
둘째, BIS규제를 지켜야만 했던 은행이 부실채권문제를 표면화시키지
않기 위해 지속적인 대출과 금리감면으로 회복 가능성이 낮고 부채비율
이 높은 대기업을 연명시켜 효율적인 자원배분을 저해하는 '좀비기업'이
생산성 하락의 주요한 원인이라고 보았다(Caballero, Hoshi and Kashyap
2008). 셋째, 1990년대 미국경제의 성장을 견인했던 ICT투자가 일본에서
는 충분히 이루어지지 않았기 때문에 생산성 하락이 있었다는 'ICT투자
과소설'을 들 수 있다(Fukao, Ikeuchi, Kim and Kwon 2016).

한편, 유효수요부족이라는 총수요의 관점에서 저성장의 원인을 찾
는 연구도 있다. 일본경제의 문제를 유효수요부족으로 본 최초의 연구
는 Krugman(1998)이었다. 이 연구 이후에 일본의 유효수요부족의 원인
을 밝히고자 연구가 다음의 세가지 방향으로 진행되어왔다. 첫째, 유효
수요부족의 원인으로 디플레이션에 의한 투자의욕의 감퇴(浜田・堀内
2004), 자산효과와 예비적 동기에 의한 소비감소(祝迫・岡田 2009)가 지
적되었다. 둘째, 버블경제의 붕괴에 따른 거대한 부실채권처리가 지체
되면서 은행의 대차대조표 훼손으로 경기부양을 위한 정부의 확대 금융
재정정책이 은행의 부채상환에 기여하고, 설비투자의 증가로 이어지지
않아서 유효수요가 부족해졌다고 보는 일련의 연구가 있다(小川 2003,

---

1) Fukao and Kwon(2006)에서 미국과 영국 등에 비해서 일본의 진입효과가 전
  체의 생산성 상승률에 미치는 영향이 낮음을 보여주고 있고, 일본에서의 새
  로운 기업의 진입률은 추세적으로 감소하고 있는 상황이다.

Koo 2003). 셋째, 일본은행이 적절한 시기에 충분한 유동성을 시장에 공급하지 않아서 일본경제가 유효수요부족에 직면하게 되었다고 주장하는 연구도 있다(岩田 2011). 이 연구는 2018년 3월까지 일본은행 부총재를 역임한 岩田의 주장이기 때문에 아베 노믹스의 이차원의 금융정책의 이론적 근거가 되었다고 할 수 있다.

장기 저성장의 원인을 총수요측면에서 찾는 연구들은 2008년 세계금융위기 이후에 세계경제가 일본경제처럼 저성장과 디플레이션에 빠질 우려가 커지면서 최근 많은 주목을 받고 있다. Summers(2014)는 노동인구 증가와 생산성 상승의 둔화로 투자수요가 감소되어 균형실질금리가 장기적으로 음(-)이 되는 장기침체론(Secular Stagnation)을 제기하였다. 이 주장은 90년대 일본경제를 총수요측면에서 분석한 연구와 맥을 같이 하고 있으며, 일본적 현상이 세계적 현상이 될 수 있음을 보여서 많은 화제가 되기도 하였다. 장기침체론이 제기된 것은 이번이 처음이 아니라 1938년의 미국경제학회 연차대회의 회장연설을 통해서 Hansen이 최초로 제기하였다. Hansen은 과잉저축 때문에 발생한 수요부족과 인구감소로 저성장이 지속되는 시대가 열렸다고 주장했다. 잃어버린 20년 동안의 일본경제 상황을 보면 Hansen의 주장이 일리가 있다.

공급측면에서의 생산성 하락과 수요측면에서 투자와 소비의 감소로 인한 유효수요부족은 吉川(2003)이 지적한 바와 같이 자본설비의 가동률의 저하를 매개로 서로 연관될 가능성이 높다. 생산성 하락은 앞에서 언급한 것처럼 공급측면의 구조적인 원인에 의해 발생했지만, 총수요의 감소가 생산성 하락을 가속화시켰다고 볼 수 있다. 또한 유효수요의 부족도 역시 생산성의 하락과 연관되었을 수도 있다. 유효수요의 부족에 대한 정책적 대응으로 일본정부는 1993년부터 2000년까지 125조엔의 재정지출을 증가시켰고, 금융시스템의 안정을 위해 1998년부터 2002년 사이에 104조엔의 공적자금을 투입하고, 제로금리정책, 양적완화정책, 그리고 소위 아베노믹스라 불리는 이차원의 금융완화정책을 실시하고 있다. 이와 같은 정책으로 실질금리는 하락하였지만 동시에 생산성의 하락으로 자본수익률도 하락해서 투자감소를 야기했을 가능성이 높다. 서로 연관된 총공급과 총수요의 요인으로 일본경제가 장기침체에 빠졌다고 할 수 있다. 지금까지 많은 연구는 총공급과 총수요를 연결하는 매개로 설비투자와 설비가동률을 주로 이용하였고, 경제정책도 투자 활성화에 주안점을 두는 경향이 강했다. 최근에 생산성 상승의 둔화와 노동분배율의 하락이 정형화된 사실로 인식되면서, 생산성의 저하와 노동분배율, 즉 임금간의 관계를 분석하는 연구가 나타나기 시작하고 있다 (Karabarbounis and Neiman 2014, Grossman, Helpman, Oberfield, and Sampson 2017). 미국을 대상으로 한 연구는 임금 하락의 원인을 노동자에 의해 수행되던 일의 자동화(Acemoglu and Restrepo 2016), 슈퍼스타 기업의 출연(Autor et al. 2017)에서 찾고 있다. 일본에서 玄田編(2017)에서 노동에 대한 초과수요의 상태임에도 임금이 상승하지 않는 이유를 비정규직 노동자의 증가. 평균근속년수의 저하, 노동자의 구성변화 그리고 생산성 하락에서 찾고 있다.

　　野田·阿部(2011)는 일본에서 임금의 저하는 외국인 투자비중이 높아져 인건비를 줄이는 방향으로 경영이 이루어졌기 때문이라고 한다.

茨木 외(2007), 川本·篠崎(2009)는 주주에 의한 기업통치의 강화 뿐만 아니라 기업이 직면하는 불확실성의 증대, 글로벌화의 진전, 비정규직 비율의 증가, 성과주의의 도입도 임금저하의 원인이 되었음을 밝히고 있다.[2] Brunello and Wadhwani(1989)는 일본의 중소기업의 임금이 실업률의 변동에 유연하게 반응하고, 일본에서는 대기업 노동자보다는 중소기업의 노동자가 많기 때문에 일본의 임금 유연성은 영국에 비교해서 높다는 결과를 제시하고 있다. 이는 최근에 관찰되는 일본의 장기적인 임금저하는 실업률의 변동에 유연하게 대응해 온 중소기업에서보다는 대기업의 임금저하에 기인했을 가능성을 시사한다.

이 논문에서는 우선 일본의 생산성 하락과 임금저하가 있었는지를 산업레벨의 데이터를 이용해서 확인하고, 생산성 하락과 임금저하의 관계에 대해서 분석했다. 논문의 구성은 다음과 같다. 2절에서 우선 일본에서 생산성이 하락하였는지를 산업별 데이터를 이용해서 확인한다. 3절에서는 일본에서 언제부터 임금이 하락하였는지와 그 주요한 요인에 대해서 간단히 보이고, 4절에서 일본산업생산성데이타베이스(JIP Database 2015)를 이용해서 생산성과 임금간의 관계를 살피고자 한다. 마지막으로 논문에서 얻은 결과와 그 결과에 따른 정책적 함의를 제시하고자 한다.

---

2) 이는 주로 일본의 상장기업의 데이터를 이용해서 분석한 결과이다.

2. 일본에서의 생산성 하락

2015년 일본산업생산성데이타베이스를 이용해서 성장회계(Growth Accounting)분석을 실시해서, 일본의 생산성하락에 대해서 고찰한다. 우선 성장회계의 방법에 대해서 설명하고자 한다. 한 나라 전체의 t시점에서의 생산함수를 다음과 같이 자본스톡Kt, 노동투입량Lt, 그리고 기술수준을 나타내는 Tt의 함수로 표시할 수 있다.

$$Y_t = F(K_t, L_t, T_t) \qquad (1)$$

여기서 Yt는 경제전체의 실질부가가치액이다. 생산함수의 기술적 특성으로 규모에 대한 수익불변을 가정한다.

위의 (1)식을 Translog 함수형태로 표현할 수 있다고 가정하고, 시간에 대해서 미분한다. 생산자의 최적조건은 다음과 같다.

$$\frac{\partial \ln F}{\partial \ln K} = \frac{\partial F}{\partial K} \frac{K}{Y} = \frac{w_K}{p} \frac{K}{Y} = S_K$$

$$\frac{\partial \ln F}{\partial \ln L} = \frac{\partial F}{\partial L} \frac{L}{Y} = \frac{w_L}{p} \frac{L}{Y} = s_L$$

자본 코스트는 자본재별 명목자본코스트에 자본재별 자본스톡을 곱한 값의 합계치, 노동코스트는 노동속성별 명목임금률에 속성별 노동투입을 곱한 값의 합계치를 이용한다.

식을 이용하면, (1)식으로부터 다음과 같은 식을 도출할 수 있다.

$$d \ln A_t = d \ln Y_t - (\bar{S}_{Ki} \, d \ln K_t + \bar{S}_{Li} \, d \ln L_t) \qquad (2)$$

여기서 dlnYt=lnYt-lnYt-1, dlnKt=lnKt-lnKt-1, dlnLt=lnLt-lnLt-1을 의미한다. 그리고

$$\bar{S}_{Kt} = (S_{Kt} + S_{Kt-1})/2 \quad \text{두기간의 자본코스트 쉐어의 평균치}$$
$$\bar{S}_{Lt} = (S_{Lt} + S_{Lt-1})/2 \quad \text{두기간의 노동코스트 쉐어의 평균치}$$

이다. (2)식의 좌변은 기술변화가 부가가치에의 공헌을 나타낸다.

$$d \ln A_t = \frac{\partial \ln F}{\partial \ln T} d \ln T$$

위의 식을 TFP 상승률이라고 한다. 경제전체의 기술수준은 직접 측정하는 것은 곤란하지만 위와 같은 가정 하에 잔차(Residuals)로서 기술수준이 경제성장에 미치는 공헌도를 측정할 수 있다.

(2)식을 GDP의 성장률을 생산요소투입과 TFP의 상승률의 관계의 식으로 정리하면 다음과 같은 (3)식을 얻는다.

$$d \ln Y_t = \bar{S}_{Ki} \, d \ln K_t + \bar{S}_{Li} \, d \ln L \qquad (3)$$

GDP성장률은 자본투입증가의 기여, 노동투입증가의 기여와 TFP 상승률의 합계로 얻을 수 있다. 우리는 (3)식을 이용해서 성장회계분석을 실시했다.

〈그림 1〉은 일본경제에 대한 성장회계를 적용한 결과이다. 시기는 1970년에서 2012년까지를 10년 단위로 나누어서 1970-80, 1980-1990, 1990-2000, 2000-2012의 4기로 나누어서 성장회계분석을 하였다.

〈그림 1〉 GDP성장회계의 결과

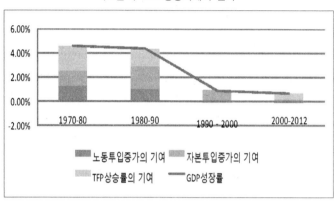

자료: 일본산업생산성(JIP) 데이터베이스. 2015

　1970년부터 2012년까지 실질 GDP성장률이 추세적으로 하락하고 있음을 알 수 있다. 1980-1990년 동안 4.43%였던 실질 GDP성장률이 소위 잃어버린 10년이라 불린 1900년에서 2000년의 시기에 0.93%으로 급격하게 하락했다. 두 시기 간에 있어서 실질 GDP성장률의 하락요인을 성장회계분석을 통해 확인가능하다. 노동투입과 자본투입을 양과 질로 구분한 분석도 하였다. 산업에 속한 노동자의 학력, 성별, 연령, 취업형태(정규직, 비정규직)를 구분한 카테고리별 임금격차의 정보를 이용해서 카테고리간의 노동의 질의 차이를 추계하였다. 실질자본스톡은 자산별 한계생산력이 다르기 때문에 생산요소투입량인 자본서비스와 일치하지 않는다. 자본서비스의 상승률에서 자본스톡의 상승률을 뺀 부분을 자본의 질 상승으로 보고, 자본도 노동처럼 양과 질로 구분을 하였다.

노동투입기여의 하락률: 1.12%
노동투입기여의 하락 중에서 노동시간 기여의 하락률: 1.01%
노동투입기여의 하락 중에서 노동 질 기여의 하락률: 0.11%
자본투입기여의 하락률: 0.85%
자본투입기여의 하락 중에서 자본스톡 기여의 하락률: 0.53%
자본투입기여의 하락 중에서 자본 질 기여의 하락률: 0.32%
TFP상승률의 기여의 하락률: 1.53%

일본에 잃어버린 10년을 가져다 준 가장 큰 요인이 TFP상승률의 급격한 하락에 있었다는 것을 확인할 수 있다. 두 번째 주요한 요인은 주5일제 근무제 도입과 경제활동인구증가율의 하락으로 인한 노동투입기여의 하락이다. 일본경제가 버블경제 붕괴 이후에 10년에 걸쳐 경제성장률이 하락한 것은 생산성의 하락과 노동공급의 감소와 같은 공급측 요인에 기인했다고 해도 과언이 아니다. 하지만 노동시간의 기여의 하락과 자본스톡의 기여의 하락의 합계를 유효수요의 부족으로 생긴 가동률의 저하로 생긴 하락으로 본다면 불황에 의한 가동률의 저하로 인한 수요요인도 생산성 하락만큼 잃어버린 10년을 설명할 수 있을 정도의 영향이 있었다고 할 수 있다.

2000년 이후의 성장회계분석의 결과에 따르면 1990년대와 달리 TFP상승률과 노동투입의 기여는 회복되지만, 자본투입의 기여 특히 자본스톡의 기여가 가장 크게 감소했다. 이는 생산성의 하락으로 투자의 기대수익률이 감소해서 투자가 충분히 이루어지지 않아서 생긴 결과라고 할 수 있다. 많은 정책적인 노력에도 불구하고, 일본경제가 불황에서 벗어나지 못하고 장기침체(Secular Stagnation)에 빠지게 된 원인이 단지 생산성 하락에만 있지 않다는 것을 강하게 시사한다고 할 수 있다.

〈그림 2〉는 자본계수(실질자본스톡/실질GDP)와 영업잉여를 명목자본스톡으로 나눈 자본수익률의 추이를 보여준다.

〈그림 2〉 자본계수와 자본수익률의 추이

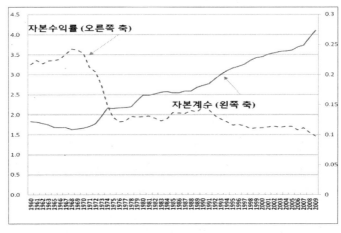

자료: EU KLEMS ISIC Rev. 4 Rolling Updates

〈그림 2〉에서 보이듯이 투자기대수익률의 장기적 저하가 기업의 설비투자 의지를 약화시켜 일본이 장기침체에서 벗어나지 못했다고 할 수 있다. 기대수익률의 저하는 물론 생산성의 하락에 기인한다. 2017년 시점에 일본기업은 내부유보금(현금, 예금 및 보유채권의 합계)이 1조 9천억달러를 보유하고 있으면서도 새로운 투자를 하지 않고 있다.

일본경제가 버블경제 붕괴직후에는 생산성 하락이라는 총공급측 요인인 구조적인 문제로 경제성장률의 하락을 경험하지만, 잃어버린 20년이라 불릴 만큼 장기침체로 들어가게 된 이유는 생산성 하락으로 생긴 투자수요의 감소가 동반되었기 때문이라고 할 수 있다.

이 같은 상황을 타개하기 위해 일본은 투자수요를 자극하기 위한 많은 정책을 실시하여 왔다. 정책의 결과인 제로금리임에도 기업의 투자수요가 늘어나지 않고 있다. 유효수요의 창출을 위해 남은 한 가지는 총수요를 구성하는 가장 큰 요소인 소비를 증가시키는 수밖에 없다. 왜 일본의 소비는 증가하지 않았을까? 이 질문에 대해서 다음 절에서 살펴고자 한다.

3. 일본에서의 임금저하

임금은 경기 변화에 따라 오르기도 내리기도 한다. 단기적인 임금의 변화는 경기변화에 대응하기 위한 기업의 조정과정에서 일어날 가능성이 높기 때문에 경제학적으로 중요하지 않고, 일본에서와 같이 연공임금제하에서는 명목임금이 하락하지 않는 임금의 하방경직성[3]의 존재로 임금의 장기적인 하락은 경제학계의 주목을 받지 못했다.

---

3) 黒田・山本(2005)는 「소비생활에 관한 패널 조사」를 이용한 노동자개인에 대한 분석과 「임금구조기본통계조사」의 데이터로 지역, 기업규모, 연령, 성별로 세분화된 명목임금의 분포를 분석해서 1990년대에 일본에서 명목임금의 하방경직성이 존재했다는 것을 명확하게 보이고 있다.

만약 일본에서 명목임금이 장기적으로 하락한다면 경제학적으로 해명해야 할 중요한 연구과제인 동시에 경제정책적 과제이다. 논문의 서론에서 언급한 것처럼 미국 등의 선진국에서 임금의 장기적인 저하가 관찰되고 있고, 임금저하의 원인에 대한 연구가 이루어지고 있는 상황이다. 일본은 장기침체를 겪고 있는 동안에는 임금저하에 큰 관심을 보이지 않다가 아베노믹스로 경기가 호전되면서 초과노동수요 상태임에도 임금이 오르지 않는 이상한 현상 때문에 임금의 변화에 대한 관심을 갖기 시작했다.

〈그림 3〉은 JIP데이타베이스(2015)를 이용해서 경제전체, 제조업 그리고 비제조업에 있어서의 명목임금지수(1970=1)의 장기적인 추이를 보인 것이다.

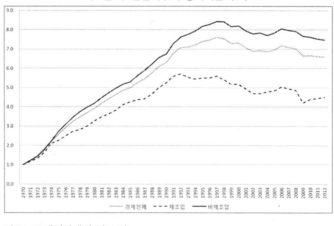

〈그림 3〉 임금지수의 장기적인 추이

자료: JIP데이타베이스(2015)
주: 경제전체와 비제조업에는 분류불명과 자가주택부문은 포함되지 않음

JIP데이타베이스에서의 임금은 정규직 임금, 비정규직 임금 그리고 자영업자의 소득을 『매월근로통계조사』, 『취로조건종합조사』, 『임금구조기본통계조사』를 이용해서 추계한 수치이다.[4] 〈그림 3〉이 보여주는 바와 같이 제조업의 임금은 버블경제가 붕괴된 직후인 1992년 이후 지속적으로 하락하고 있다. 비제조업의 임금도 아시아금융위기가 일어난 직후인 1998년 이후부터 역시 지속적으로 하락하고 있다. 경제전체에서의 임금저하 추이는 경제전체에서 차지하는 비중이 큰 비제조업의 임금저하의 경향과 유사하게 움직이고 있다. 제조업에서 버블경제 붕괴 이후부터 일어난 임금저하는 일본기업이 국제경쟁력을 유지하기 위해서 택한 어쩔 수 없는 선택이었을 가능성을 강하게 시사한다. 국제적 경쟁압력에 비교적 자유로운 비제조업에서도 제조업과 동일하게 임금이 장기적으로 저하하는 기이한 현상이 일어나고 있다. 이는 비제조업은 내수에 대한 의존도가 높기 때문에 유효수요부족에 따른 생산성 하락이 임금저하의 원인일 가능성이 있다고 볼 수 있다.

---

4) 구체적인 추계방법은 深尾·宮川(2008)을 참조하기를 바란다.

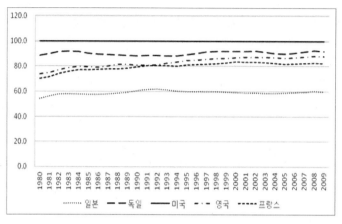

〈그림 4〉 미국과 비교한 각국TFP의 추이

자료: 2013년 『通商白書』

〈그림 4〉는 미국을 기준으로 일본을 포함한 선진국의 TFP의 수준을 비교한 것이다. 국제경쟁력을 나타내는 대리변수인 TFP 수준에 있어서 일본이 1980년부터 미국뿐만 아니라 독일, 영국, 프랑스보다 낮다는 것을 알 수 있다. 독일, 영국, 프랑스는 미국의 TFP격차를 줄이고 있지만, 일본은 버블경제 붕괴 이전에는 TFP격차를 줄였지만, 버블경제 붕괴 이후 소위 잃어버린 20년이라고 불리는 시기에는 오히려 미국과의 TFP격차가 확대되고 있다. 이 같은 결과로부터 1990년대 후반에 일본의 국제경쟁력이 상대적으로 크게 약화되었다고 할 수 있다.[5]

---

5) 한 나라의 국제경쟁력은 요소가격, 제품차별화를 통한 마켓파워 등에 의해서도 영향을 받는다. 그림 4에서 측정된 TFP는 제품시장과 요소시장에서의 불완전경쟁을 반영하지 못한 수치이지만, 미국과 40%이상 차이나는 생산성의 격차는 결과적으로 국제 제품시장에서의 시장점유율과 요소가격을 상대적으로 더 낮추었을 가능성을 시사한다.

JIP데이타베이스에서의 임금은 자영업자와 가족종업원의 보수도 포함하는 전 취업자에 대한 보수이기 때문에, 자본의 보수도 일부 포함하고 있는 개념이다. 노동자에 대한 1차소득인 고용자 보수도 역시 하락하였는지도 확인할 필요가 있다. 고용자 보수에는 임금·봉급 뿐만 아니라 고용주에 의한 사회보험부담도 포함한다. 〈그림 5〉는 노동자시간당·1인당 고용자보수 지수(1995=1)의 추이이다. 〈그림 3〉의 명목임금의 추이처럼 고용자보수도 1997년 이후 하락하고 있음을 확인할 수 있다. 노동시간의 감소로 노동자시간당 고용자보수의 하락폭이 1인당 고용자보수보다 낮음을 알 수 있다.

〈그림 5〉 노동자시간당·1인당 고용자보수 추이

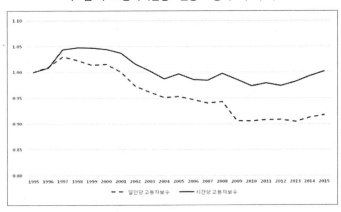

자료: 일본의 国民経済計算(2016)

최근의 다른 선진국에서 일어난 장기적인 임금저하 현상이 일본에서는 1990년대 후반부터 발생하였음을 확인할 수 있다. 〈그림 6〉은 『매월근로통계조사』의 데이터를 이용해서 실질임금지수의 추이를 보인 것

이다. 실질임금도 명목임금과 동일하게 저하하고 있음을 확인할 수 있
다. 〈그림 7〉은 일본의 소비자물가지수로 본 일본의 인플레이션율이다.
〈그림 7〉은 일본에서 장기적인 물가하락이 있었음을 보여준다. 일반물
가가 하락하는 디플레이션이 있었음에도 〈그림 6〉에서 확인한 바와 같
이 장기적으로 실질임금이 하락한다는 것은 물가의 하락 폭보다 명목임
금의 하락 폭이 더 컸음을 의미한다. 2007년에서 2009년 사이의 세계금
융위기의 시기를 제외하면 실질임금지수가 유효구인배율과 다르게 움
직이고 있다. 경기가 호황국면에 노동수요가 증가함에도 명목임금과 실
질임금이 장기적으로 전혀 증가하지 않는 이상한 현상이 일본에서 일어
났다.

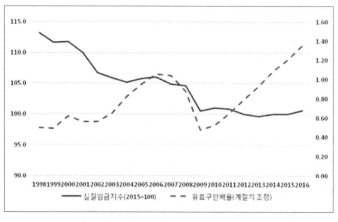

〈그림 6〉 실질임금지수와 유효구인배율

자료: 일본의 『每月勤労統計調査』와 『職業安定業務統計』

〈그림 7〉 연간 인플레이션율 (소비자물가지수, 단위: %)

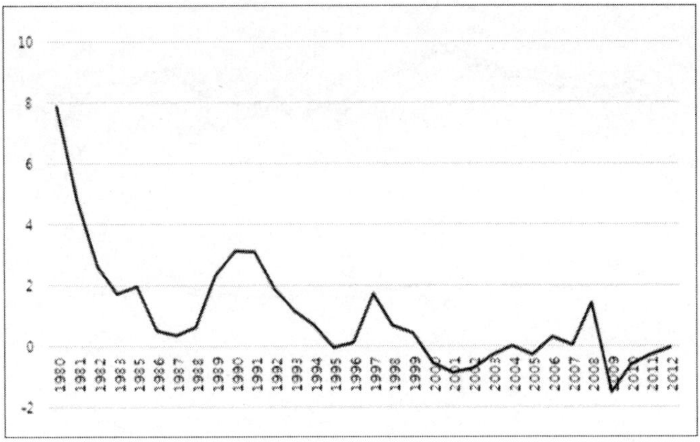

자료: 総務省統計局「消費者物価指数」

　　노동의 초과수요인 상태임에도 임금이 오르지 않고 장기적 저하경
향이 있는지에 대해 종합적으로 검토한 玄田編(2017)가 있다. 본 논문에
서는 玄田編(2017)에서 충분히 검토되지 않은 기업규모 간의 임금격차
의 추이와 국제경쟁력의 약화를 중심으로 장기적 임금저하에 대해서 검
토하고자 한다.

　　〈그림 8〉은『임금구조기본통계조사』에서 기업을 노동자의 수를
기준으로 1000인 이상, 100-999인, 10-99인의 규모로 나누어서 1975년부
터 2010년까지 가장 작은 기업규모인 10-99인을 기준으로 100-999인 규
모의 기업과 1000인 이상의 기업 간 연간 임금의 추이를 비교한 결과
이다.

〈그림 8〉 기업규모별 연간 임금추이

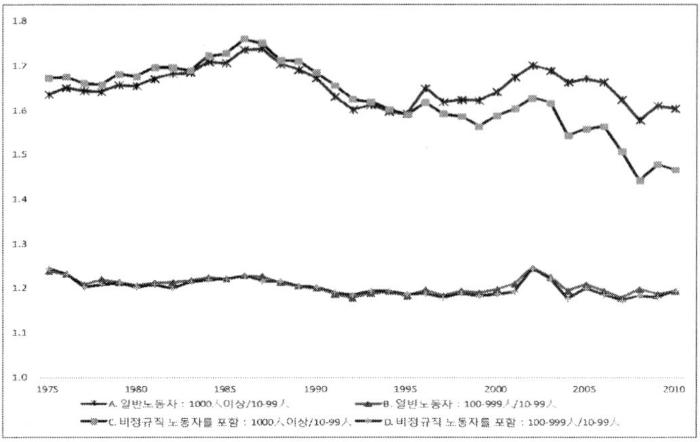

자료: 『賃金構造基本調査』 데이타를 이용해서 필자 작성

　　〈그림 8〉을 통해서 일본에서는 기업규모 간 임금격차가 크게 존재
하고, 그 격차가 장기간 지속되고 있음을 알 수 있다. 10-99인의 중소기업
의 임금에 비해서 100-999인의 임금은 장기에 걸쳐 큰 변화없이 일정한
반면에 1000인 이상의 대기업의 임금과 10-99인의 중소기업의 임금간에
1986년이후 격차가 축소되고 있음을 알 수 있다. 특히 파트타임 노동자
를 포함한 1000인이상의 대기업의 임금을 10-99인의 중소기업 임금과
비교하면 임금격차가 급격하게 줄어들고 있다. 이 같은 결과는 일본에
서 장기적인 임금저하의 주요한 원인을 생산성이 낮은 중소기업에 비해
서 생산성이 높은 대기업의 임금저하에 있다는 것을 시사한다. 이는 세
계경제의 국제화에 따른 국제경쟁압력에 직면한 일본의 대기업이 국제
경쟁력을 유지하기 위한 쉬운 방편으로 인건비 부담을 줄이는 비정규직
노동자를 더 많이 고용했기 때문이라고 볼 수 있다. Brunello and Wad-

hwani(1989)가 지적한 것처럼 일본의 중소기업은 경기변동에 임금을 유연하게 대응해 왔기 때문에 큰 변동이 없는 반면에 대기업은 경기변동에 정규직의 임금으로 유연하게 대응을 할 수 없기 때문에 비정규직 노동자의 채용을 늘려서 인건비 부담을 줄였다고 할 수 있다.

〈그림 9〉 기업규모간 임금률의 차이 : 한일비교

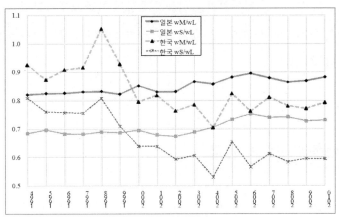

자료: 일본의『企業活動基本調査』데이타와 한국의 외감기업데이터를 이용해
　　　서 필자 작성

〈그림 9〉는 한일의 기업규모 간 임금격차의 추이를 일본의『기업활동기본조사』와 한국의 상장기업과 외부감사기업을 포함한 기업데이터를 이용해서 보인 결과이다. 기업의 규모는 중소기업, 중견기업 그리고 대기업을 기업의 매상고 순으로 배열한 후에 각 그룹의 매상고의 합계가 동일하게 되도록 나누었다. 일본에서는 중소기업, 중견기업 그리고 대기업 간의 임금격차가 조금씩 줄어드는 방향으로 움직이고 있음을 볼 수 있다. 이 결과는 〈그림 8〉에서 보여진 결과와 비슷하다. 일본과는 정

반대로 한국은 대기업과 중소기업, 중견기업 간의 임금격차가 급속하게 확대되고 있다. 이는 한국에서는 일본과는 다르게 국제시장에서의 경쟁에서 이긴 대기업이 임금상승을 주도하고 있음을 강하게 시사한다.

이상과 같이 본 절에서는 일본에서 명목임금과 실질임금이 1990년 말부터 지속적으로 저하하고 있음을 확인할 수 있었다. 이 같은 명목, 실질임금의 장기적인 저하원인은 버블경제 붕괴 이전까지 일본의 국제경쟁력의 원천이었던 제조업과 대기업이 국제경쟁력을 상실했기 때문이라고 할 수 있다.

4. 생산성 하락과 임금

2절에서 본 것처럼 일본경제의 장기침체는 구조적인 문제로 인한 생산성의 급격한 하락뿐만 아니라 투자의 기대수익률 하락으로 인한 유효수요의 부족이 더해지면서 일어났다고 볼 수 있다. 3절에서 살펴본 결과는 유효수요의 부족이 임금저하에 따른 소비감소에 기인했을 수도 있다. 이는 장기적인 임금저하가 생산성 하락의 주요한 원인일 수도 있음을 강하게 시사한다.

여기서 생산성과 임금이 서로 강하게 연결되어 있는지의 여부를 확인할 필요성이 제기된다.[6]

---

6) 정확한 인과관계 분석은 산업수준의 테이타만으로 분석하는 본 연구의 범위를 벗어나지만, 기업수준의 패널 데이타를 이용하여 분석해야 하는 장래연

먼저 TFP상승률의 결정요인을 분석한다. 분석에 사용한 데이타는 JIP데이타베이스 2015로 '잃어버린 20년'이라고 불리고 명목임금의 하락경향이 보이는 1990년부터 2012년까지의 산업별 패널 데이타를 이용했다.

다음의 관계식을 추계하여 보았다.

$$ln(\frac{TFP_{it}}{TFP_{it-1}}) = \alpha + \beta ln(\frac{wage_{it}}{wage_{it-1}}) + \delta Z_{it} + \gamma Z_t + \epsilon_{it} \quad (4)$$

여기서 TFP는 총요소생산성,[7] wage는 명목임금, Z는 TFP상승률에 영향를 미칠 것으로 생각되는 산업특성변수이다. Z에는 비정규직 노동자 비율, 55세이상의 노동자 비율 그리고 실질ICT투자를 산출액으로 나눈 ICT투자비율이 포함되어 있다. 모든 추계식에는 경제전체의 경기변동을 통제하기 위해서 연도더미를 고려하였다.

(4)식의 β값이 통계적으로 유의한 결과가 나오면 TFP과 명목임금 간이 서로 연관되어 있고, 유의한 결과를 얻지 못하면 서로 관계없음을 의미한다. 우리는 β값의 유의성과 정도에 주목하고자 한다. 종속변수와 주요한 설명변수가 1차차분변수이기 때문에 산업의 고정효과는 처리되었다고 보고 최소자승법을 사용해서 추계했다.

표 1는 전산업을 대상으로 한 추계결과와 전산업을 제조업과 비제

구과제로 남겨 두고자 한다.

7) 여기에서의 TFP는 2절에서 보인 부가가치베이스로 계산된 것이 아니고, 산출액 베이스로 계산된 것이다.

조업으로 나눈 추계결과이고, 표 2은 시기를 불황의 90년대와 어느 정도 회복기의 2000년대로 나누어서 추계한 결과이다.

표 1에 제시된 추계결과를 보면, 전산업과 제조업의 추계결과는 유사하지만, 비제조업의 추계결과는 전산업의 결과와 다르다. 인과관계에 관한 정확한 분석이 필요하지만 전산업과 제조업에 있어서 명목임금의 상승률이 높을수록 TFP상승률도 높아진다. 전산업의 경우에 명목임금 상승률이 1% 높아지면 TFP상승률이 0.3-0.4% 상승하고, 제조업에서는 0.5-0.7%정도 높아진다. 비제조업에서는 전산업과 제조업에 대한 추계 결과와 달리 명목임금의 상승률과 TFP상승률 사이에 통계적으로 유의한 관계는 관찰되지 않았다. 제조업에서 관찰된 TFP상승률과 명목임금 사이의 강한 연관성은 비제조업에서는 관찰되지 않고 있는 결과는 국제 경쟁압력에 노출된 일본의 제조업에서는 임금의 상승분만큼 생산성의 상승으로 이어지지만, 국제경쟁과 무관한 비제조업에서는 임금의 상승이 생산성의 상승과는 무관하게 결정된다고 볼 수 있다. 또한 내수의존도가 높은 비제조업에서 생산성 상승과 임금상승 사이의 관계가 없는 것은 일본에서의 장기적인 임금저하가 비제조업의 침체에 기여했다고 볼 수 있다.

비정규직 노동자의 비율과 ICT투자비율은 제조업과 달리 비제조업에서 TFP상승에 양(+) 영향을 미침을 알 수 있다. 제조업에서는 고령의 노동자가 TFP상승에 음(-)의 영향을 미치지만, ICT투자와 비정규직 노동자 증가의 효과는 제조업에서는 통계적으로 유의하지 않다. 이 같은 결과는 제조업과 비제조업에서 생산성의 상승률의 결정요인이 다를 수 있음을 강하게 시사한다.

　또한 일본의 경기가 호황으로 전환된 2002년 전후의 시기로 나누어서 TFP상승률의 결정요인을 분석하였다. 분석결과는 〈그림 11〉에 제시되어 있다. 불황이 심각했던 시기인 1990년대에 명목임금의 상승률이 TFP상승률에 통계적으로 유의한 양(+)의 영향을 미치는 반면에 세계금융위기와 동일본재난이 있었음에도 경기가 회복된 2000년대에는 명목임금상승률과 TFP상승률간에는 통계적으로 무관함을 알 수 있다. 이는 1990년대의 잃어버린 10년은 생산성의 하락에 기인한 것이지만, 2000년대에도 경제상황이 충분히 호전되지 않고 장기침체로 이어진 것은 임금저하에 따른 유효수요의 부족이 주요한 원인일 수 있음을 강하게 시사하는 결과이다.

　결과를 요약하면, 생산성 하락으로 시작된 일본경제의 저성장은 임금저하로 인한 국내 유효수요의 부족 때문에 장기침체로 이어졌다고 볼 수 있다. 특히 해외수요보다는 국내수요에 의존하는 비제조업에서 유효수요의 부족으로 생긴 생산성 하락현상이 현저하게 보였다.

<표 1> TFP 상승률의 결정요인 : 산업별

종속변수: TFP상승률	전산업		제조업		비제조업	
	(1)	(2)	(3)	(4)	(5)	(6)
명목임금 상승률	0.036**	0.029*	0.065**	0.050*	-0.013	-0.020
	(0.017)	(0.017)	(0.028)	(0.028)	(0.022)	(0.022)
비정규직 노동자 비율		0.0002		0.0002		0.0005***
		(0.0001)		(0.0003)		(0.0002)
55세이상 노동자 비율		-0.0002**		-0.001***		0.0000
		(0.000)		(0.0002)		(0.0001)
ICT 투자 비율		0.0003**		0.0001		0.0005***
		(0.0002)		(0.0009)		(0.0002)
관측치수	2438		1196		1242	
R-Squared	0.055	0.061	0.129	0.147	0.034	0.048

주: *, **,*** 10%,5%,1% 수준에서 통계적으로 유의함을 나타낸다. 전 추계식에 연도더미를 포함시켰다. 괄호 안의 수는 표준오차이다.

종속변수:TFP상승률	전산업			
	2002년 이전		2002년 이후	
명목임금 상승률	0.059***	0.049**	0.012	0.014
	(0.022)	(0.022)	(0.026)	(0.026)
비정규직 노동자 비율		-0.000		0.0003*
		(0.0001)		(0.0001)
55세이상 노동자 비율		-0.0002		-0.0002
		(0.0001)		(0.0001)
ICT 투자 비율		0.0002		0.001***
		(0.0002)		(0.000)
관측치수	1378		1060	
R-Squared	0.029	0.032	0.079	0.093

주: *, **,*** 10%,5%,1% 수준에서 통계적으로 유의함을 나타낸다. 전 추계식에 연도더미를 포함시켰다. 괄호 안의 수는 표준오차이다.

생산성이 높아서 더 높은 임금을 주는 역인과성의 문제를 해결하기 위해서 임금상승률의 결정요인에 대해서 추가적으로 분석했다. 임금상승률의 결정요인을 이하의 관계식을 추정함으로 확인하였다.

$$\log\left(\frac{wage_{it}}{wage_{it-1}}\right) = \alpha + \theta \log wage_{it-1} + \beta \log\left(\frac{TFP_{it}}{TFP_{it-1}}\right) + \delta Z_{it} + \gamma Z_t + \varepsilon_{it} \qquad (5)$$

여기서 wage는 명목임금, TFP는 총요소생산성이다. Z는 산업특성을 나타내는 변수로 비정규직 노동자 비율과 55세이상의 노동자 비율을 이용했다. 산업간의 임금차이가 수속하는지를 확인하기 위해서 1기 래그의 명목임금수준을 설명변수에 포함시켰다. 종속변수와 주요한 설명변수가 1차 차분변수이기 때문에 산업의 고정효과는 처리되었다고 보고 최소자승법을 사용해서 추계했다. 임금은 시차를 두고 반응하기보다는 상여금등을 통해서 동일연도에 반응할 가능성이 높기 때문에 임금의 상승률과 같은 시기의 TFP상승률을 고려하였다.

표 3와 표 4은 추계결과이다. 표 3에는 전산업을 대상으로 한 결과와 제조업과 비제조업을 나누어서 추계한 결과가 제시되어 있고, 표 4에는 전산업을 2002년 전후로 나누어서 시기별로 추계한 결과가 제시되어 있다.

표 1의 TFP상승률결정요인의 결과와 동일하게, 표 3에서 보듯이, 전 산업과 제조업의 추계결과에서는 명목임금의 상승률과 TFP상승률 사이에는 통계적으로 유의한 양(+)의 관계를 확인할 수 있지만, 비제조업의 경우에는 통계적으로 유의하지 않지만 명목임금의 상승률과 TFP상승률 사이에 음(-)의 관계에 있음을 알 수 있다. 비제조업에서는 생산성이 높아질수록 명목임금의 상승률이 떨어지고 있음을 확인할 수 있다. 이러한 현상은 비제조업이 농업, 건설업, 사업소 서비스업, 개인서비스업, 금융 보험업, 상업, 전기 가스업 등 산업분류가 다양하고, 생산성의 측정에 어려움이 있어서 발생했을 가능성이 있다. 산업데이타 대신에 기업과 사업소 데이타를 이용해서 더 분석할 필요가 있다.

산업특성을 컨트롤하기 위해 고려한 변수 중에서 고령의 노동자가 많은 산업일수록 명목임금이 유의하게 낮아진다. 산업 간의 임금의 차이가 수속되는지를 확인하기 위해 고려한 1기전의 명목임금의 수준은 통계적으로 유의한 양(+)의 값을 가짐을 알 수 있다. 이는 산업 간의 임금의 차이가 확대되고 있음을 의미한다.

〈표 3〉 임금의 상승률의 결정요인 : 산업별

종속변수: 명목임금 상승률	전산업		제조업		비제조업	
	(1)	(2)	(3)	(4)	(5)	(6)
TFP 상승률	0.053**	0.043*	0.069**	0.054*	-0.021	-0.032
	(0.025)	(0.025)	(0.031)	(0.031)	(0.037)	(0.037)
비정규직 노동자 비율		0.000***		0.000		0.000**
		(0.000)		(0.000)		(0.000)
55세이상 노동자 비율		-0.001***		-0.001***		-0.0004***
		(0.000)		(0.000)		(0.0001)
1기 래그 명목임금의 로그값	0.003***	0.002**	0.002	0.001	0.002*	0.001
	(0.001)	(0.001)	(0.001)	(0.001)	(0.001)	(0.001)
관측치수	2438		1196		1242	
R-Squared	0.192	0.201	0.405	0.410	0.136	0.149

주: *, **,*** 10%,5%,1% 수준에서 통계적으로 유의함을 나타낸다. 전 추계식에 연도더미를 포함시켰다. 괄호 안의 수는 표준오차이다.

<표 4> 임금의 상승률의 결정요인 : 시기별

종속변수:명목임금상승률	전산업			
	2002년이전		2002년이후	
TFP상승률	0.093***	0.073**	0.016	0.018
	(0.033)	(0.032)	(0.036)	(0.036)
비정규직 노동자 비율		0.001***		-0.0001
		(0.0002)		(0.0002)
55세이상노동자비율		-0.001***		0.0005**
		(0.0001)		(0.0002)
1기래그명목임금의로그값		0.0003		0.005***
		(0.001)		(0.002)
관측치수	1378		1060	
R-Squared	0.185	0.243	0.171	0.183

주: *, **,*** 10%,5%,1% 수준에서 통계적으로 유의함을 나타낸다. 전 추계식에 연도더미
를 포함시켰다. 괄호 안의 수는 표준오차이다.

표 4에는 샘플을 2002년 전후로 나누어서 (5)식을 추계한 결과가 제
시되어 있다. 표 2에서 본 TFP상승률의 결정요인의 추계결과와 같이 명
목임금상승률과 TFP상승률사이에 1990년대는 통계적으로 유의한 양(+)
의 관계를, 2000년대에는 서로 상관이 없는 것을 확인할 수 있다.

일본경제의 장기침체는 생산성의 하락과 더불어 임금저하에 따른
유효수요의 부족도 주요한 요인 중에 하나라고 볼 수 있다. 장기침체의
기간동안 일본의 학계와 정부는 유효수요부족문제를 주로 투자부족의
관점에서 찾았지만, 위의 추계결과에서 보듯이 장기적인 임금저하가 국

내 유효수요를 줄여서 장기침체에서 벗어나지 못하게 하였다고 볼 수 있다. 앞으로 투자뿐만 아니라 임금의 저하가 거시경제에 미치는 영향에 대해서 상세한 분석이 필요하다.

이 논문에서 얻어진 결과에 따라서 일본경제가 장기침체에서 벗어나기 위한 방책은 다음과 같다. 우선 제조업의 생산성을 상승시켜 임금을 더 높이고, 높아진 임금으로 생긴 내수 증가를 비제조업의 생산성 향상으로 연결시켜야 한다. 다음으로 비제조업에서 생산성 즉 수익률의 회복으로 얻어진 자금을 ICT투자와 같은 새로운 투자를 촉진시켜 생산성을 높일 뿐만 아니라 유효수요도 증가시켜야 한다. 이를 통해 국내유효수요를 활성화시키는 경제의 선순환 구조를 만들어가야 한다고 생각한다.

5. 분석결과와 정책적 함의

본 논문은 일본경제의 장기침체 기간 중에 생산성이 하락하고, 임금이 낮아졌음을 확인했고, 두 중요한 변수가 서로 유의한 영향을 미치고 있음을 확인했다. 일본경제가 장기침체에 빠진 이유는 공급측면에서 생산성 하락이라는 구조적인 문제뿐만 아니라 그 문제에 기인한 임금과 기대수익률의 저하를 통한 유효수요의 감소가 이어졌기 때문임을 확인할 수 있었다. 이 연구는 완결이 아니고, 앞으로도 연구해야 할 과제가 많이 남아있다. 첫째, 제조업과 비제조업에 있어서 생산성과 임금 사이의 관계가 반대로 나타난 부분은 앞으로 더 검토해 가야 할 연구과제이다. 둘째, 생산성과 임금 사이의 관계는 상관관계가 아니라 인과관계를 명확하게 밝힐 수 있다면 장기침체의 원인과 처방을 제대로 할 수 있을 것 같다. 이 부분에 대해서도 다음의 연구과제로 남기고자 한다. 셋째, 임금은 부가가치 중에서 노동자의 몫이기 때문에 임금과 자본에의 보수인 자본에 대한 분배와의 관계도 심도 있게 분석해야 할 연구과제라고 생각된다.

일본경제의 분석을 통해서 얻을 수 있는 한국경제에 주는 중요한 정책적 함의는 다음과 같다. 한국은 아직 제조업에서 국제경쟁력을 가지고 있고, 비제조업 중에서 소매업에서는 강한 경쟁력을 가지고 있기 때문에 생산성의 갑작스런 하락과 임금의 저하 경향은 아직 관찰되지 않고 있다. 하지만 생산성은 하락 경향에 있고, 청년 실업과 가계부채의 증가로 국내의 유효수요를 압박하는 상황에 있기 때문에 일본경제처럼 되지 않을 것이라고 장담할 수 없다.

이러한 상황에서는 경제의 체질을 개선하는 구조개혁(노동개혁, 기업지배구조개혁, 교육개혁, 공공부문개혁 등)과 국내의 유효수요를 자극하는 총수요관리 정책을 동시에 실시해야 한다고 생각한다. 한국경제가 일본경제를 닮지 않기를 바랄 뿐이다.

제2부

기업·정부의
대응과 의식의 변화

현대일본생활세계총서 14

구조적 대불황기 일본 경제의 진로

일본 인적자원관리의 재편
임금체계 변경의 의미를 중심으로

우종원

1. 임금체계 변경의 의미

1.1. '비경제학'적인 현상

최근 일본의 고용상황은 매우 좋아 보인다. 2018년 1월 현재 유효구인배율(계절조정치)은 1.59배를 기록, 1970년대 중반 이래의 최고치를 유지했다.[1] 여기서 유효구인배율이란 기업이 필요로 하는 사람 수(구인 수)를 일자리를 필요로 하는 사람 수(구직수)로 나눈 수치를 말한다. 보통 유효구인배율이 1.0배 이상이면 일손 부족 현상이 발생한다. 따라서 현재의 1.59배란 수치는 일본의 노동시장이 대단한 활황 상태에 있음을 뜻한다. 실제 파트타임 노동자에 비해 상대적으로 낮은 배율을 보이는 정사원의 유효구인배율(계절조정치) 마저 1.07배를 기록해, 일손 부족

---

1) 厚生労働省 「一般職業紹介状況(平成30年1月分)について」。

은 노동시장 전반으로 확산되는 양상을 보이고 있다. 이에 따라 완전실업률(계절조정치)은 2.4%까지 떨어져, 수치상으로는 거의 불만이 없는 수준의 고용 실적을 나타내고 있다.[2]

그럼에도 불구하고 기뻐할 수만 없는 것이 일본의 현실이다. 하나는 일손 부족이 꼭 경제가 좋아진 탓이 아니라 저출산으로 인한 노동력 부족에서 발생하고 있다는 점 때문이다. 또 하나는 교과서의 설명과는 달리 일손 부족이 임금 상승과 소득 향상으로 이어지지 않는 '비경제학적'인 현상이 일상화하고 있기 때문이다. 근래 들어 경제성장에도 불구하고 근로자의 소득이 별로 증가하지 않은 것은 세계적으로 관찰되는 현상이기는 하지만, 일본의 경우는 그 정도가 매우 현저하다.[3] 이런 현상이 일본사회에 무기력감 혹은 폐색감을 가져오고 있다는 위기의식이 강해지고 있다.

최근 이에 대한 연구도 활발해 지고 있다. 예를 들어 에구치와 데라모토(2017)[江口充崇・寺本和弘(2017)]는, 명목임금상승률과 완전실업률 사이의 관계를 추적한 "임금판 필립스곡선"의 분석을 통해, 2000년대 이전에는 양자가 반비례하는 모습을 보이는 반면, 2000년대 들어와서는 실업률이 줄어들어도 임금은 그다지 상승하지 않는 것이 일본의 실태임을 분명히 하고, 다양한 각도에서 2000년대 이후의 요인을 분석할 필요

---

2) 総務省統計局 「労働力調査(基本集計) 平成30年(2018年)1月分結果の概要」。
3) 제조업 종사자의 시간당 소득을 비교해 보면 2010년을 100으로 했을 때, 일본은 2000년 99.3에서 2016년 105.0으로 16년간 겨우 5.7포인트가 증가한 데 불과하다. 반면 같은 시기 미국은 32.8포인트, 영국은 41.4포인트, 독일은 33.2포인트, 프랑스는 36.2포인트가 증가하고 있다. OECD Database(http://stats.oecd.org/)"Hourly Earnings", 2018년 3월 현재.

성을 제기했다. 한편, 겐다 편(2017)[玄田有史編(2017)]은 일손이 부족한데도 왜 임금은 오르지 않나라는 문제의식 아래 그 원인을 노동시장의 수급 요인, 노사 등 제주체의 행동 요인, 임금제도와 같은 제도적 요인 등으로 나누어 다각도로 분석했다.

1.2. 일본사회의 무기력감과 임금체계 변경

위에서 본 선행연구에 입각해, 이 글은 수치상의 고용 개선이 실제의 생활 향상으로 이어지지 않는 일본의 실태를, 인적자원관리의 재편이란 측면에서 해명한다. 특히 임금체계의 변경에 초점을 맞춘다. 여기서 임금체계란 몇 가지 임금항목을 조합해 임금을 구성하는 것을 말한다. 각각의 임금항목 및 조합의 전체가 주로 어떤 기준에 의거하는가 하는 측면에서는 임금의 결정 방법을 규정하는 것이지만, 동시에 각각의 임금항목 및 조합의 전체가 시계열적으로 어떤 임금변동을 예정하는가 하는 측면에서는 임금의 상승 형태(임금커브의 기울기)를 규정하는 것이기도 하다(禹宗杬 2016).

임금체계는 미시적 차원에서 임금제도나 노사의 행동을 분석하기 위해서 뿐만 아니라 거시적 차원에서 임금결정 메커니즘을 분석하고 임금과 다른 경제변수와의 관계를 살펴보기 위해서도 중요하다. 일본의 경우 임금결정 메커니즘이 기업단위의 노사교섭을 기본적으로 이루어지고, 이를 보완하는 전국적인 '춘투' 역시 본론에서 보듯 임금체계의 영향을 직접 받기 때문이다.

이런 중요성에 비추어, 이 글에서는 임금체계를 중심으로 일본 인

적자원관리의 재편을 분석한다. 그리고 근래의 임금체계 변경이 일본사회 전체에 무기력감 혹은 폐색감이란 무거운 그림자를 드리우고 있다는 점을 가설적으로 제기한다.

돌이켜보면, 1990년대 이후 일본 기업은 기존의 인적자원관리를 수정해, 비정규직 고용을 확대하는 한편으로 능력주의에서 성과주의로의 전환을 꾀했다. 이는 전후의 경제성장 과정에서 이루어온 '단일 신분(Single Status: 정사원인 한 화이트칼라 노동자와 블루칼라 노동자를 차별하지 않고 동등하게 처우하는 것)'을 근본적으로 수정하는 것이었다. 비정규직 고용을 통한 '복수 신분(Multiple Status)'의 확산, 성과주의에 의한 정사원 신분(=처우) 내실의 희석화[4] 및 처우에서의 개별화 확대 등이 그것이다. 원칙적으로 정사원에 의거하는 기업별조합은 이러한 수정을 대체로 용인했다.

이러한 인적자원관리의 재편은 임금체계에 집중적으로 반영되었다. 1990년대 중반 이후의 이른바 "직무, 성과 및 역할"에 의한 임금항목의 도입·확대가 그것이다. 이를 간단하게 '역할급'이라 한다면, 역할급의 확대는 일본의 전후사에 있어서 크게 세 번째 시대를 여는 것이라 할 수 있다. 첫 번째 시대는 패전후 1960년대까지로 이 때는 '연공급'이 주류를 이루었다. 두 번째는 1970년대에서 1990년대 중반까지로 이 때는 '능력급'이 시대를 주도했다. 그리고 1990년대 후반 이후 지금까지가 역할

---

4) 종래 정사원에게 보장되던 신분(=처우)의 내실을 희석화하는 것은 다양한 형태로 이루어졌는데, 한 예로 근속연수에 의거해 일률적으로 퇴직금을 산정하던 지금까지의 방식을 바꿔, 기업내 계층/직군이나 개별적인 공헌의 정도에 따라 퇴직금 산정에 차등을 두는 방식으로 전환한 것 등을 들 수 있다.

급이 주류로 등장한 시대라 하겠다.

문제는 연공급에서 능력급에의 이행과는 달리, 능력급에서 역할급으로의 전환이 이전과는 다른 '비연속적'인 측면을 내포하고 있다는 것이다. 이는 역할급의 도입이 임금사상과 임금설계에 있어서 임금과 노동자생활과의 관련성을 절단한다는 점에 뚜렷이 드러난다.

전후 일본의 임금은, 연공급만이 아니라 능력급까지를 포함해, 기본적으로 연공적인 임금커브를 그리도록 임금체계를 구성한 데 특징이 있다. 이를 통해 능력의 향상을 바라는 기업의 요구와 생활의 향상을 바라는 노동자의 요구를 양립시켜 온 것이다.[5] 순조로운 생활향상에 대한 노동자의 갈망과 기대는, 일상적인 업무수행과 직장에서의 능력향상을 뒷받침하는 가장 큰 동력이었다.

따라서 연공급을 능력급으로 수정하는 과정에서도 이 점은 유지되었다. 능력급으로의 이행에서는, 연령/근속연수에 의거해 일률적으로 임금을 올리는 측면을 지양하고, 노동자의 능력향상에 대한 인사고과에 의거해 임금을 차등하게 올리는 데 주안점이 두어졌다. 하지만 임금 상승분에 차이가 있다고는 해도 연령/근속연수에 따라 임금이 올라간다는 점에서는 연공적인 성격을 유지하는 것이었다.

반면, 능력급을 역할급으로 수정하는 과정에서는 임금이 상승하는 형태 자체를 바꾸는 데 주안점이 두어졌다. 즉 연령/근속연수에 따른 장

---

5) 예를 들어, 일본의 임금체계를 역사적으로 분석한 모리 타케시는 다음과 같이 지적하고 있다. "실제로 전개된 일본 대기업 블루칼라의 임금제도는… 생활보증급과 능률·능력평가의 양자를 포함하는 형태로 구성되어 왔다.", 森建資(2007), 73쪽.

기적인 임금상승을 부정하고 직무/성과/역할이라는 보다 단기적인 요소에 의거해 임금을 결정하는 방향으로 전환한 것이다. 이는 직무/성과/역할의 수행이라는 기업의 요구 충족을 전면에 내세운 반면, 생활상의 니즈 혹은 생활향상이라는 요구와 임금과의 관련성을 의도적으로 부정하는 것이었다.

생활로부터의 임금의 절단은, 의도하지는 않았다 하더라도 결과적으로 일본사회 전체에 정체를 초래했다. 먼저 미시적인 측면에서는 "생활향상의 기대=모티베이션 향상=생산성 향상=임금 상승"이라는 경로가 막히는 상황을 만들었다. 그리고 거시적인 측면에서는 "임금 상승=내수 확대=투자 촉진=국민소득 향상"이라는 메커니즘이 제대로 작동하지 않는 상태를 가져왔다.

물론 생활과 임금의 절단이 일본사회의 정체를 초래했다는 것을 실증하기는 대단히 어렵다. 다만 그 개연성을 가설적으로라도 제기하는 것이 이 글의 목적이다. 아래에서는 먼저 근래의 인적자원관리 재편이 어떤 '퍼포먼스'를 나타내고 있는지를 간략하게 살펴본다. 이는 일본사회의 무기력감을 확인하는 작업이기도 하다. 다음으로 임금을 둘러싼 노사의 정책을 춘투를 중심으로 살펴본다. 이를 통해 임금체계 변경를 축으로 한 노사의 정책전환이 거시적으로 어떤 의미를 가졌는지 정리한다. 다음으로 역할급을 중심으로 한 임금체계의 변화를 구체적으로 살펴본다. 이를 통해 생활과 임금의 절단을 의도한 임금체계 변경이 노사의 행동과 어떻게 연관되는지 관찰할 수 있을 것이다. 마지막으로 현재의 무기력감이나 폐색감에서 벗어나기 위해 어떤 임금체계가 요청되는

지를 간단히 검토한다.

2. 인적자원관리 재편의 '퍼포먼스'

2.1. 고용의 '퍼포먼스'

일본사회는 1990년대 중반을 경계로 이전과는 질적으로 다른 모습을 보인다. 〈그림 1〉을 보자. 이는 일본의 GDP 및 취업자수와 고용자수의 추이를 나타낸 것이다. 그림에서 보듯 1980년대까지는 실질GDP가 증가하면 취업자수 및 고용자수도 증가했다. 이 시기 양자간의 상관계수는 0.9 이상이었다. 그러나 1990년대 중반 이후 고용은 정체상태에 들어간다. GDP가 증가해도 고용은 늘지 않는, 이른바 고용 없는 성장이 현실화한 것이다.

〈그림 1〉 GDP 및 취업자수, 고용자수의 추이

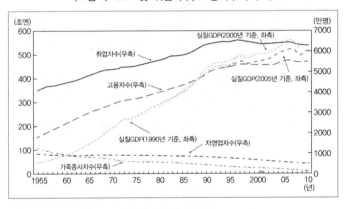

자료: 厚生労働省『平成25年版 労働経済の分析』, p.74

이처럼 고용이 정체되는 가운데 일어난 특징적인 현상은 비정규직의 증대였다. 2016년, 임원을 제외한 피용자 총수 5,391만명 중 비정규직은 2,023 명으로 전체의 37.5%를 차지한다.[6] 그 내부 구성과 추이를 그린 것이 〈그림 2〉이다. 그림에서 보듯, 특히 1996년(平成8年)에서 2006년(平成18年)에 걸친 시기에 비정규직수가 급격하게 늘어난 것을 알 수 있다. 2016년(平成28年) 현재의 내부구성을 보면, 파트노동자가 988만명으로 48.8%를 차지한다. 다음으로 아르바이트 415만명, 계약사원 287만명, 파견사원 133만명, 촉탁사원 119만명 순으로 많다.

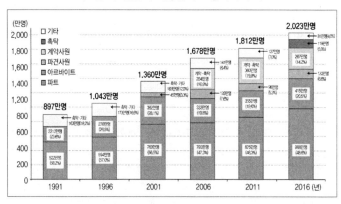

〈그림 2〉 일본의 비정규직 노동자의 추이

자료: 厚生労働省 「『非正規雇用』の現状と課題」, http://www.mhlw.go.jp/file/06-
　　　Seisakujouhou-11650000-Shokugyouanteikyokuhakenyukiroudout
　　　aisakubu/0000120286.pdf
주: 원 자료는 총무성통계국의 「노동력조사」임. 여기서는 보기 편하게 후생노
　　동성이 정리한 자료를 사용했음

---

6) 総務省統計局 「労働力調査(詳細集計) 平成28年(平均)」。

구조적 대불황기 일본 경제의 진로

유의할 것은 이러한 비정규직화가 "고용의 입구에서의 신분 차별"을 축으로 해서 진행되었다는 점이다. 성장이 정체되는 속에 이른바 단일 신분(Single Status)을 부담으로 느낀 기업은, 고용의 입구에서부터 정규직과 비정규직을 분리해 따로따로 관리하는 방식을 채택했다. 이는 그 때까지의 고용관행이 신규졸업자의 정기채용 및 장기고용에 기초했다는 점에 비추어 볼 때, 그 토대를 침식하는 커다란 변화였다. 그리고 그 영향을 고스란히 받은 것은 젊은 층이었다.

이전에도 고용관리의 완충제 역할을 하는 비정규직은 존재했다. 하지만 1990년대 중반까지 그 대다수를 차지한 것은 중년 여성을 중심으로 한 파트 노동자였다. 그런데 1990년대 후반에서 2000년대 전반에 걸쳐 젊은 층의 비정규직화가 급속히 진행되어, 이제는 젊은 층이 비정규직의 주요한 구성요소로 되기에 이르런 것이다. "학교에서 직업으로의 이행기(School-to-Work Transition)"에 해당하는 15-24세 층에서 비정규직이 차지하는 비율은 1990년에 20.5%였다. 그것이 2005년에는 48.2%로 뛰어올랐다. 이후 상승세는 둔화되었지만, 2017년 현재도 15-24세 노동자의 50.3%가 비정규직으로 일하고 있는 것이 일본의 현실이다.[7]

2.2. 임금의 '퍼포먼스'

위에서 GDP가 증가하는 속에서도 고용이 늘지 않는 것을 살펴보았지만, 지금 일본은 GDP가 증가하는 속에서도 임금이 늘지 않고 오히려

---

7) 総務省, 「労働力調査特別調査」 및 「労働力調査詳細結果」 各年.

줄어드는 '부자연스러운' 모습을 보이고 있다. 〈그림 3〉을 보자. 이는 5인 이상 사업체에 근무하는 상용노동자 총액급여의 추이를 2010년을 100으로 해서 나타낸 것이다. 최근 십수년간 임금은 5 포인트 이상 떨어져 왔음을 알 수 있다, 유의할 것은 세계경제위기가 도래하기 이전 호황기였던 2000년대 중반에 임금은 오히려 감소하고 있으며, 세계경제위기에서 벗어나 '장기호황'을 구가하고 있는 2010년대 중반에 있어서도 임금이 별로 상승하는 모습을 보이지 않고 있는 점이다. 이를 케인즈경제학의 "임금의 하방경직성"에 빗대어 "임금의 상방경직성"이라 부르기도 한다.[8]

〈그림 3〉 5인 이상 사업체 상용노동자 임금의 추이

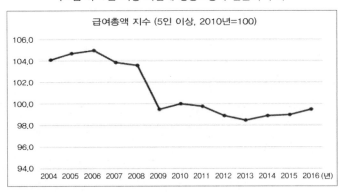

자료: 厚生労働省 「毎月勤労統計調査」各年으로부터 작성

임금이 오르지 않고 오히려 경향적으로 저하하는 데는 몇 가지 요인이 작용한다. 첫째는 전체 노동자 중에서 차지하는 비정규직 비중의 증가이다. 〈그림 4〉에서 보듯 정규직과 비정규직 간 및 남자노동자와 여

---

8) 玄田有史編(2017), viii頁.

자노동자 간에는 임금 격차가 클 뿐만 아니라 임금 프로파일의 형태에
서도 질적인 차이가 있다. 따라서 비정규직 특히 여성 비정규직 노동자
의 비중 증가는 노동자 전체의 평균 임금 저하로 연결되는 것이다.

<그림 4> 고용형태, 성별 및 연령계급별 임금

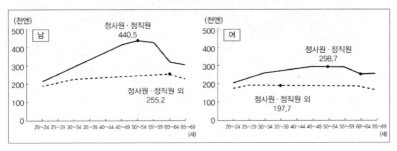

자료: 厚生労働省 「平成28年賃金構造基本統計調査結果の概況」

둘째는 정규직의 평균 임금도 정체하거나 내리기까지 한다는 점인
데, 이와 관련해 우선 들 수 있는 것이 기업규모별 임금 격차의 확대이다.
<그림 5>는 최근 30년간의 기업규모별 임금지수를 기업규모계를 100으
로 해서 나타낸 것이다. 그림에서 보듯 1990년대 중반 이후 임금이 경향
적으로 상승한 것은 1000인 이상 기업뿐이다. 1000인 미만 기업은 전반
적으로 임금이 하락하고 있고 특히 100인 미만의 경우 하락폭이 매우 크
다는 것을 알 수 있다.

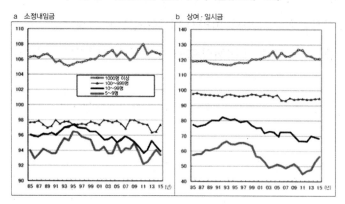

〈그림 5〉 기업규모별 임금격차 (기업규모계=100)

자료: 連合『連合·賃金レポート2016』, p.231
주: 원래 자료는 厚生労働省「平成27年賃金構造基本統計調査」임

셋째는 정규직의 평균 임금도 정체하거나 내리기까지 하는 점과 관련해 대기업 정규직이라 해도 임금 상승이 매우 힘들다는 점을 들 수 있다. 위 〈그림 5〉에서 1000인 이상 기업의 2000년대 이후의 움직임을 보면, 2000년대 전반의 호황기에 소정내임금과 상여·일시금 모두 하락하고 있는 것이 눈에 띈다. 양자는 세계경제위기의 극복 과정에서 잠깐 동안 상승하는 모습을 보이지만 본격적인 호황기에 들어간 2012년 이후 다시 하락하고 있다.

이처럼 대기업 정규직마저도 임금 상승이 힘든 상황은 1990년대 후반 이후 많은 기업에 도입된 성과주의관리 및 임금체계 변화와 깊은 관련이 있다. 단기적인 실적과 보수를 연동시키는 성과주의관리의 강화 및 "직무, 성과 및 역할에 의한 임금"의 도입은, 그간 비교적 일률적인 처우를 받아오던 정규직의 상황을 변모시켜, 정규직 내의 개별 임금 격차를 확대시켰다.

이에 관해, 약 1500개 건강보험조합의 피보험자 약 1500만명의 2003-2007년 데이터를 바탕으로 임금 격차를 분석한 Saito and Kouno (2012)는 다음과 같이 지적한다. 임금 격차를 기업내 격차와 기업간 격차로 나누면 남성의 경우 전체 격차 변화에 대한 기업내 격차 변화의 기여율이 82%에 달하고, 또 이런 기업내 격차 변화의 86%(즉, 전체 격차 변화의 70%)가 기업내 종업원 구성의 변화보다는 기업 내의 순수한 임금 격차 변화에 의해 초래되었다는 것이다. 이는 성과주의관리 및 임금체계 변화가 기업내 임금 격차를 저변쪽으로 확대시켜, 그것이 전체적인 임금 하락으로 연결되었을 가능성을 시사한다고 하겠다.

3. 임금을 둘러싼 노사의 정책

3.1. 사용자측의 정책

1990년대 중반을 경계로 임금에 관한 노사의 정책은 크게 변모했다. 여기서는 전국 범위의 대표적인 사용자단체인 일본경단련[9]과 대표적인 노동자단체인 렌고(連合)에 범위를 한정해, 이들 노사가 매년 임금 교섭을 행하는 슌토(春鬪; 아래에서는 우리에게 익숙한 표현인 '춘투'를 그대로 사용함)에서 어떤 정책을 전개했는지를 중심으로 살펴본다.[10]

---

9) 정식 명칭은 일본경제단체연합회. 2002년, 종전의 경단련(경제단체연합회)와 일경련(일본경영자단체연맹)이 통합해 발족했다.

이들 정책을 이해하기 위해서는 '베이스업'과 '정기승급'을 구별할 필요가 있다. 본래 '베이스'란 용어는 단위 기업의 전 종업원의 평균임금을 지칭하는 것이었다. 따라서 '베이스업'이란 평균임금 수준이 상승하는 것을 말한다. 하지만 평균임금에 초점을 맞추게 되면 그 후 평균임금을 어떻게 배분하는가에 따라 개개인이 받는 임금 상승분은 평균임금 상승분과 달라질 수 있다. 예를 들어 평균임금이 2% 오르더라도 이를 '고성과자 중심' 방식으로 배분하면 인사고과가 평균 이하인 층의 임금 인상률은 2%에 미치지 못할 수 있는 것이다. 이를 고려해 근래 렌고에서는 베이스업을 새로 정의해 평균임금수준 인상이 아니라 "개별 임금수준을 인상하는 것"으로 정의하고 있다.[11] 한편 '정기승급'은 일반적으로 "매년 일정한 시기를 정해 그 회사의 승급제도에 따라 행하는 승급"으로 정의된다.[12] 정기승급은 연령이나 근속년수가 1년 느는 데 따라 일률적으로 승급하는 '기계적 승급'과, 개개인의 인사고과에 따라 차등적으로 승급하는 '고과승급'으로 구성된다. 베이스업에 비해 정기승급은 기업의 총액인건비에 미치는 영향이 적은 것으로 평가된다. 예를 들어 매년 일정

---

10) 춘투는 보통 2-3월을 중심으로 이루어지는데, 이를 수행하기 위해 렌고는 전년의 12월 무렵에 기본적인 방침을 결정해 이를 「春季生活闘争方針」이라는 문서로 공개한다. 한편 이에 대해 사용자단체도 대응 방침을 정해 「労働問題研究委員会報告」(일경련 시대인 2002년까지) 혹은 「経営労働政策委員会報告」(일본경단련 시대인 2003년부터 지금까지)라는 문서를 공개한다. 여기서의 고찰은 주로 이들 문서에 의거한다. 문서 중의 특정 대목을 인용함에 있어서는 번잡스러움을 피하기 위해 해당 년만 기재하기로 한다. 사용자단체의 정책에 관해서는 小倉一哉(2017)도 참고할 것.
11) 連合「Q&Aでみる賃上げの方法と用語解説」, https://www.jtuc-rengo.or.jp/activity/roudou/shuntou/yougo.html.
12) 日本経団連出版編『人事労務用語辞典 第7版』285頁。

한 수가 정년퇴직하고 그 수만큼 신규채용이 이루어진다면 정기승급이 실시된다고 해도 그 기업의 총액인건비 및 평균임금 수준은 변하지 않는 것이다.

1990년대 후반 이후 사용자측이 먼저 공격을 가한 것은 베이스업의 저지였다. 이를 통해 총액인건비가 늘어나는 것을 저지하고자 한 것이다. 1997년, 베이스업에 대해 회원기업이 "신중한 대응"을 할 필요가 있다고 문제를 제기한 사용자단체는 2002년에는 베이스업을 "유보"할 것을 권고한 데 이어, 2003년에는 드디어 베이스업은 "논외"라고 선언했다. 사용자측이 베이스업을 노사 교섭상 생각할 수 있는 선택지의 하나라고 다시 인정한 것은 아베정권이 등장한 다음인 2014년이다. 즉 15년 이상의 긴 기간에 걸쳐 사용자측은 일관된 방침으로 베이스업을 부정한 것이다.

이런 사용자측의 정책은 기본적으로 총액인건비의 삭감을 목표로 하는 것이었다. 그리고 이는 나중에 보듯 상당한 성과를 거두었다. 하지만 베이스업의 부정은 기본적으로 국민 전체의 생활이 올해보다 내년에 더 나아지는 것을 부정하는 것이다. 이처럼 생활향상을 바랄 수 없게 되면, 미시적으로는 일하는 데 대한 동기부여가 떨어지게 되고, 거시적으로는 소비성향을 억제해 내수 확대를 끌어내기 힘들게 된다. 2012년 말에 재집권에 성공한 아베 정권이 그 동안 인건비 삭감에 주력해 온 경제계에 대해 "임금인상"을 요청한 것도, 임금이 하락하는 속에서는 디플레이션으로부터의 탈출과 내수 확대를 바랄 수 없다는 인식 때문이었다.

디플레이션에서 탈출하는 것이 급무라는 정치권의 문제제기와 이에 대한 여론의 동조 속에 최근 들어 사용자측은 일정하게 방향을 전환하고 있다. 이전에는 "노사가 일체가 되어 글로벌 경쟁에 이기자"[13]와 같은 슬로건을 내걸었지만, 이후에는 "디플레이션에서의 탈각과 지속적인 성장의 실현을 향해"(2014년)라든가, "인구감소하의 경제의 선순환과 기업의 지속성장의 실현"(2016년) 혹은 "일의 보람, 생산성 향상, 이노베이션을 창출하는 일 방식의 변혁"(2018년) 등을 주장하기에 이르렀다. 내수나 노동자의 모티베이션에 보다 중점을 두게 된 것이다. 이를 반영해 임금에 관해서도 "임금인상에 있어서는 요 몇 년과는 다른 대응을 하는 것도 선택지의 하나가 될 수 있다"(2014년)거나, "개인소비 활성화를 향해 '3% 임금인상'이라는 사회적 기대가 있다는 점을 인식해 자사의 이익에 걸맞게 전향적 검토를 하는 것이 바람직하다" (2018년)고 권고하기에 이르렀다.

　　문제는 오랫동안 인건비삭감에 익숙해 온 일본기업이 임금인상 쪽으로 방향을 틀기가 쉽지 않다는 점이다. 이를 의식해 경영자단체도 베이스업에 관해서는 신중한 접근을 하고 있다. 최근 몇 년간의 일본경단련의 주장을 예로 들면 다음과 같다. "베이스업은 임금인상의 선택지의 하나에 불과하다"(2014년), "'임금인상=베이스업'이라는 단순한 것은 아니다"(2015년), "임금인상의 방법으로서는, 월차임금의 일률적인 수준인상(전체적인 베이스업)에 한정되지 않는 다양한 선택지가 있다"(2016년). 한편, 베이스업을 실시하는 경우에도 되도록 일률적인 방식은 피하

---

13) 日本経団連「経営労働政策委員会報告」2011年版。

도록 권고하고 있다. 즉, "소비성향이 높은 육아세대의 지원, 조직공헌도가 큰 우수한 계층에의 중점적인 실시 외에도 젊은 사원이나 여성사원의 정착과 모티베이션 향상이라는 관점에서 실시하는 등 다양한 방법이 있다"(2017년)는 것이다. 요컨대 정권의 압력과 일정한 반성 속에서 이전보다는 적극적으로 임금교섭에 응하게 되었지만, 그렇다고 해서 일률적 베이스업이 일상적으로 이루어지는 상황으로 되돌아가지는 않겠다는 의사 표현이라 하겠다.

그렇다면 정기승급에 관해서는 어떠할까. 일단 베이스업을 저지하는 데 성공한 사용자측이 1990년대 후반 이후 힘을 기울인 것은 정기승급의 '수정'이었다. 여기서 정기승급의 '폐지'가 아니라 수정이라고 한 데 유의할 필요가 있다. 앞서 정기승급은 일률적인 '기계적 승급'과 차등적인 '고과승급'으로 구성된다고 했는데, 후자는 일정하게 용인하되 전자를 극도로 억제하는 데 노력이 집중된 것이다. 〈표 1〉을 보자. 이는 편의상 경단련(일본경단련)의 춘투에 관한 정책문서 중에서 정기승급에 대한 부분을 발췌, 인용한 것이다. 사용자측이 "매년 누구나 자동적으로 승급"하는 제도에 대해 얼마나 집요하게 저항을 시도했는지 알 수 있다.

<表 1> 사용자측의 정기승급에 대한 정책

년	일경련(일본경단련)의 정책문서에서 제기한 정기승급에 대한 견해
1995	일정 시기에 전원을 대상으로 임금을 올리는 방식이 아니라 일정 자격 이후에는 능력·업적의 개별 평가에 의해 임금을 결정하는 운용을 꾀해야 한다.
2000	연령·근속 요소에 편중된 임금제도는 우상향의 임금커브를 그리게 되는 바, 업적공헌도에 따른 임금배분을 통해 임금커브의 정점이 중견층으로 앞당겨 오게끔 하고 그 이후는 개인별로 임금차가 나게 해야 한다.
2002	더 이상의 임금인상은 논외이다. 경우에 따라서는 베이스업 유보에 그치지 않고 정기승급의 동결/수정 등 지금까지 없었던 시책을 단행할 필요.
2003	임금제도 개혁에 의한 정기승급의 동결/수정 또한 노사간 협의의 대상이 될 수 있다.
2004	임금제도 개혁에 의한 속인적인 임금항목의 배제와 정기승급의 폐지/축소, 나아가 베이스다운 또한 노사간 협의의 대상이 될 수 있다.
2005	매년 누구나 자동적으로 승급한다는 식의 정기승급제도가 아직 미검토인 채로 남아 있는 경우에는, 그 폐지를 포함해 제도의 발본적인 개혁을 서둘러야만 한다.
2006	매년 누구나 자동적으로 승급하는 식의 종래의 운영이 아니라, 능력·역할·업적을 중심으로 한 제도로 발본적인 개혁을 서둘러야만 한다.
2010	자사의 부가가치 신장에 적합하지 않은 형태로 다수 종업원의 소정내급여가 전년보다 올라가는 식의 제도·운영을 하고 있다면 이는 총액인건비관리로서는 불철저하다.
2012	매년 누구나 자동적으로 승급하는 정기승급은, 개개인의 공헌·능력발휘가 인정되지 않는 경우에도 승급이 이루어지고 이 승급분이 임금에 적립되기 때문에, 일·역할·공헌도와의 사이에, 또한 적정 임금수준과의 사이에 괴리를 발생시킬 소지가 크다.

자료: 日経連「労働問題研究委員会報告」当該年, 日本経団連「経営労働政策委員会報告」当該年.
　　　田中恒行(2016) 및 小倉一哉(2017)도 함께 참조
주: 표 중의 '년'은 정책이 발표된 해가 아니라 정책대상이 되는 춘투가 이루어지는 해를
　　가리킴

　　이처럼 '자동적'인 승급을 억제·폐지하는 한편으로 승급 운용을 포함해 임금결정 규칙 전반을 수정하고자 한 것이 사용자측에 의한 임금체계 변경이었다. 그 단초는 1995년의 '고용 포트폴리오' 주장에서 주어졌다. 당시의 유명한 보고서 "새로운 시대의 '일본적 경영'"에서 일경

련은 몇 가지 타입의 종업원으로 포트폴리오를 구성할 것과, 각각에 대해 서로 다른 인사관리 · 임금관리를 실시할 것을 제안했다.[14] 즉, '장기축적능력 활용형'의 경우 일반직에 대해서는 직능급, 전문직 · 관리직에 대해서는 리샤플형 직능급[15]이나 연봉제를 적용하고, '고도전문능력 활용형'의 경우는 기본적으로 연봉제를 적용하며, '고용유연형'의 경우는 기본적으로 직무급을 적용할 것을 권고한 것이다. 도식적으로 보자면, 장기축적능력 활용형에 대해서는 정기승급을 유지하되, 다른 유형에 대해서는 이를 극력 억제할 것을 의도했다 하겠다. 이것이 기폭제가 되어 고용유연형 타입의 종업원, 즉 비정규직을 고용하는 기업이 급증한 것은 널리 알려진 사실이다. 이와 함께 1990년대 후반에는 이른바 성과주의관리를 도입하는 기업이 급증했다.

이런 상황 속에 사용자단체는 2002년, '다립형(多立型) 임금체계'를 제안했다. "지금부터는 성과의 질과 그 현재화의 차이에 착안해, 예를 들어 직무, 역할, 계층 등을 기준으로 해서, 종래의 '전사 일률적인 임금체계'를 탈피해 성과 · 공헌도에 입각한 '다립형(多立型) 임금체계'로 전환해야 한다"고 주장한 것이다.[16] 이에 따라 일반직에 머물러 있는 동안은

---

14) 日本経営者団体連盟編著『新時代の「日本的経営」』1995年.
15) 일반적으로 직능급은 근속연수에 따른 지식 · 경험의 축적을 능력의 향상으로 보아 매해의 직능급을 누적시키는 데, 이는 결과적으로 임금의 '연공적'인 상승을 초래하는 경향이 있다. 이를 제어하기 위해, 일정 자격 이상의 종업원이나 관리직에 대해서는 승급이 누적되는 방식이 아니라 매년의 인사고과에 따라 그때그때의 직능급을 정액제로 지급하는 방식을 강구할 수 있는데, 이를 "리샤플형 직능급"이라 한다.
16) 日経連『成果主義時代の賃金システムのあり方－多立型賃金体系に向けて－』2002年、16~17頁.

직무의 차이를 감안하면서도 직능급 위주로 관리하되, 관리직·전문직이 된 다음부터는 직무 가치에 따른 공헌·성과를 기본으로 해야 한다는 점이 강조되었다.

사용자단체는 이를 체계화해 2008년, "일·역할·공헌도를 기축으로 한 임금제도"를 제안하기에 이르렀다.[17] 이는 앞서 본 고용 포트폴리오의 컨셉에 따라 종업원을 장기고용종업원과 그 이외로 나눠, 전자에 대해서는 "직종·직군·직장·직층(職種·職群·職掌·階層)별로 기대되는 일·역할·공헌도와 능력"에 따라 임금을 결정하고, 후자에 대해서는 고용형태와 취로형태에 따라 다양하게 대응할 것을 주문한 것이다.

그런데 아베정권의 요청에 부응한 사용자측의 정책 전환은 정기승급에 관해서도 일정한 변화를 가져왔다. "대부분의 기업에서 지금껏 긴 세월 동안 어떤 형태로든 정기승급을 실시해 온 것은, 다른 나라에서는 볼 수 없는 관행인 바, 이 점은 높이 평가해야만 한다"(2014년)는 쪽으로 입장을 정리하기 시작한 것이다. 이후 현재에 이르기까지 사용자측은 정기승급 실시에 비교적 관대한 자세를 보이고 있다. 여기에는 이왕 임금을 올려야 한다면 베이스업보다는 정기승급을 통한 인상이 사용자측에 유리하다는 인식도 작용하고 있다고 할 수 있다. 하지만, 사용자측이 정기승급 수정을 통한 임금체계 변경을 중단한 것은 결코 아니다. 2018년 보고서의 다음과 같은 권고가 이를 대변한다. "기업의 좋은 실적이 계속되고 있는 지금 시기를 임금제도 재편의 절호의 기회로 삼아, 일·역

---

17) 日本経団連『仕事·役割·貢献度を基軸とした賃金制度の構築·運用に向けて』2008年。

할·공헌도를 기축으로 한 임금제도 철저화를 위해 노사가 적극적으로 노력할 것을 기대한다."

3.2. 노동조합측의 정책

그렇다면 이런 사용자측의 공세에 대해 노동조합측은 어떻게 대응했는가. 한마디로 말하자면, 1990년대 후반 이후 노동조합측은 기본적으로 수세에 몰려 있었고 결과적으로 적극적인 대응을 하지 못했다고 할 수 있다.

우선 사용자측의 베이스업 불가론에 대해 거의 저항하지 못했다. 2002년, 렌고는 춘투가 시작된 이후 처음으로 베이스업에 대한 통일 요구 자체를 단념했다. 조합원 전체, 나아가 노동자 전체가 전년도에 비해 조금이라도 생활이 향상되는 상태를 만들어 나갈 수 있다는 자신감을 상실한 것이다. 이후 경기순환상으로는 호황이 계속되었음에도 불구하고 렌고는 통일적인 베이스업 요구를 제출하지 못했다.

이런 렌고의 방침이나 자세에 전환점을 가져온 것은 2008년 하반기에 발발한 세계경제위기였다. 이를 계기로 렌고는 2009년 춘투를 겨냥해 8년만에 베이스업 요구를 재개했다. 세계경제위기가 촉발한 생활상의 위기가 렌고의 분발을 촉구한 것이다. 그 변화를 2008년 춘투 방침과 2009년 춘투 방침을 비교해서 살펴보자.

2008년, 렌고는 임금에 대한 구체적 투쟁 방침을 다음과 같이 설정했다. "임금커브 유지분을 확보한 위에 베이스업 혹은 시급의 인상, 임금커브의 시정, 저임금층의 최저 수준 인상 등을 통해 적극적인 '임금개선'에 돌입한다."[18] 이 문장은, 베이스업에 관해 언급하고는 있지만, 통일적인 요구가 아니라 산업별이나 기업별로 가능한 데서는 요구할 것을 함의하는 것이다.

이에 대해 2009년에는 구체적 투쟁 방침을 다음과 같이 설정했다[19]. 약간 길지만, 통일적인 베이스업이 무엇을 의미하는지를 명확히 하기 위해 그대로 인용하기로 한다. 우선, 임금개정에 대한 기본 방침으로 "임금커브 유지분을 확보한 위에 물가상승(2008년도의 예상)에 부합하는 베이스업을 통해 근로자의 실질생활을 유지·확보"할 것을 천명했다. 그리고 이를 위해 "임금수준을 중시"한다고 밝혔다. 즉, "임금수준의 사회화 실현이라는 임금투쟁의 본연의 생각으로 돌아가, 임금수준(절대액)을 중시한다"는 것이다. 이를 위해 렌고 자신이 '임금지표'를 책정할 의사를 표명했다. 즉, "산업·기업의 임금수준 및 실태에 관해 상호비교가 가능한 '임금지표(고졸 35세 표준노동자)'를 벤치마크로 작성한다. 이에 의거해 산업 및 기업과 비교했을 때 자신의 임금이 어떤 위치에 있는지를 명확화해, 산업간 격차의 시정이나 중소조합의 임금체계 정비 및 격차 시정 등의 대책을 추진해 간다. 렌고의 이 '임금지표'에 기초해, 각 산별 및 단위조합은 보다 '임금의 절대수준을 중시하는' 대책을 추진한다"는 것이다.

요약하자면, "임금커브 유지분+물가상승분"을 근거로 베이스업을

---

18) 連合「2008春季生活鬪争方針」2007年12月。
19) 連合「2009春季生活鬪争方針」2007年12月。

포함한 '임금인상'을 요구함과 동시에, 단지 임금을 조금이라도 올리느냐 마느냐가 아니라,[20] 사회적으로 보아 타당한 임금수준을 획득하느냐 마느냐가 춘투의 목표임을 새롭게 확인했다고 할 수 있다. 이후 렌고의 춘투 방침을 정리하면 〈표 2〉와 같다.

〈표 2〉 노동조합측의 임금인상에 대한 정책

년	렌고의 투쟁방침서에서 제기한 임금인상에 대한 기본적인 생각
2009	내수 확대를 촉진하고 실질 생활을 확보하기 위해서라도 물가상승을 감안한 투쟁을 강화한다. 동시에 경기가 더 이상 악화되는 것을 방지하고 기업도산과 실업을 늘리지 않기 위해서라도 2009년 춘투를 경기회복과 생활방위를 위한 투쟁으로 위치지우고 렌고의 총력을 기울여 추쟁을 추진한다.
2010	비정규직을 포함한 전 노동자를 대상으로 임금 및 노동시간을 비롯한 노동제조건의 개선을 추진한다. …임금수준 유지 투쟁을 철저히 한다. …임금제도를 정비해 개별 포인트의 절대 수순을 중시할 필요가 있다. 렌고는 이들 대책을 포함해 산별 지도 아래 모든 단위조합에서의 임금커브 유지 투쟁을 철저히 수행한다.
2011	2011년 춘투를 "전 노동자의 처우개선"을 위한 2년째 투쟁으로 위치지우고, 노동자측에 대한 배분을 요구해, 보다 사회성을 추구하는 운동을 전개한다. …전 노동자를 위해 1% 상당의 배분을 요구하고 노동조건의 복원 및 격차시정을 향한 투쟁을 조직한다.
2012	전 노동자를 시야에 담아 격차시정 및 저변을 끌어올리고 저변을 지지하는 투쟁을 추진함과 함께 적정한 성과배분을 추구하는 투쟁을 강화한다. …전 노동자를 위해 1% 상당의 배분을 요구하고 노동조건의 복원 및 격차시정을 향한 투쟁을 조직한다.

---

20) 정기승급이 완전히 폐지되지 않는 한, 개개인의 임금은 전년도에 비교해 조금이나마 오르는 것이 보통이다.

년	렌고의 투쟁방침서에서 제기한 임금인상에 대한 기본적인 생각
2013	거시적으로 1997년에 정점을 찍은 후 그간 저하해 온 임금을 복원하고 저변을 끌어올리는 작업을 중시한다. …임금에서의 "격차시정"의 실효성을 높이기 위해 개별임금을 보다 중시하는 투쟁을 추진함으로써, 미니멈 수준의 유지를 꾀하는 한편 목표로 하는 임금수준의 추구와 임금수준 개시(開示)를 통해 개별 임금 수준의 사회적 파급력을 넓혀 간다.
2014	월차임금에 주안점을 두는 투쟁을 추진하는 한편 저변을 끌어올리고 저변을 지지하기 위해 정기승급 및 임금커브 유지 상당분(약 2%)를 확보하고, 전년도의 물가상승분은 물론 생산성향상분에 해당하는 몫으로 임금상승(1% 이상)을 요구한다. 또한 격차시정 및 배분의 왜곡시정(1% 이상) 요구를 내걸고 "저변을 끌어올리고 저변을 지지하며 격차를 시정하기 위해" 전력을 경주한다.
2015	정기승급 및 임금커브 유지 상당분의 확보를 전제로, 전년도의 소비자물가상승분 및 기업수익의 적정한 분배의 관점과 나아가 경제의 호순환을 실현하기 위한 사회적 역할과 책임을 감안해, 전 구성조직이 함께 추진해 나가야 한다는 점을 중시해, 2% 이상의 요구 획득을 목표로 투쟁을 추진한다. (정기승급상당액과 임금상승액을 합해 요구는 4% 이상으로 한다)
2016	임금상승 요구 수준은 각각의 산업 전체의 "저변을 끌어올리고 저변을 지지하며 격차를 시정하기 위한" 투쟁을 강화하는 관점에서 2% 정도를 기준으로 해 정기승급상당분(임금커브 유지상당분)을 포함해서 4% 정도로 한다.
2017	임금상승 요구 수준은 각각의 산업 전체의 "저변을 끌어올리고 저변을 지지하며 격차를 시정하기 위한" 투쟁을 강화하는 관점에서 2% 정도를 기준으로 해 정기승급상당분(임금커브 유지상당분)을 포함해서 4% 정도로 한다.
2018	임금상승 요구 수준은 각각의 산업 전체의 "저변을 끌어올리고 저변을 지지하며 격차를 시정하기 위한" 투쟁을 강화하는 관점에서 2% 정도를 기준으로 해 정기승급상당분(임금커브 유지상당분)을 포함해서 4% 정도로 한다.

자료: 連合「春季生活闘争方針」各年
주: 년은 방침이 발표된 해가 아니라 목표로 하는 다음해를 가리킴

하지만 2009년 춘투를 향한 렌고의 방침은 중대한 한계를 갖고 있었다. 그 하나는 베이스업의 근거로 물가상승을 제시했지만, 디플레이

션이 지배적인 상황 속에서는 설득력을 갖기가 힘들다는 문제이다. 또 다른 하나는 임금수준의 사회화를 주장하면서도 노동자의 등급이나 숙련도에 따른 사회적인 생활수준을 제시하지 못해, 결국 "고졸 35세 표준노동자"(이는 '학력+연령+근속'의 결합임)라는 기존의 기준을 답습해 '지표'로 삼을 수밖에 없다는 문제이다.

이 중 첫 번째 한계를 극복할 수 있는 계기는 뜻밖에도 정치권으로부터 주어졌다. 사실 경제위기를 계기로 렌고가 베이스업을 제기하기는 했지만, 불황 속에서 고용을 우선하는 풍조가 만연하는 속에 베이스업 요구를 단념하는 단위 노조가 속출했다. 문제는 경제위기로부터 벗어난 후에도 이런 양태가 지속되었다는 점이다. 이처럼 임금의 인상이란 더 이상 가능하지 않을 것 같은 상태에 외생적인 충격을 가한 것이 아베 정권이었다. 디플레이션 탈각을 위해서는 임금인상이 필요하다고 주장한 것이다. 여기에 힘을 얻은 렌고는 2014년 춘투를 겨냥해, "정기승급 및 임금커브유지분"으로 약 2%를 요구하는 외에 "물가상승분 + 생산성향상분"으로 1% 이상, "격차시정분 + 배분의 왜곡시정분"으로 1% 이상을 각각 요구하고 나섰다. 이후 "정기승급상당액과 임금상승액을 합해 4% 이상 요구"하는 방식이 현재까지 이어지고 있다. 요컨대 생산성향상분의 노동자에게의 환원 및 그간 벌어져 온 격차시정을 주장한 점에 최근 몇 년간의 렌고 임금정책의 특징이 있다 하겠다.

그러나 임금수준의 사회화를 위한 적극적인 제안은 여전히 이루어지지 못하고 있다. 예를 들어 '고졸 35세 표준노동자'를 임금지표로 삼는 방식이 답습되고 있는 것이다. 하지만 이런 방식으로는 현재의 산적한 문제를 해결할 수 없다. '35세'만 하더라도 정규직 남성을 기준으로 하는 것이어서 비정규직 여성과의 균형·균등 처우를 실현할 방도가 없다. '표준노동자'도 학교 졸업 후 바로 특정 기업에 취직해 그대로 근무하고 있는 사람을 기준으로 하는 것이어서 중도채용자나 이직자의 격차는 물론이고 대기업 노동자와 중소기업 노동자와의 격차를 해소할 방도가 없다. 이런 약점은 사용자측의 임금체계 제안에 대한 노동조합측의 대응능력을 제약했다.

앞서 사용자측이 2000년대 후반에 들어와 "일·역할·공헌도를 기축으로 한 임금제도"를 제안한 과정을 살펴보았다. 이 임금제도는 베이스업과 좁은 의미의 정기승급(=기계적 승급)을 부정한 위에 노동자의 생활과 임금과의 관련성을 단절하는 것이었다. 그럼에도 불구하고, 렌고의 2015년 투쟁방침서는 다음과 같이 말하고 있다. "임금인상 요구에 있어서는 인상폭에 관한 논의와 더불어, 생활가능한 임금수준 및 맡고 있는 일의 내용이나 역할 등에 걸맞은, 납득할 수 있는 임금수준을 요구해 나간다."[21] 한편으로 "생활가능한 임금수준"을 제기하면서도 동시에 사용자측의 제안을 수용해 "일의 내용이나 역할 등에 걸맞은 임금"을 제기하고 있다는 사실을 알 수 있다. 물론 양자는 언어상으로는 병립이 가능하다. 하지만 실제 양자를 병립시키는 것은 쉽지 않다. 문제는 양자가 어떻게 병존·결합이 가능한지에 관해 렌고가 구체적인 방안을 제시하지 않고 있는 점이다.

---

21) 連合「2015年春季生活闘争方針」2014年12月2日。

렌고의 2017년 투쟁방침서는 나아가 다음과 같이 말한다. "우리가 일하는 직장이 장래에도 존속해 그 가치를 높여가기 위해서는 마켓이 필요로 하는 상품·서비스를 제공하는 동시에 그 가치에 걸맞은 가격으로 거래하는 것이 필요하다. 이를 위해서는 근로자 한사람 한 사람의 다양한 가치관에 대응한 일하는 방식과 생산성 향상을 동시에 실현하는 것이 필요하다. 바꾸어 말하자면, 모든 근로자가 디센트워크(인간답고 보람이 있는 일)에 취업해 그 일에 걸맞은 적정한 대우를 확보하는 것이 필요하다."[22] 여기서도 디센트워크에 대해 언급하고 있지만, 임금과 관련해서는 생산성이나 "일에 걸맞은 적정한 대우"는 중시하는 반면, 생활상의 니즈나 사회적인 생활수준은 별반 고려하고 있지 않다. 이처럼 노동자의 등급이나 숙련도에 따른 사회적인 생활수준을 제시하고 이를 확보·유지하기 위한 임금투쟁을 적극적으로 조직해 내지 못하는 노동조합측의 약점이 결과적으로 임금수준의 저하 혹은 임금상승의 정체에 기여하고 있다 하겠다.

3.3. 노사의 정책과 임금의 '퍼포먼스'

민간주요기업의 춘계 임금인상 추이를 나타낸 〈그림 6〉은, 위에서 살펴본 노사의 정책·행동 및 임금체계 변경이 일본사회의 임금 '퍼포먼스'를 일정 정도 규정하고 있을 가능성을 시사한다. 버블이 꺼진 다음에도 일정 시기까지 일본의 노사는 '실제'의 임금인상을 실행했다. 예를 들

22) 連合「2017年春季生活闘争方針」2016年11月25日。

어 1997년의 임금인상 타결액은 8,927엔으로 현행 베이스 대비 인상율은 2.90%였다. 정기승급분을 통상 2% 전후로 볼 때, 이 해의 3%에 가까운 인상율은 좋지 않는 경기상황 속에서도 베이스업이 이루어지고 있음을 의미한다. 하지만 베이스업과 정기승급에 대한 사용자측의 공세가 강화되면서 임금인상의 정도는 현저히 떨어져 2002년에는 타결액 5,265엔, 인상율 1.66%를 기록했다. 그리고 이후 2013년까지 줄곧 1%대에 머물렀다. 아베정권의 후원 아래 렌고가 본격적으로 베이스업을 요구한 2014년에 6,711엔, 2.19%으로 겨우 2%대를 회복한 이후 최근 3년간 그나마 2%대를 유지하고 있는 것이 현실이라 하겠다.

〈그림 6〉 민간주요기업의 춘계 임금인상 추이

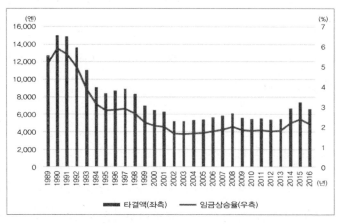

자료: 厚生労働省「平成28年民間主要企業春季賃上げ要求・妥結状況」。
주: 1) 조사대상 민간주요기업은 2003년까지는 1부 상장기업 중 자본금 20억
엔 이상, 종업원 1,000명 이상의 노동조합이 있는 기업, 2004년부터는
타결액 등이 지속적으로 파악가능한 자본금 10억엔 이상, 종업원 1,000
명 이상의 노동조합이 있는 기업을 말함.
주: 2) 각년의 수치는 가중평균치임.

이는 장기적인 시점에서 바라보면 더욱 명확해진다. 〈그림 7〉을 보자. 이는 일본 주요기업의 임금인상률의 추이를 나타낸 것이다. 석유위기를 경험한 1970년대 중반의 높은 인상율은 예외로 하더라도, 안정성장기의 1980년대에는 전반적으로 5% 전후의 고른 임금인상율을 기록하고 있음을 알 수 있다. 그것이 1990년대 들어와 현저히 떨어졌고 2000년대에는 2% 내외 수준으로 고착화되기에 이른다. 그림에서 보듯 이는 전적으로 정기승급에 의한 것이다. 1999년 이후 베이스업은 거의 제로에 근접하기 때문이다.

〈그림 7〉 일본 주요기업의 임금인상률의 추이

자료: 日経連 · 日本経団連「昇給 · ベース · アップ調査」各年. 田中恒行(2016)에서 재인용

그렇다고 정기승급에 의해 누구나 다 임금이 올라가는 것은 아니다. 〈그림 8〉을 보자. 이는 장기적으로 봤을 때 정기승급이 어떤 근거에 의거해 이루어져 왔는지 그 추이를 나타낸 것이다. 1970년대부터 인사

고과에 의한 '사정(査定)분'은 이미 상당한 정도를 차지하고 있었으나 2000년대 들어와 그 비중이 점증하고 있는 것을 알 수 있다. 한편, "직무나 자격에 따른 배분"은 이른바 능력주의 시대에는 일정한 비중을 유지했으나 2000년대 이후에는 성과주의에의 이행을 반영해 그 비중을 축소시키고 있다. 이와 동시에 '정률분'의 비중도 점감하고 있다. 전체적으로 기계적 승급이나 정률적인 승급의 비중이 줄어드는 대신, 업적평가에 의거하는 고과적 승급의 비중이 상당히 늘어나고 있다고 결론지을 수 있겠다.

<그림 8> 정기승급 근거의 추이

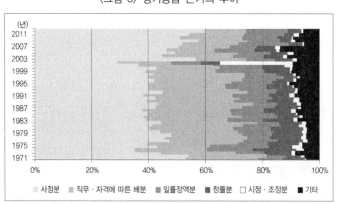

자료: 日経連 · 日本経団連 「昇給 · ベース · アップ調査」各年, 田中恒行(2016)에
서 재인용

4. 역할급의 도입과 그 의미

4.1. 역할급의 도입 상황

1990년대 후반 이후 능력급을 수정하는 흐름이 강해진 속에, 일본
경단련에 의한 2008년의 "일·역할·공헌도를 기축으로 한 임금제도"의
'공식화'를 계기로, 역할급이 일본 기업의 대표적인 임금항목으로 자리
잡는 과정을 앞에서 살펴보았다. 능력급에서 역할급으로의 변모를 초래
한 요인을 간단히 정리하면 다음과 같다. 먼저 노동력수요 요인으로는
글로벌 경쟁의 격화, 가격경쟁력 유지를 위한 인건비 삭감 필요성, 그리
고 단기적인 수익성 추구 성향의 강화를 꼽을 수 있다. 다음으로 노동력
공급 요인으로는 노동력의 중고령화 및 고학력화가 진행되는 속에 중고
령화는 연공적 처우의 비용을 증대시키는 방향으로 작용하는 한편 고학
력화는 종업원구성의 피라미드형 유지를 곤란케 하는 방향으로 작용한
점을 들 수 있다. 끝으로 노사관계 요인으로는 교섭 및 처우의 '개별화'가
진행되는 속에 집단적 관계를 뒷받침해 온 '생활보장 필요성'의 인식이
희석되고, 성과 등에 의한 개별적 처우를 바람직하다고 보는 성향이 노
동자 안에서 상대적으로 증대된 것을 꼽을 수 있다.

그렇다면 실제로 일본기업에서 역할급은 어떤 형태로 도입되어 어
떻게 운용되고 있을까. 〈그림 9〉를 보자. 이는 2000년대 임금체계의 추
이를 일반직(='비관리직')과 관리직으로 나누어 살펴본 것이다. 그림에
서 보듯 2000년대 초중반에 걸쳐 '역할·직무급(아래에서는 단지 역할급

으로 표기)'의 도입 비율이 급증하고 있음을 알 수 있다. 관리직에서 역할급이 차지하는 비중이 직능급을 능가했을 뿐만 아니라 일반직에서도 그 비율이 50%를 넘고 있는 사실은 역할급이 임금체계에서 주류의 위치를 굳혔다는 것을 보여준다. 하지만 기존의 직능급도 유지되고 있어, 임금체계상으로는 능력급 항목과 역할급 항목이 병존하고 있는 것이 일반적이라 하겠다.

<그림 9> 2000년대 임금체계의 추이

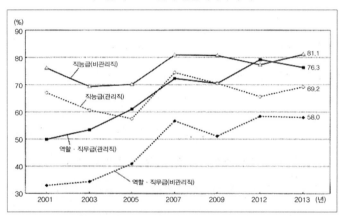

자료:『労政時報』3882号(2015年2月)

실제 역할급의 도입은 주로 세가지 방식으로 이루어졌다. 하나는 관리직 중심으로 역할급을 도입하는 방식이다. 예를 들어 카시오의 케이스23)가 이에 해당하는데, 종업원 등급 설정에 있어 일반직은 '직능' 중심을 유지하되, 관리직은 '직무(역할)' 중심으로 이행한 경우이다. 따라

23)『人事実務』No.1000(2006年10月)에 의함.

서 일반직은 "~을 달성하는 것이 가능하다"는 사항을 중심으로 등급을 설정하는 데 비해, 관리직은 "~을 책정 지휘한다"는 사항을 중심으로 등급을 설정한다. 또한 일반직은 "직능평가+업적평가"에 의해 기본급을 설정하는 데 비해, 관리직은 "기본연봉+업적연봉"의 형태로 기본급을 설정한다.

또 하나는 관리직과 일반직 모두에 역할급을 도입하지만, 기존의 직능자격제도도 남겨, 관리직과 일반직 모두 직능급과 역할급이 병존하는 방식이다. 예를 들어 산덴의 케이스[24]가 이에 해당한다. 전 종업원은 기존의 직능자격에 의한 등급과 더불어 신설된 '(역할)직무등급'의 적용을 받게 된다. 따라서 직능자격에 의한 직능급과 (역할)직무등급에 의한 (역할)직무급을 동시에 받게 된다.

또 다른 하나는 기존의 직능급을 폐지하고 일반직까지 포함해 역할급을 일원적으로 도입하는 방식이다. 예를 들어 닛산의 케이스[25]가 이에 해당한다. 닛산의 경우 관리직은 이른 시기에 역할급을 도입했지만, 일반직은 2000년대 들어와서까지 기본적으로 "연공급 + 능력급"의 임금체계를 유지했다. 그것을 2004년, 일거에 바꿔 "역할등급별 월차임금" 하나로 임금항목을 단일화한 것이다.

이처럼 주된 임금항목을 능력급에서 역할급으로 바꾸는 것이 역할급 도입의 기본이기는 하지만, 이것만으로 임금체계 변경은 이루어지지 않는다. 평가제도의 재편을 수반해야 하는 것이다. 기존의 능력주의 관

---

24) 『人事實務』No.1009(2007年3月)에 의함.
25) 畑隆(2015) 및 禹宗杬(2010)을 참조.

리에서 주요한 평가항목은, 능력과 업적 및 정의(情意; 성실성이나 협조성 등 자세나 태도)였다. 역할급을 도입하는 과정에서 이는 어떻게 재편되었을까.

역할급 도입과 함께 중시된 평가항목은 기본적으로 역할의 달성도 및 행동평가이다. 예를 들어 캐논의 케이스[26]를 보면 기존의 '성과평가'에 해당하는 사항을 '역할달성도'로 재편하고 그 내역을 "아웃풋+프로세스"로 나뉘어 각각을 평가토록 했다. 그리고 기존의 능력평가 및 정의평가를 '행동평가'로 재편하고 그 내역을 "업무수행상의 개인행동 + 조직인으로서의 행동 + 사회인으로서의 행동"으로 나뉘어 각각을 평가토록 했다. 요컨대 능력 자체보다는 조직에 대한 공헌을 중시하는 관점에서 달성도평가를 실시함과 동시에, 자세나 태도 자체가 아니라 그것이 갖는 '컴피턴시'를 중시하는 관점에서 행동평가를 실시한다는 것이 역할급 아래의 평가제도라 하겠다.

이렇게 1990년대 후반 이후에 현저해진 '성과' 지향 속에서 평가제도는 역할의 '달성도' 평가를 명확히 하는 방향으로 재편되었다. 이 달성도평가의 명확화 수법으로 광범위하게 도입된 것이 부문업적관리수법에 뒷받침된 목표관리이다.[27] 예를 들어 오쿠보기어공업의 케이스[28]를 보자. 여기서는 "전사 목표 → 부서목표 → 개인목표" 순으로 브레이크다운된 목표를 지표로 해서 각자가 개인별 '업적고과시트'를 작성하는 것

---

26) 『人事実務』No.1000(2006年10月)에 의함.
27) 부문업적관리수법의 이론과 실제에 관해서는 石田光男(2003) 및 中村圭介·石田光男編(2005)을 참조.
28) 『人事実務』No.1002(2006年11月)에 의함.

이 핵심이다. 이 때 스스로 '필달(必達) 목표'를 설정케 해 항상 이를 의식한 업무수행이 이루어지도록 한다. 목표 설정에 있어서는 '수치목표'와 함께 '과제목표'를 설정케 하고 이들에 대해 '목표별 비중'과 '난이도'를 함께 참작해 평가토록 하는 것이다.

이상 역할급 도입의 개요를 살펴보았다. 그렇다면 역할급 도입은 기존의 연공적인 임금커브를 구체적으로 어떻게 변화시키는가. 아래에서는 일본의 대표적인 자동차 메이커의 하나인 H사의 사례를 중심으로 역할급 도입의 의미를 검토하기로 한다.

4.2. H사의 사례

이해를 돕기 위해 역할급을 도입하기 전의 H사의 임금체계를 도시하면 〈그림 10〉과 같다. 종업원의 등급이 크게 다섯 개로 나뉘어 있는 것을 알 수 있다. 기본급은 원칙적으로 이 등급에 의거해 설정된다. 다만 '업적가급'과 '호봉가급'이 이를 보완하는 구조로 되어 있다.

<그림 10> 역할급을 도입하기 전의 H사의 임금체계

등급(본급)		업적가급	호급가급	수당
등급	본급구분			
I	1B	등급별 본급 × 계수	일률 호봉제	정근 수당 + 제수당
II	2B			
	3A			
III	3B			
	4A			
IV	4A			
	4B			
	5A			
V	5A			
	5B			

자료: 労働政策研究 · 研修機構(2005)26頁

　　이에 관해서는 약간의 설명이 필요하다.[29] 본래 H사는 전후에 직무를 기준으로 임금등급을 설정했다. 따라서 여느 기업과 달리 기본급에 연공적인 성격이 없었다. 다만, 상위등급에의 '자동승격'이 일정 정도 관행화함에 따라(그림 중의 '본급구분'은 이와 연관됨), 임금등급이 점차 연공적인 성격으로 변모했다는 점은 부정할 수 없다. 한편 연공적 성격을 띄지 않는 기본급만으로는 조업원의 모티베이션을 유지하기 힘들다고 보아, 이를 보완하기 위해 '호급가급'을 설정했다. 호급가급은 전원 일률적인 호봉제이다. 한편 "등급별본급×계수"로 산정되는 '업적가급' 또한 본래 취지 자체는 기업실적과 연동시킨다는 것이었으나 (기업실적에

29) 구체적으로는 禹宗杬(2010)을 참조.

따라 계수를 변동), 실제로는 계수가 고정된 위에 본급과 연동됨에 따라 연공적인 성격을 띠게 되었다.

문제는 성과주의 바람이 강하게 부는 속에 노동자 스스로 이런 연공적인 임금을 수용하는 정도가 떨어졌다는 것이다. 1999년에 실시된 조합원 앙케이트 조사 결과에 의하면,[30] H사 노동자들은 전반적으로 임금 수준에 대해서는 불만이 크지 않으나, 개개인의 능력이나 업적이 임금에 충분히 반영되고 있지 못하다는 점에 대해서는 불만이 컸다. 특히 젊은 층은 자신의 능력·업적이 제대로 보상받고 있지 못하다는 불만을 강하게 드러냈다. 한편 평가제도에 있어서는, 평가 기준이 명확하지 못하고 평가 틀이 불투명하다는 문제가 제기되었다.

능력이나 업적에 대한 조합원의 커미트먼트를 확인한 H사는 2002년, 일반직을 대상으로 대대적인 임금제도 개정을 단행했다. 그 골격을 나타낸 것이 〈그림 11〉이다. 이 제도 개정의 요점은 다음과 같다. 우선 연공적으로 운영되던 기존의 10개 본급구분을 폐지하고, 임금등급을 보다 브로드밴드(broadband)하는 방향에서 6개로 설정했다. 다음으로 일반직 내부를 '능력개발단계'와 '능력발휘단계'로 나누었다. 그리고 능력발휘단계에 대해서는 승격요건을 엄격하게 함과 동시에(주임 자격을 취득해야 H2로 승격 가능), 해당 단계의 임금수준을 높임으로써 승진 인센티브를 강화했다.

---

30) 조합의 내부자료에 의함.

〈그림 11〉 H사의 일반직 임금제도의 개정 (2002년)

구제도			신제도	
등급	본급구분		등급	본급구분
V	5B		H1	
	5A	주임		
IV	5A		H2	능력발휘단계
	4B			
	4A		H3	
III	4A		K1	
	3B	⇒		
II	3A		K2	능력개발단계
	2B			
I	1B		K3	

자료: 労働政策研究 · 研修機構(2005)25頁

이 임금제도 개정은 당연히 임금체계 변경을 수반하는 것이었다. 그리고 임금체계 변경의 초점은 능력발휘 스테이지에 '성과가급'을 도입하는 데 주어졌다. 즉, 능력발휘 스테이지에 해당하는 노동자에게는 첫째, 종래의 호급가급을 폐지하는 대신 성과가급을 새롭게 도입하고, 둘째, 성과가급은 '업무(직무와 성과의 종합)'를 베이스로 한 정액을 지급하며, 셋째, 이에 대한 평가수법으로 '역할 · 행동평가'를 도입한다는 것이었다.

이 개편의 의도는 다음과 같이 해석 가능하다. 위의 세 가지 사항 중 첫 번째가 육성단계를 벗어난 중견층에 대해서는 연공임금의 비중을 줄이기 위함이라는 것은 쉽게 알 수 있다. 두 번째 사항은 매년 기본급으로 누적되는 임금항목(호급가급)을 없애는 대신, 그때그때의 "직무 + 성과(이는 곧 역할이라 할 수 있음)"에 따라 정해진 금액(성과가급)을 지급한다는 의미에서, 역할급의 도입을 의도한 것이라 볼 수 있다. 그리고 세 번째 사항은 그때그때의 금액 즉 역할급을 앞서 본 "역할달성도 + 행동평가"에 따라 결정하고자 하는 것이라 해석할 수 있다. 요컨대 중견층을 대상으로 한 역할급 도입이 H사 임금제도 개정의 핵심이라 하겠다.

이런 임금체계 변경이 임금의 상승 형태(임금커브의 기울기)에 미치는 영향은 성과가급 설정에 있어 새롭게 도입한 '존(zone) 제도'에서 전형적으로 드러난다.[31] 일반적으로 존 제도란 다음과 같이 임금을 설정하는 것을 말한다. 즉, 특정 등급의 임금 범위(range)가 최소치(minimum)와 최대치(maximum) 사이로 설정되어 있을 경우, 그 중간치(mid point)를 기준으로 해서 해당 종업원의 임금이 중간치 아래에 있을 동안에는 상대적으로 많은 액수를 승급시키고, 해당 종업원의 임금이 중간치 위로 올라갔을 경우에는 상대적으로 적은 액수를 승급시켜, 결과적으로 해당 등급에 속하는 전 종업원의 임금이 경향적으로 중간치에 수렴되도록 하는 것이다. 이를 전제로 당시 H사에 도입된 존 제도를 도시하면 〈그림 12〉와 같다.

---

31) '존(zone) 제도'의 도입이 갖는 의미에 관해서는 石田光男(2006)및 西村純(2017)을 참조.

〈그림 12〉 H사의 존(zone) 제도 (2002년)

H3급			H2급			H1급		
존	No.	금액	존	No.	금액	존	No.	금액
B존	31	× × ×	A존	19	× × ×	A존	19	× × ×
	30	× × ×		18	× × ×		18	× × ×
	29	× × ×		17	× × ×		17	× × ×
	28	× × ×		16	× × ×		16	× × ×
	27	× × ×	B上존	15	× × ×	B上존	15	× × ×
	26	× × ×		14	× × ×		14	× × ×
	25	× × ×		13	× × ×		13	× × ×
	24	× × ×		12	× × ×		12	× × ×
	23	× × ×	B존	11	× × ×	B존	11	× × ×
	22	× × ×		10	× × ×		10	× × ×
	21	× × ×		9	× × ×		9	× × ×
	…	…		…	…		…	…
	17	× × ×		4	× × ×		4	× × ×
	16	× × ×		3	× × ×		3	× × ×
	15	× × ×	C존	2	× × ×	C존	2	× × ×
이행존	14	× × ×		1	× × ×		1	× × ×
	13	× × ×						
	…	…						
	5	× × ×						
	4	× × ×						
	3	× × ×						
	2	× × ×						
	1	× × ×						

【승격】
• 능력개발단계인 K1에서 H3으로 승격하는 경우에는 각자가 보유한 호봉수에 따라 1~15 중 적절한 테이블에 배정
• H3→H2 및 H2→H1 승격의 경우는 승격전에 어떤 테이블에 배정되어 있었더라도 승격시에는 기준테이블(3번 테이블)에 배정함

자료: 労働政策研究・研修機構(2005). p.27

그림은 H사가 두 가지 의미에서 존 제도를 실시한다는 점을 보여준다. 하나는 위에서 살펴본 일반적인 의미에서이다. 예를 들어 H2 등급 및 H1 등급은 각각의 등급이 계 19의 테이블로 이루어져 있고, 이 19개의 테이블은 다시 4개의 존으로 구역이 나누어져 있다. 이 존의 위치에 따라 승급의 정도가 달라진다. 즉, 아래쪽 존, 예를 들어 B존에 자리매김되어 있는 사람은 그 해의 평가결과가 평균적인 B평가라고 해도 상위 테이블로 승급하는 것이 가능하다. 반면 위쪽 존, 예를 들어 A존에 자리매김되어 있는 사람은 그 해의 평가결과가 평균적인 B평가일 경우 전혀 승급을

받지 못하거나 때에 따라서는 강급이 이루어질 가능성도 있다. A존에 속한 사람이 승급을 받기 위해서는 낮은 쪽에서 높은 쪽으로 "C - B하 - B - B상 - A - S - SS" 순으로 이루어지는 평가 중 적어도 A 이상의 평가를 받아야만 한다. 존 제도의 일반적인 기능과 마찬가지로 H사의 경우에도 존 제도는 이른바 고참의 승급을 억제해 등급 내의 임금을 평준화하는 역할을 한다고 할 수 있다.

흥미로운 것은 H사의 경우 승급뿐만이 아니라 등급 간의 승격에 있어서도 존 제도를 엄격하게 적용한다는 점이다. 그림 중 이에 관한 부분을 간단히 해설하면 다음과 같다. 먼저 능력개발단계에서 능력발휘단계로 승격하는 경우에는 능력개발단계에서 보유하고 있던 호봉이 일정하게 인정된다. 예를 들어 전자의 상위 레벨인 K1에서 후자의 하위 레벨인 H3으로 승격한 사람은 원칙적으로 '이행 존(그림의 왼쪽에 위치한 H3 등급 내부의 가장 아래쪽 존)'에 위치 지워지게 되는데, 이 때 능력개발단계에서 보유하고 있던 호봉에 따라 이행 존 안의 1에서 14까지의 테이블(실제로는 상위 B존의 제일 밑인 제15테이블을 포함) 중의 특정 테이블에 자리매김되어 해당 테이블의 금액을 받게 되는 것이다. 하지만 일단 능력발휘단계로 승격한 이후에는 호봉에 해당하는 사항이 폐지되게 된다. 예를 들어 H3에서 H2로 승격하는 경우, H3 등급 내에서 고액의 30 테이블에 자리매김되어 있던 사람이든 아니면 저액의 22테이블에 자리매김되어 있던 사람이든 모두가 H2의 B존 3테이블로 이행하도록 되어 있는 것이다. 이는 H2에서 H1으로 승격하는 경우도 마찬가지로, 이전 등급 내에서의 테이블의 고저에 불구하고 모두가 H1의 B존 3테이블로 이행하도록 된다. 이처럼 H사의 존 제도는 승격을 계기로 이전의 근속년수효과(승급)를 무효화시킨다는 점에서 연공적인 임금커브에 제동을 거는 역할을 한다고 할 수 있다.

이상, H사의 사례를 검토했는데, 한 가지 유의할 것은 제조업, 그것도 자동차메이커의 경우 역할급 도입을 통한 연공적인 임금커브의 억제는 상대적으로 제한적이라는 점이다. 이는 서비스업 등에 비해 제조업이 현장의 지식이나 기능에 의존하는 정도가 높고 제조업 중에서는 자동차메이커가 이른바 '현장력'에 의존하는 정도가 높은데 기인한다. 현장을 책임지고 있는 숙련노동자의 육성과 처우를 중시하는 경향이 큰 만큼, 숙련노동자에게 가장 중요한 인센티브의 하나인 연공적 임금커브를 간단하게는 허물지 못하는 것이다. 그러나 다른 산업이나 업종에서는 임금체계의 재편을 통한 연공적 임금커브의 억제가 보다 빠르고 보다 폭넓게 일어날 개연성이 크다. 자동차메이커에서 벌어지고 있는 위의 사례에 비추어 본다면, 일본사회 전체에서 진행되고 있는 임금억제의 정도는 상당하다고 짐작할 수 있다.

5. 어떤 임금체계가 요청되는가

지금까지 능력급에서 역할급으로의 임금체계 변경을 중심으로, 1990년대 중반 이후 일본의 인적자원관리가 어떻게 재편되어 왔고, 그 재편이 어떤 귀결을 초래했는지를 검토했다. 검토 전체를 통해, 생활로부터 임금을 절단한 것이 결과적으로 일본사회 전체에 정체를 가져왔다는 가설을 불충분하게나마 제기했다고 여겨진다. 마지막으로 이것이 주는 시사점에 관해 간단히 검토하기로 하자.

임금체계 자체도 중요한 연구테마인 만큼 역할급의 과제에 관해 더욱 깊이 있게 고찰하는 것은 필요하다. 예를 들어 한마디로 역할이라 해도 "정규직의 역할"과 "비정규직의 역할"은 서로 분리되어 있는 바, 그 골을 어떻게 메울 수 있을 것인가 하는 문제가 그것이다. 한편 정규직에 한정했을 경우에도 중장기적 역할 수행과 단기적 역할 수행간에는 트레이드오프가 있을 수 있으므로 역할 달성도와 보수와의 관계를 어떻게 설정해야 하는지도 의미 있는 검토과제가 된다.

하지만, 지금껏 살펴본 것은 보다 중요한 과제를 제기하고 있는 것으로 보인다. 그것은 생활과 임금과의 관계를 어떻게 복원하고 이를 지렛대로 해서 보다 밝은 사회를 어떻게 만들어 나갈 것인가 하는 과제이다. 역할급을 축으로 한 임금정책은 현재 일본 기업과 사회에 심각한 의문을 제기하고 있다. 하나는 역할급의 주된 적용 대상이 되는 정규직의 경우, 임금상승과 생활 향상간의 고리가 끊어진 만큼, 어떻게 다수의 모티베이션을 유지·개선할 수 있을 것인가 하는 의문이다. 또 하나는 역할급 적용에서 배제된 비정규직의 경우는 거꾸로 단순 직무급의 세계에서 생활에 쪼들리고 있는 바, 이를 어떻게 해결할 것인가 하는 의문이다. 마지막 하나는 이처럼 분단된 정규직과 비정규직의 세계를 어떻게 서로 연결할 수 있을 것인가 하는 의문이다.

이 글에서는 정규직과 비정규직을 포괄해 "숙련도별 임금"을 통일적으로 적용할 것을 하나의 대안으로 제시하고자 한다.[32] 여기서 숙련도별 임금이라 함은, 기본적으로 지식과 숙련도에 의해 임금의 초임 등급이 결정되고, 지식과 숙련도의 향상에 따라 해당 등급 내에서의 승급과 인근 등급에의 승격이 이루어져 일정 정도까지 그 수준이 상승하는 임금을 말한다.

현재의 역할급 중심의 임금체계로 정체된 사회분위기와 심화되는 양극화를 헤쳐 나가기는 힘들다. 역할급 자체가 사회정체와 격차확대의 한 원인인 만큼 역할급에 기대하는 것 자체가 모순된다는 말도 가능하다. 그렇다고 해서 정밀한 직무평가에 의거해 "동일가치노동 동일임금"을 실현하고 이를 축으로 일본의 제반 시스템을 바꾸어 나가자는 주장[33]이 설득력이 있는가 하면 그렇지도 않아 보인다. 정밀한 직무평가를 실시해야만 동일가치노동 동일임금이 실현 가능한 것도 아니고, 환경변화가 격심한 현실에서 정밀한 직무평가를 실시한다는 것 또한 현실성이 떨어지기 때문이다. 나아가 무엇보다도 큰 약점은, 능력의 향상과 생활의 향상을 축으로 자신을 편성해 온 일본의 시스템과 정합적이지 않다는 것이다.

이런 상황을 고려할 때 숙련도별 임금은 유력한 대안이 될 수 있을 것으로 보인다. 예를 들어 남녀를 불문하고 또한 파트타임 노동자이건 계약사원이건 파견사원이건 관계없이, 당해 노동자가 짧지 않은 기간

---

[32] 이에 관해서는 禹宗杬(2017)을 참조. 여기에서의 과제는 숙련도별 임금의 이론과 실제를 구체적으로 전개하는 것은 아니기 때문에 대안으로서의 가능성만을 제시하기로 한다.

[33] 대표적으로 遠藤公嗣(2005)및 遠藤公嗣(2014)을 참조.

쌓은 경험을 토대로 직장에서 필요로 하는 일을 수행하고 있다면, 그 경험을 평가해 숙련도별로 수준이 상승하는 임금을 모두에게 적용한다면, 이는 적어도 지금보다는 공정한 임금이 되지 않겠는가. 그리고 모두 숙련도의 상승에 따라 생활이 향상될 수 있다고 믿는다면 지금보다는 활력 있는 기업과 사회를 형성할 수 있지 않겠는가.

현대일본생활세계총서 **14**

구조적 대불황기 일본 경제의 진로

일본 자동차기업의 생산 및 개발 시스템의 혁신과 국제화*

오재훤

1. 구조적 불황과 일본자동차기업의 상황

1980년대에 일본 경제를 견인해 왔던 많은 산업이 90년대에 들어 경쟁력이 저하되는 상황에서 일본 자동차 산업은 비교적 높은 경쟁력을 유지해 온 대표적인 산업이다. 물론 1990년대 이후 구조적인 불황과 급격한 엔고 추세, 고령화, 그리고 한국과 같은 신흥국 자동차 기업의 대두로 격화되는 글로벌 자동차시장의 경쟁 심화 등의 악화된 외부 환경의 영향으로 일본 자동차 산업이 매우 어려운 상황에 처한 것은 사실이다.

이러한 상황 속에서 일본의 자동차기업은 1990년대에서 2000년대에 걸쳐 개발에서 생산, 판매에 이르는 전 프로세스의 혁신에 박차를 가했고, 결과적으로 이 시기의 혁신을 통한 체질개선이 최근의 높은 성과

---

* 이글은 「일본 자동차 업체의 생산 및 개발 시스템의 혁신에 대한 고찰」『韓日經商論集』79권(2018. 5)의 내용을 수정·가필한 것이다.

로 연결되었다고 할 수 있다.

일반적으로 외부 환경이 악화된 상황에서 기업의 대응은 두 가지로 나눠진다고 할 수 있다. 하나는 채산성이 없는 사업부문을 매각하거나 청산하고, 정리해고 등의 방식으로 비교적 양호한 부문을 보호하면서 살아남기 위한 전략을 추구하는 방식이다. 다른 하나는 정리해고라는 수단은 최대한 피하면서 악화된 환경에서도 체질 개선을 하여 원가 삭 감 등 경쟁력 지표를 강화해서 살아남으려고 하는 전략이다. 90년대의 구조적 불황과 2000년대의 세계적 금융 위기 속에서 일본 자동차 기업이 취한 것은 후자라는 사실은 잘 알려져 있다.

1990년대에서 2000년대에 걸친 20년은 크게 보아 다음의 세 가지 변 화가 일본 자동차 업체의 도전이자 과제였다고 할 수 있다. 첫째는 매크 로 경제 상황의 악화이다. 잘 알려져 있듯이 1990년의 버블 경제 붕괴 이 후 일본 경제는 구조적 불황이라는 긴 터널로 들어서게 된다. 당연히 국 내의 자동차 시장은 크게 축소된다. 이런 악화된 상황에서 엔고가 진행 되어 수출 경쟁력은 악화되고 수출 증가로 의한 국내 생산 확대도 기대 하기 어려웠다. 이런 상황에서 90년대에는 종업원 구성의 고령화와 이 에 따른 노무비의 증가도 원가 상승 압력으로 작용하였다. 상대적으로 코스트가 낮은 한국과 같은 국가의 자동차 기업이 라이벌로 등장하여 원가 절감의 필요성은 더욱 커졌다.

다음으로 세계 경제 구조가 선진국 중심에서 신흥국 중심으로 점차 이동하기 시작했다는 점이다. 90년대 초반에는 세계 GDP의 약 8할을 미국, 일본, 유럽 등의 선진국이 차지하고 있었는데, 이것이 2010년경이 되자 선진국의 비중이 6할대로 저하되고, 신흥국이 4할에 육박하는 상황이 되었다. 신흥국의 소득이 증대함에 따라 세계 자동차 시장에서 신흥국의 비중이 점차 커져 신흥국 시장에 대한 대응의 성패가 세계 자동차 기업의 지위에 지대한 영향을 미치는 상황으로 변화했다. 90년대까지의 일본의 자동차 기업의 성공은 주로 선진국 시장에서의 높은 경쟁력에 의해 가능한 것이었다. 따라서 시장의 특성이 선진국과는 다른 신흥국 시장의 성공 여부는 일본 자동차 기업에 있어서는 새로운 도전이었는데 2000년대에 들어 일본 자동차 기업은 신흥국 시장에서 매우 고전하게 된다.

세 번째는 기술 환경의 급격한 변화이다. 환경과 안전에 대한 관심이 고조되는 가운데 새로운 기술에 의거한 새로운 자동차가 등장하기 시작했다. 하이브리드차, 전기자동차, 연료전지차 등이 차세대 자동차로 대두되었고, 어떤 방식의 자동차를 주력으로 할 것인가에 대해서는 자동차 기업마다 다른 전략을 취하는 매우 불확실한 상황이 도래했다. 이와 관련해서 디지털 기술의 급속한 발전은 자동차에도 크게 영향을 미쳐 자동차의 전장화(電裝化)가 가속되었다.

위에서 서술한 것과 같은 상황, 즉 국내 경제의 구조적 불황과 엔고, 종업원 구성의 고령화와 노무비 상승, 신흥국 시장의 성장, 차세대 자동차의 대두 및 자동차의 전장화 등의 상황은 최근 20년에 걸쳐 상호작용을 하면서 자동차 기업에 매우 어려운 과제를 제기하였다.

일본 자동차 기업이 1990년에서 2010년에 걸친 기간 동안 생산 혁식, 개발 방식의 혁신에 매진해 온 것은 이러한 복합적인 과제를 해결하기 위한 것이었다고 할 수 있다. 이 논문에서는 일본 자동차 기업이 외부적 경제환경의 변화나 악화에 대응하여 생산시스템과 개발방식의 혁신을 어떻게 추진했고 그 성과는 무엇인가 등에 관해 실례를 들어가면서 구체적으로 고찰하고, 이것이 한국 자동차산업에 주는 시사점에 대해 간단히 살펴보기로 한다.

2. 경영환경의 변화와 일본 자동차산업의 대응

1990년대 이후 일본 자동차산업은 여러 가지 구조적인 변화를 겪었다. 먼저, 국내의 생산량이 대폭 감소했다. 자동차의 국내 생산은 피크였던 1990년의 1,350만 대에서 1,000만 대 전후의 수준으로 약 350만대가 사라졌다. 이러한 국내 생산의 감소는 구조적 불황의 장기화에 따른 국내 소비의 감소와 현지 생산의 증가, 그리고 엔고로 인한 수출 수량의 감소에 기인한다.

이 시기에 국내 생산의 감소와는 대조적으로 해외 생산은 비약적으로 늘어났다. 1980년대 후반부터 급속히 늘어나기 시작한 해외 생산은 2007년에는 국내 생산을 능가하게 되고 이후 계속해서 증가해 최근에는 국내 생산의 2배에 이르는 생산 대수로 확대되었다(〈그림 1〉). 본격적인 글로벌 경영의 단계로 이행했다고 할 수 있다.

국내 생산의 감소는 일본 자동차산업의 고도성장이 끝났다는 것을 말해 주며 시장이 성숙화 단계에 들어섰다는 것을 의미한다. 이로 인해 국내 시장에서는 수입차 업체와 더불어 치열한 경쟁에 빠지게 되고 축소된 시장에서 보다 많은 시장을 점유하기 위해 다양한 차종 개발에 박차를 가하게 된다. 이로 인해 차종 당 생산량이 감소하게 되고 동시에 차종 간 판매량의 변동이 종래보다 매우 커진다. 예를 들면 국내에서 40% 이상의 점유율을 가지고 있는 도요타의 경우 이전에는 한 달 생산 대수가 1만 대를 넘는 차종이 상당히 존재했는데 이제는 몇몇 인기 차종을 제외하면 5천 대 전후, 적은 경우는 2,000~3,000대밖에 판매되지 않는 차종이 늘어났다. 이로 인해 종래에는 라인당 24만 대 생산 능력의 공장이 라인당 2~3개 차종만 혼류 생산하면 되었지만, 새로운 환경에서는 5~6종을 생산하지 않으면 안 되는 상황이 되었다.

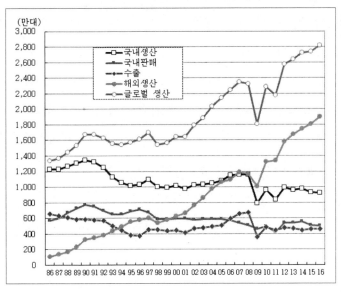

〈그림 1〉 일본 자동차의 생산 판매의 추이

자료: 일본 자동차공업회(JAMA)의 통계 데이터로 작성

1990년대 이후 일본 자동차기업을 괴롭힌 또 다른 요인은 엔고 현상이다. 1980년대 초반에 1달러 250엔 정도였던 환율이 80년대 후반에는 150엔 이하로 떨어지고, 1995년에는 94엔까지 하락한다(〈그림 2〉). 이러한 급속한 엔화 가치의 상승은 자동차기업에 심대한 타격을 가하게 된다.[1] 무엇보다 지금까지 큰 비중을 차지했던 현지생산을 급속히 확대해 나갔지만, 이것만으로는 부족해 적자로 전락한 기업도 나오게 되고, 90년대 후반 닛산이 적자에 시달리다가 자체 회생이 어려워져 르노자동차의 자본 및 경영 참가를 초래한 것도 90년대의 엔고 현상과 무관하지 않다.

엔화 가치의 상승분을 흡수하기 위해 일본 자동차 업체는 90년대에 원가 절감에 매진하게 된다. 생산 공정의 혁신, 물류의 혁신 등이 이때부터 활발히 이루어진다. 엔고 현상은 90년대 중후반부터 일본 자동차기업이 원가 절감을 적극적으로 추진하게 된 직접적인 계기라고 할 수 있다.

엔고 현상은 2000년 전후로 환율이 오르면서 다소 완화되는데, 이것이 2003년부터 다시 환율이 급속히 떨어져 2010년에는 90엔 이하로, 2011년과 2012년은 80엔 이하로 급락해 엔화 가치가 폭등하게 된다.

2000년대 중반에는 엔고에 더해 2008년에 돌발한 미국발 금융 위기는 일본 자동차 기업을 직격하게 된다. 지금까지 일본 자동차 기업은 해외 생산이나 해외 판매에서 미국 시장에 대한 의존도가 매우 높았고, 기업의 수익 구조에서도 미국 시장이 최대의 수익원이었다. 그런데 금융

---

1) 2000년대 중후반의 엔고는 일본 자동차기업의 수익을 압박하는 매우 큰 요인이었다. 예컨대 도요타의 경우 달러당 엔의 가치가 1엔 상승하면 400억 엔 정도의 수익 감소요인이 되었다.

위기로 미국 시장이 갑자기 대폭 축소되어 일본 자동차 기업의 현지 생산과 수출이 급감하여 일본 자동차업체의 수익에 직격탄을 가했다. 도요타의 경우, 2008년에 856만 대였던 자동차 생산대수가 2010년에는 681만 대로 급락했다. 170만 대가 사라진 것이다. 이로 인해 1950년대 초반 이후 적자를 보인 적이 없던 도요타마저 2008년에는 적자로 전락했다.

〈그림 2〉 엔화 · 달러의 환율 추이 (단위: 엔)

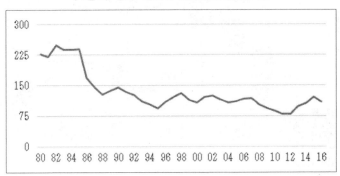

자료: 世界經濟のネタ帳(http://ecodb.net/exchange/usd_jpy.html). 데이터는
　　　IMF의 Principal Global Indicators
주: 환율은 연 평균치임

그러나 도요타는 적자로 전락한 뒤 단 1년 만에 흑자로 전환한다. 미국의 자동차 시장이 아직 충분히 회복되고 있지 않았고, 엔고 현상도 더욱 심화되고 있는 상황에서 흑자로 전환할 수 있었던 것은 원가 개선 노력과 고정비 삭감이 가장 큰 이유이다. 원가 개선은 물류 혁신, 부품 원가의 삭감, 생산 현장의 생산성 향상 등을 말한다. 고정비의 삭감은 보통 설비 투자의 억제나 감가상각비의 감소를 지칭하는데 이 시기의 도요타

의 고정비 삭감에서 큰 비중을 차지하는 것은 연구개발비의 삭감이다.[2] 이와 같은 원가 개선 활동과 연구개발비의 삭감의 구체적인 내용에 대해서는 이하에서 자세히 살펴보기로 한다.

<그림 3> 도요타의 적자에서 흑자로의 전환 상황 (2009년도)

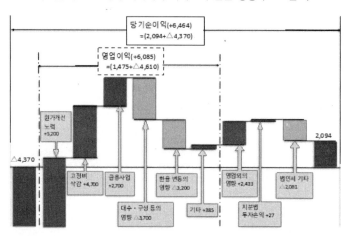

자료: トヨタ自動車「2010年3月期決算說明會」(2010.5.11)

3. 일본 자동차기업의 생산시스템 혁신

일반적으로 제조업체의 경쟁력의 3대 요소는 Q.C.D, 즉 품질(Quality), 원가(Cost), 납기(Delivery)이고, 이와 더불어 유연성(Flexibility)도 중요한데, 이는 시장 변동에도 경쟁력 3대 요소의 수준을 떨어뜨리지 않고 유

---

2) トヨタ自動車(2010)를 참조.

지할 수 있는 능력을 지칭한다.[3] 어느 것에 중점을 두고 혁신을 하는가는 상황에 따라 다르다.

1990년대 일본 자동차업체는 무엇보다 먼저 생산라인의 유연성을 높이는 데 중점을 두었다. 앞에서 서술한 대로 판매량이 감소하면서 차종 간 생산대수가 줄어들고 이에 따라 규모의 경제성을 확보하기 위해서는 라인당 생산 모델 수를 늘릴 수밖에 없었다. 즉, 종래보다 더 많은 차종을 한 라인에서 혼류 생산해야 되고, 모델별 판매량 변화에 유연하게 대응할 수 있는 생산공정이 요구되었다.

물론 이것만이 아니라 국내 공장은 글로벌 생산을 염두에 두고 비용이 더 들지 않는 생산 설비의 개발, 생산 라인의 공정수 삭감 등을 통한 생산 리드타임의 단축 등도 실시했다. 물론, 이러한 유연성 제고, 원가 절감, 납기 단축에 더하여 생산라인에서의 품질 확보도 강조되었다.

이하에서는 위와 같은 것들이 구체적으로 어떻게 이루어졌는지에 대해 살펴본다.

3.1. 차체 용접라인의 혁신

위에서 지적한 방향성을 잘 나타내고 있는 것이 차체 용접라인의 혁신이다. 차체 용접라인은 어느 공정보다 자동화율이 높고, 설비 투자비가 가장 많이 들며, 다차종(多車種) 혼류의 정도를 결정짓는 라인이다. 그래서 도요타나 혼다 등 일본을 대표하는 자동차기업은 90년대 후반부

---

3) 藤本隆宏(2001)을 참조.

터 2000년대 중반에 걸쳐 용접 라인의 혁신에 착수하여 설비 투자비의 대폭 삭감, 혼류 차종수의 증가, 용접 공정수의 삭감에 의한 스페이스(작업공간)의 대폭적인 축소 등을 이루어 낸다.

간소(simple), 슬림(slim)화의 대표적인 예로 차체 용접 메인 라인의 제너럴 웰딩(general welding) 공정(현대자동차는 메인 벅이라 부름)의 혁신을 들 수 있다. 이 공정에서는 플로어 라인에서 용접된 플로어 위에 보디 사이드 멤버와 크로스 멤버 등을 용접해 차체(車体=보디 셀)를 만든다. 즉, 이 공정은 보디 셀이라고 하는 상자, 즉 차체 형상을 만드는 최초의 공정이다. 도요타는 이 공정을 글로벌 보디 라인(Global Body Line, GBL)이라고 부르는데 이 혁신 방식을 1996년에 도입하였다.

이 GBL에 대해 설명하면 다음과 같다. 플로어 서브라인에서 완성된 플로어가 메인라인에 들어오면 최초의 로봇이 플로어의 양 사이드에 보디 사이드 멤버(Body side member)나 크로스 멤버 등을 세트한다. 그 후에 천장에서 내측 지그(jig)가 내려와 루프가 들어갈 공간으로부터 차체 내부로 삽입되어 내측에서 지그가 확대되면서 보디를 잡아 클램프(clamp)한다. 이런 방식으로 지그가 내측에서 확장해 보디 형상의 정도(精度)를 확보한다. 이 상태에서 보디 밖에 있는 16대의 로봇이 80여 곳의 보디 셀에 스폿(spot) 용접을 실시한다. 다음 공정은 보디 증타(增打) 공정 또는 보강공정이라고 불리는데, 여기서는 앞 공정에서 만든 차체를 용접 로봇으로 집중적으로 스폿(spot) 용접해 차체의 강도(强度)를 확보한다(〈그림 4〉).

이 GBL은 80년대 초기에 도입된 유연 보디 라인(Flexible Body Line,

FBL)을 대체한 것이다. FBL은 외측 지그 방식을 사용하고 있었기 때문에 설비 투자비가 많이 들고 보디 타입도 최대 4종류밖에 대응할 수 없었다. 커다란 외측 지그를 4면체에 부착시켜 특정 차종이 오면 치구를 90도 회전시켜 사이드 멤버 등을 잡아 주고 용접하는 방식이었기 때문이다.

〈그림 4〉 도요타의 글로벌 보디 라인 (GBL)

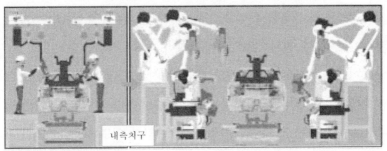

(a) 소량생산공장의 GBL   (b) 대량생산공장의 GBL

자료: 日經ものづくり(2001.12), p.63

이에 비해 GBL은 내측 지그가 천장에 보관되어 있고 특정 차종에 맞추어 특정 지그를 내려 보내면 되기 때문에 지그를 보관하는 장소가 넓다면 종래보다 훨씬 많은 차종에 대응할 수 있다. 보통 8차종에 대응할 수 있도록 8개의 지그가 천장에 확보되어 있다.

또한 GBL은 다차종 대응이 가능하다는 이점 외에도 설비 투자비가 종래보다 매우 적게 든다는 장점이 있다. 종래의 방식은 커다란 지그가 외측에서 패널을 잡아 주는 방식이므로 지그 외측에서 용접하는 것은 제한된 곳밖에 할 수 없어 결국 지그에 작은 전용 용접 건(gun)을 다수 부착해 용접하지 않으면 안 되었다. 이러한 복잡한 전용 지그를 차형별로 다수 준비하지 않으면 안 되었기 때문에 매우 많은 설비 투자비가 들었다. 이에 비해 GBL방식에서는 지그와 용접 작업을 분리해서 용접은 외측에서 수작업(소량생산공장의 경우)이나 로봇(대량생산공장의 경우)에 의해 수행하고 지그는 패널을 잡아 주기만 하면 된다. 지그가 내측에 있기 때문에 로봇은 제약 없이 차체를 용접할 수 있고, 프로그램의 교체로 여러 차종에 대응할 수 있다. 또 내측 지그는 매우 간소한 설비이기 때문에 GBL방식은 전체적으로 설비 투자비를 대폭 삭감할 수 있다.[4]

이러한 혁신은 혼다나 닛산에서도 관찰된다. 혼다의 경우는 4면체 지그를 간소화해서 2개를 병렬해 놓고 차종에 따라 이 지그를 교환하면서 사용하는 방식으로 최대 8차종까지 대응할 수 있도록 용접 라인을 바꾸었다. 이 4면체 지그를 교환하는 데 다소 시간이 걸리는데, 그러함에도 혼다가 이런 방식을 도입해서 유연성을 높인 것은 역시 한 라인에서 생산하는 차종 수가 매우 증가했기 때문이다. 또한 혼다의 경우 같은 차종을 모아서 연속해서 생산하는 방식이기 때문에 지그의 교환 시간이 다소 걸리더라도 문제가 되지 않는다.[5] 도요타는 한 대 한 대 다른 차종을 섞어서 흘려보내는 방식이기 때문에 지그가 곧바로 교환 가능한 GBL방식이 합리적이라고 할 수 있다. 닛산은 NC로케이터라고 하는 방식을 채용하고 있는데 이 방식은 지그, 즉 차체를 잡아 주는 부위를 프로그램

---

4) 日經ものづくり(2001.12)를 참조.
5) 혼다의 생산방식은 롯트 생산이 특징이다. 이의 구체적인 내용은 下川浩一(2013)가 참고가 된다.

에 의해 움직여 다른 형태의 보디에 대응하도록 한 방식이다. 이처럼 일본 자동차기업은 방식은 다르지만 보다 많은 차종을, 보다 적은 비용으로 생산할 수 있도록 용접 라인을 바꾸어 냈다.

용접 라인의 혁신은 여기에 그치지 않는다. 가장 많은 용접 로봇이 배치되어 있는 증타 라인에 대한 혁신도 도요타, 혼다, 닛산에서 대대적으로 이루어졌다. 도요타의 경우, 대형 로봇과 소형 로봇을 병렬해서 배치하여 차체 위 부위는 대형 로봇이, 차체 아래 부위는 소형 로봇이 용접하는 방식을 도입했다. 이와 동시에 한 로봇이 수행하는 용접 작업 수를 증대시킬 수 있도록 다관절 로봇을 개발해 한 로봇이 수행하는 타점 수를 증대시켰다. 동시에 전반적으로 로봇의 슬림화, 소형화도 이루어졌다. 이런 것이 가능하게 된 것은 종래의 유압식 로봇을 전자식 로봇으로 바꾸었기 때문이다. 대형 로봇의 슬림화, 소형 로봇의 개발, 로봇의 다기능화와 스피드 업 등을 통해 공정내에 용접 로봇의 고밀도 배치를 실현하여 공정 수를 비약적으로 삭감할 수 있었다. 공정 수의 삭감은 작업공간 삭감의 효과를 가져오고, 동시에 생산 리드 타임의 단축을 실현할 수 있게 하였다.

혼다와 닛산도 기본 방식은 동일하다. 혼다의 경우 2000년대에 들어와 이러한 신 용접 라인을 체질개선 라인이라고 부르고, 이를 먼저 국내 공장에 도입한 후 그후 해외 공장에 확대하여 전개했다. 혼다는 종래의 용접 건(gun)과 일체화된 중장비의 지그 방식을 사용하고 있었는데, 체질개선 라인에서는 차체를 잡는 부분 기능(지그)와 용접 기능(용접 건)을 분리해서 지그의 간소화와 범용화를 꾀하고 있다. 이 기본 사상은 도요타와 같다. 그러나 도요타와 다른 점도 있다. 도요타는 내측 치구 방식을 사용하고 있으나 혼다는 여전히 외측 치구 방식을 견지하고 있고, 차체 형태별로 전용 지그를 사용하고 있다. 그래서 4차종 이상의 차형을 생산하기 위해서는 별도로 4면 지그를 준비할 필요가 있다. 즉, 4면 지그 2대를 병렬해 놓고 사용하기 때문에 설비 투자비는 도요타보다 더 든다. 그러나 이 2개의 지그를 교대로 사용하면 8차종까지 생산할 수 있다. 또한 혼다도 증타 라인은 대폭 단축했다. 슬림화되고 다기능화된 로봇을 다수 배치해 공정 밀도를 높임으로써 이것이 가능해졌다.

도요타와 혼다 등 일본의 주요 자동차기업이 도입한 새로운 용접 라인은 위에서 서술한 것만이 목적의 전부는 아니다. 다수의 차종을 종래보다 적은 설비 투자로 보다 많은 차종을 생산할 수 있는 용접 라인을 글로벌 표준라인으로 정하여 해외 생산 거점에 전개하여 신 차종을 국내와 해외 거점에서 동시에 생산할 수 있게 하고, 나아가 각국의 시장에서 수요 증감이 있을 때, 라인의 커다란 개조 없이도 생산거점 간에 차종을 신속하게 이전하여 생산할 수 있도록 하려고 한 것도 중요한 목적의 하나이다. 닛산이 혁신 용접 라인을 글로벌 표준라인이라고 이름을 지은 것도 이러한 목적을 엿보게 한다.

혼다를 예로 들면, 혼다는 이 체질개선 라인을 국내에 있는 2공장 4라인에 2000년대 초반에 설치하고, 2000년대 중반부터 해외로 전개하기 시작한다. 세계 각국의 시장에서 수요 변동, 차종간 변동이 증가하는 상황에서 시장 변화에 재빠르게 비용 증가 없이 품질을 확보하며 대응할 수 있는 능력, 즉 유연적 대응 능력이 점점 더 요구되었다. 이를 위해 용접 공정만이 아니라 도장, 조립 공정도 표준화해서 국내만이 아니라 세계 각국의 생산 거점이 어떤 차종이라도 시간차없이 생산할 수 있는 체제를 구축하려고 했다. 그래서 일본, 미국, 유럽의 생산 거점 간에 생산능력 이상으로 부하가 발생한 생산 거점에서 생산능력에 여유가 있는 생산 거점으로 신속하게 차종을 이전해서 생산하는 체제를 만든 것이다. 이렇게 헤서 혼다는 2000년대 중반에 이르면 글로벌 생산 거점 간에 완성차를 상호 이관하여 생산 능력을 보완하는 체제를 구축하게 된다. 혼다에 의하면 생산 거점 간의 보완 비율이 2000년대 후반에 16%, 약 50만에 이르렀다고 한다.

구체적인 실례를 들면, 혼다의 CR-V가 미국 시장에서 수요가 급증했는데, 일본의 생산 거점은 이 수요 증가분을 소화할 수 있는 여력이 없어 이 증가분은 지금까지는 CR-V를 생산하고 있지 않았던 영국의 생산 거점에서 신속히 생산하도록 해 미국시장에 공급하였다. 이처럼 특정 차종이 특정 시장에서 수요가 크게 변하고 그 시장의 생산 거점의 능력(capacity)을 초과하여 과부하가 발생할 때는 능력에 여유가 있는 다른 지역의 생산 거점에서 생산해서 공급하려고 하는 것이 혼다가 말하는 '동체질화(同体質化)' 라인의 목적이다. 참고로, 도요타는 이를 '링크 생산'이라 부르는데 혼다와 같이 도요타도 글로벌 생산 공장 간에 차종의 상호 보완 생산 체제를 2000년대에 들어와 구축했다.

3.2. 공장내 물류 방식의 혁신

공장 내 혁신의 하나는 조립 라인으로 부품을 공급하는 방식의 혁신이다.[6] 종래에는 작업자가 차체 앞에 붙어 있는 종이 시트를 보고 그 차량에 맞는 부품을 집으러 조립 라인 옆에 있는 부품 선반(rack)으로 걸어가 부품 상자에서 해당 부품을 선별해 집어 들고 다시 차량으로 돌아와 부품을 조립하는 방식이었다. 새로운 방식은 다른 장소에서 피킹 요원이 부품을 선별하여 한 작업자가 조립해야 되는 부품을 세트로 해서 라인에 공급하는 방식이다. 이런 방식은 라인 작업자가 공급된 세트화된 부품을 단순히 차량에 조립하므로 선별에 신경을 쓸 필요가 없고, 또 부품 선반까지 왕복하는 수고를 할 필요도 없게 된다. 부품 선반이 필요 없게 되어 그것을 철거하게 되고 부품은 상자에 넣어 작업자의 바로 옆으로 공급된다. 작업자는 이동하지 않고도 바로 옆에 있는 부품 상자에서 부품을 집어 장착하면 된다. 이런 방식을 도요타는 SPS(Set Parts Supply),[7] 닛산 등 다른 업체는 키트(kit) 공급 방식이라 부른다.

이러한 세트 공급 방식은 미쓰비시 자동차, 마쓰다 등도 2000년대에 들어와 도입했지만, 혼다는 이 방식을 도입하지 않고 있다. 그 이유는 혼다의 생산방식 특성 때문이다. 혼다는 롯트 생산 방식을 고수하고 있는데, 이 방식은 동일한 차종을 100대, 50대씩 연속해서 흘려보내는 방식이다. 이런 방식이기 때문에 작업자는 동일한 스펙의 부품을 연속해서

---

6) 공장내 물류방식의 혁신의 내용은 오재훤(2005)에서 보다 구체적으로 논의하고 있다.
7) 도요타의 SPS방식에 대한 사례 연구로는 野村俊郎(2008)가 있다.

선택해 조립하면 되기 때문에 부품 선별의 오류를 범할 가능성이 거의 없다. 키트 방식의 장점 중에 부품을 집으러 가는 보행 시간의 절약이 있는데, 이런 장점에도 불구하고 키트 방식을 도입하지 않는 것은 보행 시간 절약보다는 피킹 작업의 공수가 더 든다는 판단에서이다. 이처럼 혼다는 도요타와 생산 철학에 차이가 있다.

〈그림 5〉는 부품 공급 방식의 전체 흐름을 보여 주고 있다. 공장 외부에 있는 부품 업체는 부품의 특성에 따라 롯트로 납입하는 방식과 서열로 납입하는 방식 두 가지 중에 한 방식으로 공장에 부품을 공급한다. 이를 공장에서 받아들인 다음 공장 내에서 서브 라인이나 메인 라인에 부품을 보급하는데, 종래에는 서열화된 부품을 공급하거나 동일 스펙의 부품을 소분(小分)해 부품을 상자에 넣어 라인 옆의 부품 선반에 올려놓는 방식으로 공급했다. 키트 공급 방식은 이 두 가지 방식 중에서 롯트로 라인에 공급되는 부품을 대상으로 한 것이고 서열 부품은 대상이 아니다.

〈그림 5〉 일본 자동차업체의 부품 공급 방식

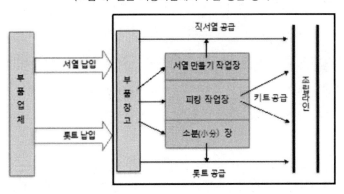

자료: 藤本隆宏, 吳在烜(2008)에서 인용

키트 공급 방식을 도입한 직접적인 계기는 라인당 조립 차종의 급격한 증가 때문이다. 도요타의 한 공장의 경우를 보면 2라인에서 생산하는 차종이 10종류 이상으로 증가하였다. 그 결과 라인 부품 선반의 증가로 작업자가 움직일 수 있는 스페이스가 제약을 받고, 차종별 부품 사양도 증가하여 작업자가 틀리지 않고 특정 차량에 적합한 부품을 선별하는 것도 이전보다 어렵게 되고, 잘못된 사양 부품을 장착하는 조립 미스도 증가하게 되었다. 이런 문제를 해결하기 위해 부품 선별 작업과 부품 조립 작업을 분리하는 방식을 고안하게 된 것이다.

키트 공급 방식은 부품 선별의 오류를 방지하는 효과뿐만 아니라 다른 많은 장점을 가지고 있다는 점이 확인되었다. 먼저, 세트 부품을 상자에 넣어 작업자 바로 앞으로 공급하기 때문에 작업자는 보행하지 않고 그 자리에서 그대로 부품을 장착할 수 있어 보행 시간의 낭비를 없앨 수 있다. 즉 사이클 타임에서 차지하는 정미시간[8) 비율을 높여 생산성을 향상시킨다. 또 선별 작업에 신경을 쓰지 않아도 되므로 조립 작업에 집중할 수 있고 이것이 조립 품질의 향상에도 기여한다.

다음으로, 부품 선반을 철거하게 된 결과 라인 옆의 스페이스를 자유롭게 이용할 수 있게 되고 한 공정에 보다 많은 작업자를 투입하는 것도 가능하게 되었다. 이것은 공정 수의 삭감과 조립 라인 단축으로 이어지고 결국 생산 리드타임이 단축된다는 효과를 가져 온다.

---

8) 정미시간(正味時間)이란 작업자나 기계의 움직임 중에서 실제적으로 부가가치를 창출하는 작업시간을 말한다. 사이클 타임 내에서 정미시간 비율이 높아지면 그만큼 생산성이 향상된다.

마지막으로 부품 선별 작업이 없어져 작업 습득 기간이 단축되었다. 이것은 90년대 후반부터 비정규 작업자의 증가와 관련해서 커다란 의미를 갖는다. 즉, 3개월이라는 짧은 계약기간으로 고용된 작업자가 증가하고 이들이 자주 바뀌게 되는 상황에서 습득 기간이 길어지면 그만큼 라인에서 일하는 기간이 줄어든다. 따라서 그들의 작업 습득 기간이 단축된다는 것은 생산성에 큰 효과를 가져 오고 동시에 잘못된 부품을 장착하는 오류를 줄일 수 있다.

그러나 키트 공급 방식이 장점만 있는 것은 아니다. 최대의 문제는 부품 선별 작업에 많은 작업자(picking 요원)이 필요하다는 점, 세트 부품을 라인에 운반하여 작업자 바로 앞으로 공급하는 데 일정한 설비가 필요하는 점이다. 피킹 작업을 효율화하기 위해 전자 램프 통지시스템이 도입되고, 운반의 무인자동화 등의 대책이 세워지는 것도 이 때문이다.

3.3. 생산라인의 혁신

일본 자동차기업의 생산 혁신은 지금까지 서술해 온 것에 그치지 않는다. 여러 가지 크고 작은 혁신이 이루어졌지만, 눈에 띄는 대표적인 것으로 전동 서보(Servo) 프레스 기계의 도입, 초혼류라인의 도입, 소량 생산라인의 구축, 컨베어라인과 셀 생산의 결합 등을 들 수 있다.

먼저, 전동 서보 프레스(Servo) 기계의 도입에 대해 살펴보면, 이것은 2000년대 중반에 도요타가 최초로 도입했다. 이 기계를 개발한 것은 고마쓰(小松)제작소인데, 도요타는 2005년부터 이 기계를 도입하기 시작해, 이후 일본의 전 공장에 확대하고 2010년 이후에는 해외 공장에도 전개했다.[9]

전동 서보 프레스는 종래의 유압식 프레스 기계를 대체한 혁신적인 프레스 기계이다. 유압식 프레스는 유압의 힘으로 압력을 가하기 때문에 커다란 유압 유닛트가 필요해서 프레스 기계가 대형화될 수밖에 없었다. 서보 프레스는 모터를 프로그램으로 제어해서 움직이면 되므로 구조가 단순하여 소형화가 가능하다.

무엇보다도 서보 프레스는 가압부의 움직임을 CNC와 서보 모터로 제어해서 복잡한 가공 방법을 가능하게 한다. 가공할 때의 속도와 위치, 가압하는 힘 등을 수치로 설정하는 것이 가능하다. 이로 인해 금형에 의한 성형의 정밀도를 높일 수 있다. 예를 들면, 복잡한 금형을 사용하여 철판을 프레스 가공할 때, 유압 프레스처럼 가압 속도가 일정하면 부분적으로 힘이 너무 과도하게 가해져 불량이 발생하는 경우가 있는데, 서보 프레스에서는 프레스의 도중에 고속으로 구동해 가압의 최하점에 가까운 곳에서 속도를 떨어뜨려 가공하는 것이 가능하다. 이로 인해 불량이 발생할 가능성이 대폭 줄어들고, 생산성을 향상시킬 수 있는 것이다.

2000년대 후반에 도요타를 비롯한 일본 자동차기업은 소규모 자동차 공장의 구축과 도입에 힘을 기울이기 시작했다. 여기서는 소규모로 생산하면서도 이익을 낼 수 있는 공장을 어떻게 실현할 것인가가 과제

---

9) 2012년에 타이 도요타 공장을 방문했을 때 그 공장에 서보 프레스 기계 도입이 완료됐다는 것을 확인할 수 있었다.

가 된다. 이것은 90년대 이후 검토해 온 과제이지만 2000년대 후반에 본격적으로 시도하게 된 계기는 역시 2008년의 세계적인 금융위기이다. 확대된 글로벌 자동차 시장이 일시에 붕괴될 수 있다는 점, 그리고 각국의 생산량이 크게 변동할 수 있는 리스크가 항상 존재한다는 점, 나아가 시장이 크지 않은 지역에서 현지 생산을 할 필요가 있다는 점 등을 고려하여 적은 생산량으로도 확실하게 수익을 낼 수 있는 혁신적인 생산기술을 창출해 내려고 한 것이다.

소규모 라인의 최대 과제는 코스트이다. 생산량이 소규모이면 양산 효과를 누릴 수 없기 때문에 제품 당 고정비가 상승한다. 도요타의 경우 이를 해결하기 위한 방책의 하나는 종래의 고액 대형 전용기 대신에 보다 싼 범용기로 바꾸어 도입한 것이다. 종래의 라인에는 범용기의 비율이 6할 정도였는데, 이것을 8~9할로 높여 범용 라인으로 개조한 것이다. 이러한 범용화를 이루는 데 특히 중요한 것이 지그이다. 종래의 지그는 매우 크고 전용 지그였기 때문에 모델 체인지때마다 교환하지 않으면 안 되어 비용도 들고 시간도 걸렸다. 이에 비해 새로운 방식은 지그의 구조를 공통화해 제품에 따라 공구만 바꿔 주면 대응할 수 있게 했다. 도요타는 이런 방식으로 설비를 혁신해서 소규모 생산에도 채산성이 있는 라인을 구축해 왔다. 이것의 성공적인 예가 엔진 라인이다. 종래에는 월산 18,000대였던 라인이었는데, 기계와 설비를 범용화하고 동시에 소형화, 다기능화를 통해 생산 규모가 1만대 이하에서도 수익을 낼 수 있는 라인으로 개조한 것이다.

도요타는 위와 같은 소규모 라인의 구축과 더불어 초혼류(超混流)

생산 방식도 도입했다.[10] 이 방식은 차종간 플랫폼이 너무 차이가 커서 혼류 생산이 어려웠던 차종을 한 라인에서 혼류 생산을 하는 것을 지칭한다. 예컨대, 모노콕 보디와 프레임 보디는 종래에는 별도의 라인에서 생산했는데 이를 한 라인에서 생산하도록 한 것이다. 이를 위해서 기계, 설비, 작업 방식, 부품 물류 등에서 대대적인 혁신이 이루어졌다.

〈그림 6〉 혼다의 ARC 라인

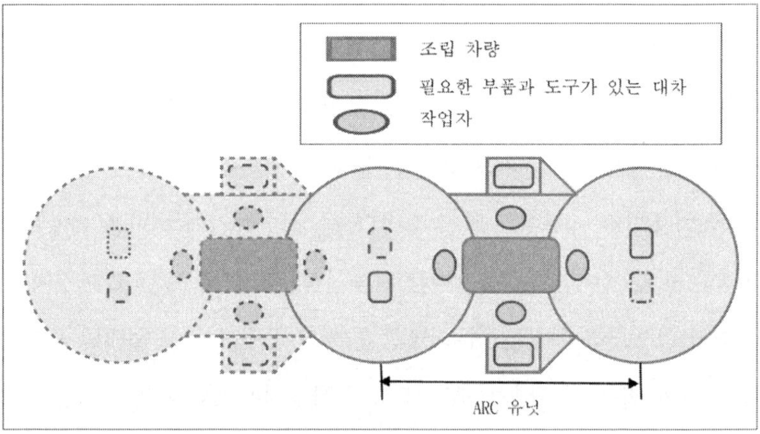

자료: 日經Automotive(2016.8), p.66

혼다는 2016년에 가동한 혼다의 타이 신공장(프안친부리 공장)에 ARC(Assembly Revolution Cell)라는 혁신 라인을 도입했다. 이 ARC라인은 〈그림 6〉에서 보듯이 둥근 원반이 연결되어 있고 원반 사이에 조립 차량이 있다. 차량을 중심에 두고 전후의 원반을 ARC 유닛이라 부르는데,

---

10) 日經ものづくり(2011)를 참조.

이 유닛에는 작업에 필요한 여러 가지 부품과 도구를 실은 대차(臺車)와 작업자 4명이 하나의 팀이 되어 차량의 전후좌우에서 작업을 한다. 이 ARC 유닛을 셀(Cell)이라고 부르기도 한다. 자동차는 휴대폰과 같은 전자제품과 달리 크고 조립하는 부품 수가 많기 때문에 전자제품 공장에서와 같이 3~4명의 작업자가 고정된 장소에서 제품 전체를 조립하는 방식으로는 할 수 없다. 그래서 혼다는 차량의 전후에 원반을 둔 ARC 유닛을 서로 연결해 라인으로 만들고 이 라인은 컨베어라인처럼 움직인다. 또한 ARC 유닛은 와이어 하네스 부품, 내장 부품, 외장 부품 일부에만 도입하고, 플로어 라인과 엔진 · 인스트루먼트 패널 등의 공정은 종래와 같은 컨베어라인이다.

ARC가 도입된 라인에서 작업자는 소정의 작업을 수행하고 이것이 완료되면 유닛에서 내려와 처음의 장소로 돌아가 다시 작업을 시작한다. 즉 한 유닛에서 작업이 끝나면 처음 장소로 가 새로운 유닛에 올라가 작업을 하는 것이다. 따라서 작업자는 유닛과 유닛 사이를 이동하게 되는데 이 이동시간을 단축하기 위해 ARC적용라인은 U자 형태로 되어 있다.

혼다에 의하면 ARC 라인의 도입으로 작업 시간이 약 10% 절감되었고, 현장의 작업자의 의욕이 훨씬 높아졌다고 한다. 따라서 종래의 컨베어라인보다 코스트가 훨씬 들지 않고 품질 수준은 높아진 혁신 라인이라고 평가한다. 또한 ARC 라인의 이점으로 유연성이 높다는 점도 들 수 있다. ARC 유닛을 추가하거나 삭감하는 방식으로 생산량의 증감에 유연하게 대응할 수 있기 때문이다.[11]

4. 일본 자동차기업의 개발시스템 혁신

2000년대에 들어와 자동차산업에서는 여러 가지 변화가 일어났다. 환경 규제의 강화에 따른 하이브리드 차의 판매 증가, 전기 자동차의 대중화 가속, 신흥국 시장의 확대에 따른 글로벌 시장의 다양화 등의 여러 가지 변화는 각국의 자동차기업에 종래와는 다른 새로운 과제를 제기했다.

자동차 개발과 관련해서 주목되는 현상은 글로벌 시장에서 고객과 시장이 한층 복잡하게 되었다는 것이다. 선진국 시장의 성숙화에 따른 고객 니즈의 다양화, 그리고 신흥국 시장의 성장으로 인한 글로벌 자동차 시장의 확대와 이 신흥국 시장의 고객의 기호나 요구는 선진국 시장의 고객과는 많은 차이를 가지고 있다는 것, 그리고 신흥국 내부에서도 중국과 인도 등 각국마다 구입하고자 하는 자동차의 특성이 매우 다르다는 점 등이 부각되었다.

한편, 지구온난화의 주범의 하나로 지목된 자동차의 배기가스에 대한 규제도 점점 강화되어 2025년 이후에는 가솔린엔진 탑재 자동차의 판매는 금지시키겠다고 선언한 국가도 늘고 있다.

이와 같은 시장 및 고객 니즈의 다양화, 그리고 자동차 규제 확대에 따른 환경 친화적인 자동차에 대한 요구 등은 자동차 개발의 복잡화를 초래했고, 이러한 문제에 대응하려면 다양한 차종을 개발해 투입하지 않으면 안되는데, 이것은 필연적으로 개발 및 생산 코스트를 상승시키

---

11) 日經Automotive(2016.8)를 참조.

고, 개발 리소스에도 한계가 있기 때문에 수많은 차종을 연속해서 개발하는 것도 쉽지 않다.

요컨대 세계의 자동차기업은 개발 공수(工數)를 늘리지 않고서도 세계 각국의 고객 니즈에 맞는 차와 전기자동차와 같은 차세대 자동차 등를 어떻게 개발하여 공급할 것인가 하는 매우 복잡한 과제에 직면해 있다고 할 수 있다.

세계의 자동차기업은 이런 과제를 해결하기 위해 다양한 시도를 해왔는데 그 중에서 주목받고 있는 것이 모듈 개발 방식이다.[12] 이 개발 방식의 선구자는 수많은 브랜드를 가지고 있고, 중국 등의 신흥국 시장에서 다양한 전용 모델을 투입하고 있는 독일의 VW이다. VW은 90년대부터 모듈 개발을 모색 연구해 왔는데 2010년대에 들어와 비로소 모듈 개발 방식을 명확히 정립하면서 2013년 6월에는 주력 차종인 골프에 적용해 개발 공수의 절감과 상품성의 제고 등을 달성해 많은 자동차업체에 커다란 자극을 주었다.[13]

일본의 자동차기업도 VW의 새로운 개발 방식에 자극을 받아 곧바로 자신의 모듈 개발 방식을 확립해 닛산은 2013년 12월에, 도요타는 2015년 12월에 모듈 개발 방식을 적용한 차종을 개발하여 시장에 투입했다.[14]

물론 세계의 자동자기업은 일찍부터 자동차의 플랫폼과 부품의 공통화를 꾀해 왔고 이를 통해 개발비용과 부품의 원가를 상당히 절감해

---

12) 이 새로운 모듈설계방식에 대한 연구는 일본에서도 아직 별로 이루어지고 있지 않다. 국내에서의 연구는 최원석(2016)을 제외하면 눈에 띄지 않는다.
13) Automotive Technology(2013.9)를 참조.
14) 최초의 닛산 차종은 SUV의 X-Trail이고, 도요타의 차종은 프리우스이다.

온 것은 사실이다. 그러나 종래의 플랫폼 공통화에는 한계가 존재했다. 세그멘트별로 기간(基幹) 차종을 먼저 개발해 놓고, 이 플랫폼을 기반으로 파생 차종을 전개해 나가는 것이 일반적이었는데, 파생 차종의 특성을 살리려고 하면 할수록, 각각의 특성에 맞춰 부품 사양을 변경하는 경우가 많아 부품의 공통화는 기대한만큼 이루어지지 않았다. 특히 차량 개발의 책임자인 CE(Chief Engineer)[15]는 자신의 개발 차량의 최적화에만 주력하게 되는 경향이 있어 이것이 전용 부품의 비율을 높이고 공통 부품의 비율이 낮게 하는 결과를 초래했다.

4.1. 도요타의 모듈 설계의 사례

이러한 한계를 돌파하는 방식으로 등장한 모듈 설계 방식이란 무엇일까? 도요타를 중심으로 구체적으로 살펴보자.

도요타는 자사의 모듈 설계 방식을 TNGA(Toyota New Global Architecture)라고 부르는데, 이 설계 사상에 입각하여 개발된 최초의 플랫폼을 2015년 3월에 공개했다. 이것은 C클라스의 플랫폼으로 그해 12월에 개발된 프리우스에 최초로 채용되었다. 이 새로운 플랫폼은 복수의 세그멘트에 공통화된 모듈 부품인 TNGA 부품이 탑재되었다. 구체적으로는 시트와 에어컨, 언더 보디, 서스펜션, 스티어링의 샤프트와 기어 박스, 인스트루멘트 패널의 보강재 등이 TNGA 부품으로 채용되었다.[16]

---

15) CE를 도요타는 주사(主査)라고 불렀다. 이의 역할에 대해서는 安達瑛二(2014)가 자세하게 논의하고 있다.
16) 日經ものづくり(2015.5)를 참조.

모듈설계 방식에서는 종래와는 개발 프로세스[17]가 다르다. TNGA 개발 방식의 프로세스를 보면, 먼저 중장기 차량의 라인업을 구상한다. 이에 따라 어느 세그먼트에 어떠한 차종을 언제 어느 지역에 투입할 것인가를 결정한다. 그 다음에 앞서 정한 라인업에 입각하여 아키텍처[18]를 설정한다. 이 단계에서 각 성능에 대한 기본 구상, 각 부품의 기능과 배치 등을 정해 놓는다. 그 다음에 이 아키텍처에 입각해 차량의 기본 구조와 주요 부품의 공통화를 추진해 가는 방식으로 진행된다.

2015년 말에 개발된 프리우스의 사례로 모듈 설계 방식을 구체적으로 살펴보면, 앞으로 발매할 예정인 차량의 라인업을 먼저 정하고 그들 차량에 동일한 기본 구상을 적용했다. TNGA의 기본 구상에서는 다수의 부품을 기능별로 나눈 부품군(部品群) 즉 모듈을 구상해 이것의 설계 변경에 엄격한 제약을 설정하는데, CE는 이 제약을 지켜서 차량을 개발하지 않으면 안 되었다.

구체적으로는 부품군 별로 고정 영역, 선택 영역, 자유 영역이라는 설계 자유도가 다른 영역을 나누어 설정한다. 여기서 고정 영역의 부품군은 같은 부품을 복수의 차종에서 사용하는데, 이 제약은 매우 엄격하여 원칙적으로 CE가 함부로 변경할 수 없다. 선택 영역은 같은 기능의 부품군을 몇 종류 옵션으로 준비해 두고, CE는 이들 중에서 하나를 선택해서

---

17) 도요타의 개발 프로세스에 대해서는 藤本隆宏(2001)와 藤本隆宏. キム B. クラ-ク(2009)가 구체적으로 기술하고 있다.
18) 제품의 아키텍처란 어떻게 제품을 구성부품으로 분할해 각각에 제품기능을 부여하고 이에 의해 필요하게 되는 부품간의 인터페이스를 어떻게 설계, 조정할 것인가에 관한 기본적인 설계구상을 말한다(Leonard-Barton, D.(1992), Ulroch, K(1995)).

사용한다. 자유 영역의 부품군은 차종별로 CE가 전용으로 만들 수 있다.

보통 자유 영역에 속하는 부품군은 사용자의 눈에 보이는 부분이 많다. 주로 내장이나 외장과 관련된 부품군이 여기에 속한다. 이 부품군은 차량의 차별화에 매우 중요하다. 이에 비해 자유도가 작고 제약이 엄격한 고정 영역이나 선택 영역의 부품군은 플로어나 보디 하부를 포함한 언더 보디가 주로 해당한다. 프리우스의 언더 보디를 구체적으로 보면, TNGA에서는 이를 네 개의 부품군으로 분류하고 있다. (1)차량 전부(범퍼 제외)에서 엔진 룸과 차 실내 차단벽까지의 부분, (2)차단벽에서 B필러(앞 도어와 뒤 도어 사이에 있는 기둥)까지의 부분, (3)B필러에서 뒷좌석 뒤 트렁크 부근까지의 부분, (4)트렁크이다.

이렇게 구분된 언더 보디의 부품군에서 (1)은 고정 영역에 속한다. 충돌 안전 성능과 관계되는 부분이기 때문이다. 이를 변경하면 그때마다 충돌 실험을 해야 되어 막대한 개발 공수와 비용이 소요된다. (2)도 충돌 성능과 관련된 부분이어서 골격 부분은 고정 영역에 가깝다. 단, 세단인가, 미니밴인가, SUV인가에 따라 한정적이지만 어느 정도 선택이 가능하다. (3)의 부분은 파워 트레인의 종류나 구동방식의 차이로 선택할 수 있다. 예를 들면 하이브리드 차라면 전지 탑재 공간이 필요하지만 가솔린 차라면 이것이 없다. (4)의 부분은 차종에 따라 선택할 수 있다.

이렇듯 제약이 많은 언더 보디이지만 차축 거리(wheel base)나 좌우 차륜간 거리(tread 폭) 등은 자유 영역에 가깝다. 외관에 크게 관계하기 때문이다. 앞 좌석 밑의 플로어의 골격을 늘려 차축 거리를 확장할 수 있고, 좌우 차륜 간 거리는 실내 플로어의 중앙 부분을 늘려서 더 크게 할 수 있

다. 이런 부위를 변경해도 충돌 안전성에는 별로 영향을 주지 않는다.[19]

도요타는 프리우스에 이어 2016년 12월에 같은 플랫폼을 사용하여 SUV의 C-HR차종을 개발해 발표했다. 이 두 차종은 주로 언더 보디를 중심으로 하는 부품의 공통화를 꾀해 왔는데, 2017년에 들어서서 파워 트레인에 대한 TNGA 구상을 발표했다. 도요타가 발표한 것은 배기량 2.5L 직렬 4기통 직분 가솔린 엔진, 2.5L엔진과 결합된 하이브리드용 시스템, 렉사스용 하이브리드 시스템 등 3종류이다. 이들 엔진 또는 하이브리드 시스템과 결합되는 변속기는 전륜구동차용 8속 자동변속기와 후륜구동차용 10속 자동변속기 2종류이다. 2.5L 직렬 4기통 직분 가솔린 엔진은 2017년 이후 중형차에 탑재될 계획이다.[20]

도요타는 앞으로 엔진을 소형, 중형, 대형으로 정리 통합해 엔진 전체의 종류를 4할 정도 삭감할 계획이라고 한다. 이에 따라 2021년경에는 19기종 37배리에이션(variation)에 이르는 신 파워 트레인을 전개할 예정이다.[21] 이들 시스템은 일본, 미국, 유럽, 중국 등 주요 시장 판매대수의 6할 이상에 탑재된다.

지금까지 살펴본 대로 도요타의 TNGA는 완성형이 아니라 확대 과정에 있다. 도요타는 2020년경에는 전 세계 판매 대수의 5할 이상에 TNGA 플랫폼을 도입할 예정이다.

이와 같은 과정을 거쳐 도요타는 TNGA라고 하는 모듈 부품을 복수

---

19) 日經Automotive(2016.1)를 참조.
20) 日經Automotive(2017.2)를 참조.
21) 그 내역을 보면 엔진이 9종류 17배리에이션, 변속기가 4기종 10배리에이션, 하이브리드 시스템이 6기종 10배리에이션이다(日經Automotive(2017.2)).

의 차종, 나아가 복수의 세그멘트의 차종에 걸쳐 공통화함으로써 개발 공수를 대폭 삭감하고 개발 기간도 단축시키는 것을 노리고 있다. 또한 여러 차종에서 공통적으로 이용되는 부품은 양산 규모가 커지게 되어 생산 원가를 대폭 절감할 수 있게 된다. 도요타에 의하면 이미 프리우스의 개발과 그 후속 차종인 C-H의 개발에 TNGA의 설계를 적용해 개발 공수와 부품 원가가 각각 20% 이상 삭감했다고 한다.

TNGA 설계의 효과는 이것만이 아니라, 시장이나 고객의 니즈에 맞추어 다양한 차종을 이전보다 쉽게 개발할 수 있다는 점도 중요하다. TNGA 적용 제1호인 프리우스 개발 후 1년 만에 제2호인 SUV의 C-HR을 개발해 투입한 것도 모듈 설계의 효과이다. 모듈 설계로 C클라스의 플랫폼을 공유하고 있는 프리우스와 C-HR는 플랫폼에 국한해서 보면 공통화의 정도는 약 90%에 이른다.[22]

한편, 다양한 차종을 단기간에 개발 공수를 삭감하면서 개발하고 공통 부품의 양산 규모의 확대로 부품 원가를 삭감하는 것만이 모듈 설계의 지향점의 전부는 아니다. 아무리 비용을 절감해도 상품성이 떨어지면 소용없기 때문이다. 종래의 플랫폼 공통화의 경우 차종간 특색을 살리는 데 실패한 경우가 많았다. 나아가 공통 영역과 선택 영역을 확대하면 부품군을 공통화하기는 쉽지만 엄격한 제약에 묶여 바꾸는 것이

---

22) 도요타의 플랫폼 수는 매우 많았다. 엔진 룸의 차이 등으로 구분된 플랫폼 수는 약 40종류, 차형이나 차축 거리, 서스펜션, 구동형식 등의 차이로 구분한 플랫폼 수는 약 100종류에 달한다. 따라서 도요타가 TNGA에 의해 플랫폼을 대폭 삭감하는 의의는 매우 크다고 할 수 있다(Automotive Fechnology, 2014.9).

어렵기 때문에 장기적으로 경쟁력, 특히 상품성을 유지할 수 있을 것인가 하는 우려가 있었다.

도요타는 이 점을 해결하기 위해 최초로 개발한 프리우스의 경우 경쟁사가 따라올 수 없는 높은 수준의 기준을 정해 차량을 개발했다. 예를 들면, 보디의 휨 강도를 종래보다 6할 이상 강화했다고 한다.

4.2. 닛산의 모듈 설계의 사례

닛산은 도요타보다 모듈 설계에 적극적이고 모듈화 부품의 적용 범위도 넓다. 닛산이 모듈 설계 방식을 도입한 것은 2012년으로 도요타보다 빠르다. 닛산은 자사의 엔진 컴파트먼트, 프론트 언더 보디, 콕핏, 리어 언더 보디 등의 4개로 나누고, 여기에 전기 전자 아키텍처를 더해서 5개의 모듈로 구분한다.[23] 각 모듈은 복수의 배리에이션을 개발해 두고 이들을 조합하는 방식으로 차량을 개발하는 방식이다.

예를 들면 C/D 세그먼트에서 사용되는 엔진 컴파트먼트 모듈은 엔진 탑재 위치와 후드 높이 등의 차이에 따라 2종류의 배리에이션을 준비해 두고 있다. 프론트 언더 보디 모듈은 차량 질량이나 안전 성능 등에 따라 3종류의 배리에이션을, 리어 언더 보디 모듈은 주행 성능이나 차체 형상 (세단인가 SUV인가)에 따라 3종류가 마련되어 있다. 이들 모듈을 조합하는 방식에 따라, 차량 질량이 무겁고 차고가 높은 SUV나 미니밴에서 차량 질량이 가볍고 차고가 낮은 세단이나 해치백까지 대응할 수 있다.

---

23) 닛산은 이를 4+1 Big Module Concept라 부른다.

닛산과 르노는 차량의 세그멘트에 따라 소형차용의 CMF-A, 중형차용 CMF-B, 대형차용 CMF-C/D의 3종류로 구분하고 있다. 최초로 모듈 설계 방식을 도입한 것이 CMF-C/D이다. 2013년 말부터 개발되어 투입되기 시작한 CMF-C/D는 예상 연간 생산대수가 160만 대이고, 르노가 11종류, 닛산이 3종류이다. CMF-C/D에서의 부품 공유화율은 종래의 40%에서 80%로 확대되었다고 한다.

닛산은 CMF-C/D에 이어 CMF-A을 2015년에, CMF-B를 2016년 후반에 도입 예정이다. 이러한 방식으로 여러 세그멘트에 모듈 설계 방식이 확대되면, 2020년에는 그룹 생산대수의 60~70%가 CMF 적용 차량이 될 것으로 예상되고 있다.

한편, 닛산은 위와 같은 모듈 설계에 따라 1 모델당 초기 비용(차량 개발과 고정 개발에 필요한 비용)을 30~40% 삭감하고, 그룹 전체의 부품 구입 코스트를 20~30% 삭감할 수 있다고 한다.

5. 개발 기능의 글로벌 전개

일본의 자동차기업은 1980년대 후반부터 본격적으로 해외 진출을 추진해 2000년대에 들어서면서 해외 생산이 국내 생산을 능가하게 된다. 차량의 판매대수는 해외 시장 비중이 더욱 더 높아 도요타나 닛산, 혼다 등은 해외 판매가 6할에서 7할 이상을 차지하게 된다. 판매 시장도 북미, 유럽 시장 중심에서 동남아시아, 중국, 인도, 브라질, 러시아 등 신흥국 시장의 비중이 커지게 된다.

시장의 다양화에 따라 각국 시장의 특성에 맞는 차종의 개발도 증가하게 된다. 증가하는 차종을 전부 일본의 기술연구소에서 개발하는 것은 점차 어려워지게 된다. 개발 요원 등의 리소스의 한계와 더불어 수많은 현지 시장의 특성에 맞는 차종을 일본에서 적절하게 개발할 수 있을까 하는 문제가 제기되었다. 그래서 일본 자동차기업은 이전부터 추진해 왔던 해외 연구개발 거점을 더욱 강화하여 연구개발 기능의 국제적 분업을 가속화하게 된다.

먼저 북미지역에 대해서 살펴보면, 1980년대 후반의 급격한 엔고와 대미 수출의 자주 규제 속에서 일본 자동차기업은 북미 지역에 생산 거점의 이전에 박차를 가하게 되며, 북미 현지 시장에 맞는 차종의 개발도 추진하게 된다. 이를 담당할 연구개발 거점을 80년대 후반부터 강화하고 점차 그 역할을 확대해 왔다.

닛산의 경우를 보면 미국에 닛산의 북미기술연구소(Nissan Technical Center North America:NTCNA)가 1980년대에 설립되었는데, 지금은 북미 시장의 차량 개발의 상당 부분을 담당하고 있다. 이 NTCNA에는 스태프가 1,000명 이상 있는데 그 기본 역할은 일본의 닛산 기술연구소(Nissan Technical Center: NTC)가 개발한 플랫폼을 사용하여 북미 시장에 맞는 어퍼 보디(내장과 외장 등)를 개발하는 것이다.[24] 유럽 지역에도 벨기에에 닛산의 기술연구소가 있어 북미의 기술연구소와 같은 역할을 수행하

---

24) 野中郁次郎, 德岡晃一郎(2009)에서는 닛산의 미국 기술연구소의 역사와 활동에 대해 자세히 설명하고 있다. 보다 구체적인 내용을 이것을 참조하기 바란다.

고 있다.

　도요타의 경우는 1970년대에 미국에 소규모의 기술연구소를 설립하고 이후 북미 판매의 증가에 따라 이 조직을 확충해 왔다. 미국의 도요타 기술연구소(Toyota Technical Center)는 1991년에 처음으로 차량 개발에 착수해 94년에 완성해서 시장에 투입했다. 이 차량은 이미 북미 시장에서 판매되고 있던 Camry를 쿠페형으로 개량해서 개발한 것이다. 이후에도 기존 모델의 부분 개량을 수행한 후 90년대 중반부터는 어퍼 보디의 내외장 거의 전부를 이 기술연구소가 수행하는 방식으로 진전된다. 이후 미국을 포함한 유럽의 기술연구소에서는 일본의 기술연구소가 개발한 플랫폼 등의 기간 부품을 사용하여 차량의 내장과 외장을 자체 설계하는 방식이 정착된다.[25]

　지금까지 살펴본 대로 일본 자동차업체는 북미와 유럽 지역에 비교적 일찍부터 개발 거점을 마련하고 그 역할을 확대하면서 현지 시장에 적합한 차종을 일본의 기술연구소와 협력하면서 개발해 왔고, 이것이 선진국 시장에서의 성공 요인이었다고 할 수 있다. 또한, 일본차의 높은 품질 수준과 잘 훈련된 딜러의 세심한 서비스의 제공, 가격 경쟁력의 우위, 그리고 하이브리드 차량에서 보이듯이 선진적인 기술력과 환경 친화적인 차량의 투입 등도 성공 요인으로 들 수 있다.

　이상은 선진국 지역의 상황이지만 신흥국 상황은 매우 다르다(〈그림 8〉). 중국과 인도를 예로 설명하면, 2000년대에 들어와 신흥국 자동

---

25) 石井眞一(2013)는 도요타의 미국 및 유럽 개발 거점의 역할과 도요타 본사 기술연구소와의 역할 분담과 협업에 대해 실례를 들어 설명하고 있다.

차시장이 급속도로 팽창하고 있는 상황에서 일본 자동차기업은 선진국 시장용으로 개발된 차종을 외관이나 내장을 약간 변경한 차량을 그대로 시장에 투입했다.

그런데 신흥국 시장의 특성은 선진국 시장과는 매우 다르다는 점을 인식하는 것이 중요하다. 무엇보다 자동차를 구매하기 시작하는 중간층의 소득 수준은 선진국의 기준에서 보면 매우 낮다. 대략적으로 2000년대에 중국에서 중간층이라 불리는 고객의 소득 수준은 일본의 중간층의 5분의 1의 수준에 불과하다. 그와 동시에 신흥국 시장의 고객은 처음으로 자동차를 구입하는 층이 대부분이고 따라서 자동차의 승차감이나 쾌적성 등 선진국 시장에서 중요시되는 요인에 대해서 크게 평가하지 않는 특성이 있다. 따라서 다양한 기능이 탑재된 차량, 고품질의 차량에 대한 요구는 가격 요인보다 훨씬 낮은 구매 요인이 되기 쉽다. 즉 다기능, 고품질 차량은 신흥국 시장의 고객의 눈높이에서 보면 명백히 과잉 품질이었던 것이다.

따라서 신흥국 시장의 고객의 눈높이에 맞는 차량, 가격 경쟁력을 갖춘 차량을 투입하는 것이 신흥국 시장 공략의 열쇠가 된다. 이 점에서 일본 자동차기업은 대응이 매우 더뎠다. 오랫동안 선진국 시장용으로 개발된 글로벌 차량이라고 불리는 차량을 약간 변형해 신흥국 시장에 투입해 왔고, 그 결과 중국이나 인도 시장에서 고전하게 된다. 신흥국 중간층에 일본차는 품질은 좋지만 너무 비싼 차, 반드시 필요하다고 생각하지 않는 여러 기능이 탑재된 과잉 품질의 차였던 것이었다.

이에 비해 미국의 GM, 유럽의 VW, 한국의 현대자동차는 비교적 빠른 시기에 신흥국 전용차를 개발에 투입하여 구매력이 상승하고 있는 중간층의 자동차 시장에서 높은 점유율을 차지하게 된다.

일본 자동차업계가 신흥국 시장에 맞는 보다 낮은 가격의 전용차를 개발해서 투입해야 된다는 컨센서스가 이루어진 것은 2010년 전후이다. 수년 동안 사내에서 치열한 논쟁이 벌어진 결과 이런 방향성이 비로소 정해진 것이다. 저가격의 신흥국 시장 전용차를 개발, 투입하는 것에 반대한 이들의 가장 큰 우려는 저가격차는 필연적으로 품질 수준을 하향 조정할 수밖에 없는데 이것은 장기적으로 자신의 브랜드력을 약화시킬 것이라는 이유였다.

새로운 방향성이 정해지자 곧 바로 신흥국 전용차가 개발되어 투입되었다. 도요타의 에티오스, 혼다의 브리오, 닛산의 닷선 등이 그것이다 (〈표 1〉).

주목할 만한 점은 먼저 브랜드 정책이다. 도요타와 혼다는 새로운 전용 차종을 투입했지만 그것을 도요타, 혼다 브랜드로 판매하고 있다. 이에 비해 닛산은 닛산의 로고를 붙이지 않고 Datsun 브랜드로 판매하고 있다. 덧붙이면 닛산은 베누시아라는 중국 시장 전용 차종을 개발해 투입했는데, 이것에도 닛산의 로고는 붙이고 있지 않다.

〈표 1〉 일본의 대표적인 신흥국 시장 전용 차종의 비교

	도요타	혼다	닛산
차명	Etios	Brio	Datsun
발매시기	2010년 12월	2011년 가을	2014년 초
가격(인도 시장 기준)	49.6만 루피 (약93만엔)	50만 루피 이하 (약93.5만엔)	40만엔 (약63만엔)
판매지역	인도, 브라질 등 12개국 이상	동남아시아	인도,동남아시아, 러시아, 남아프리카 등
특징	도요타 브랜드로 판매	혼다 브랜드로 판매	Datsun 브랜드로 판매

출전: 日經ビジネス(2010.12.13)과 Automotive Technology(2013.11)을 참조하여 작성

다음으로 주목할 만한 점은 가격 정책이다. 도요타와 혼다의 차종은 100만 엔 이하의 가격까지 낮추었지만 경쟁사와 비교하면 결코 저가라고는 할 수 없다. 예컨대, 인도시장에서 현대자동차의 저가 차종은 50만 엔, 60만 엔대의 차종이 존재한다. 이에 비해 닛산은 63만 엔 정도의 저가 차종을 투입한 점이 눈에 띈다. 도요타나 혼다가 자신의 브랜드를 표방하고 있는 차종이기에 품질 수준을 일정 정도 이상으로 유지한 반면, 닛산은 철저히 현지 시장에 팔릴 수 있는 가격의 차종의 개발에 중점을 두었다고 할 수 있다.

이러한 신흥국 시장 전용 차종은 어디에서 개발했을까? 3사 모두 일본의 기술연구소에서 개발했다. 중국, 인도에 개발 거점은 존재하지만 아직 역사가 짧고 개발 능력이 낮은 수준이어서 전용차 개발에서 매우 한정된 역할밖에 수행하지 못했다. 그러나 각사는 장래에는 미국이나 영국에서와 같은 역할을 중국, 타이, 인도의 개발 거점이 수행하는 것을 목표로 현지의 개발 거점의 강화에 박차를 가하고 있다.

비교적 충실한 개발 거점을 구축하고 있는 닛산 중국 사례를 간단히 살펴보자.[26]

닛산은 2002년에 등펑기차(東風汽車)에 자본 참가를 해 중국에서 자동차 생산에 참입했는데, 2003년에 승용차개발센터를 설립한 뒤, 2006년에는 이를 확대 개편해 등펑 닛산 승용차 기술센터를 개설했다. 이 연구소에는 2012년 시점에 스태프가 700여 명 있었는데, 이후 계속 인원을 증가시켜 왔기 때문에 지금은 미국이나 영국의 개발 거점과 비슷한 규모라고 생각된다.

이 개발 거점의 역할은 일본의 닛산 기술연구소에서 개발한 차종을 중국에 투입할 경우 외장이나 내장의 부분적인 개량, 양산 시작(試作)과 그 평가, 부품 품질의 확인과 개선 등이다. 닛산 브랜드의 차종은 기본적으로 일본의 개발 본부에서 거의 전부 개발하고, 중국의 개발 거점은 한정된 역할을 수행하는 단계이다.

주목할 만한 점은 등펑 닛산이 베누시아라는 중국 전용 차량을 개발해 투입했다는 것이다. 이 베누시아는 등펑 닛산 기술센터가 자체적으로 개발했다. 물론 플랫폼은 닛산 구 차종의 플랫폼을 전용했지만 내장, 외관 등의 부분은 이 센터가 독자적으로 개발했다. 이 차량은 닛산 브랜드로 판매하지 않고, 베누시아라는 이름으로 판매하고 있다. 이 베누시아는 종래의 닛산 브랜드의 차종에 비해 가격이 매우 낮아, 중국의 민족 자본의 자동차회사의 차량과 가격면에서 충분히 경쟁할 수 있는 차

---

26) 吳在烜(2017)은 현대자동차와 비교하여 닛산의 중국 사례에 대해 구체적으로 논하고 있다.

종이다.

　이상이 일본기업의 신흥국에서의 개발 거점의 현재의 모습이다. 개발 인력을 적극적으로 확충하고 일본의 기술연구소에서의 연수 프로그램의 활용 등을 통한 인재 육성에 힘을 들이고 있지만 역시 시간이 필요할 것이다. 그러나 장래에는 미국이나 영국의 개발 거점과 같이 현지 시장 대응 차종은 자체적으로 개발하는 방식으로 발전시켜 나가려고 하는 것이 일본 자동차기업의 기본적인 구상이다.

6. 성과와 시사점

　오랫동안 계속된 위기와 도전에 대해 일본 자동차기업은 일관되게 체질을 개선해 어떤 악조건에서도 견딜 수 있는 조직 능력을 구축해 왔다. 이로 인해 예를 들면, 엔고에 대해서도 1달러 90엔 정도라도 적자로 전락하지 않는다는 자신감을 얻었다고 보인다. 실제로 2012년의 1달러 70엔대의 극단적인 엔고 시기에도 도요타의 경우 흑자를 기록하고 있다.

　이러한 체질 강화의 효과는 상황이 약간 호전되면 눈에 띄게 나타난다. 도요타의 경우를 보면 2012년의 혹독한 엔고가 2013년부터는 다소 완화되어 1달러당 100엔 이상이 되었는데 이 시기의 3년간 도요타의 영업이익률과 순이익률은 연속해서 사상 최대치를 기록했다. 피크였던 2015년 도요타의 영업이익은 2조8,540억엔(매상고 대비10.7%), 순이익은 2조3,130억엔(8.7%)에 이른다.

<그림 7> 도요타의 영업이익률과 순이익률의 추이 (단위: %)

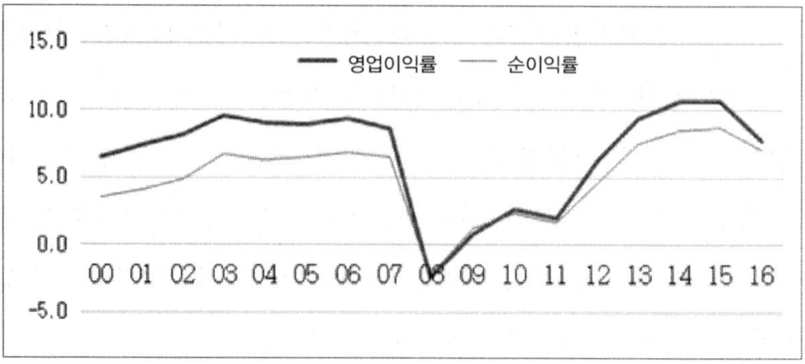

자료: 도요타의 재무재표에서 작성

　　이를 가능케 한 체질 개선의 내용에 대해서는 지금까지 설명했다. 설비의 슬림화, 소형화, 다기능화, 공정 수의 삭감과 공정의 고밀도화, 키트 공급 방식 등의 물류 혁신, 조립 라인의 혁신 등으로 다차종 유연생산을 강화해 왔고, 생산 리드 타임을 단축하고 생산 코스트를 삭감해 왔다. 또한 모듈 설계 방식의 도입으로 세그멘트를 넘어서는 부품의 공통화를 이루어 내고 보다 많은 차종을 단기간에 개발할 수 있는 체제를 구축했다. 그리고 일본 국내에서의 이러한 혁신의 결과를 해외로 이전해 해외 생산 거점의 능력을 강화하고 개발 거점의 역할도 증대시켜 왔다.

　　이러한 일본 자동차기업의 활동은 한국 자동차기업, 특히 현대자동차에 어떤 시사를 주는가에 대해 간략히 살펴보자.

　　1990년대에서 최근까지 일본 자동차기업에 커다란 위기는 많았지만 그에 대한 대응은 달라지지 않고 일관성이 있었다. 버블경제 붕괴 이후 1990년대 초반의 급작스러운 수요 감소, 90년대의 엔고 추세, 2000년대 중반의 세계적 금융위기, 2010년부터 수년간의 초엔고 현상 등 매크로 경제의 상황에서 비롯된 파도는 결코 만만한 과제는 아니었다. 이러한 도전에 일본 자동차기업은 일관되게 생산 혁신, 개발 방식 혁신에 매진하여, 저비용의 체질로 자신을 강화해 왔다. 이러한 자세와 사상은 1998년의 금융위기 때 안이하게 정리해고를 실시한 한국 자동차기업에 많은 시사를 준다고 할 수 있다.

일본 자동차기업은 앞에서 서술한 대로 라인의 유연성을 대폭적으로 확대해 왔다. 도요타나 혼다, 닛산 등 주요 기업의 생산 라인은 플랫폼이 다른 차종을 최대 8종류까지 생산할 수 있는 라인을 구축해, 이를 해외 거점에 확대 적용해서 동일한 생산 라인, 혼다에서 말하는 동체질라인이 형성되어 있다. 이를 기반으로 공장간, 지역간, 차종의 상호 보완 생산이 가능하게 되고, 신 차종을 여러 지역에서 거의 동시에 론칭할 수도 있게 되었다.

한국의 현대자동차의 경우 라인의 유연성에서는 일본에 한 세대 뒤처져 있다고 할 수 있다. 현대자동차는 현재 최대 4차종의 혼류생산이 가능한 생산 라인을 구축해 놓고 있는데, 이것은 일본의 80년대, 90년대의 생산 라인과 같은 방식이다. 물론 현대와 일본의 자동차기업과의 생산 철학에는 차이가 있다. 일본의 자동차기업은 소량생산에도 수익을 낼 수 있는 라인이 가장 좋다는 생각을 가지고 있지만, 현대자동차는 생산 규모가 클수록 좋다는 생산 철학이 뿌리 깊게 존재한다. 물론 규모의 경제성의 이론에서 보면 현대자동차의 생각이 틀린 것은 아니고, 일본 자동차기업도 동일한 차종을 많이 생산하면 그만큼 수익이 올라간다는 것은 알고 있지만, 현실은 이것을 허용하지 않는 경우가 많다는 점이 문제다. 일본은 장기적인 구조적 불황 속에서 이를 배워 왔기 때문에 소규모 생산 공장이나 차종별 소량 생산에도 어떻게 수익을 낼 수 있는가를 고심해 왔던 것이다.

또 하나는 생산 설비 및 생산 공정의 설계나 구축에 대한 철학의 차이다. 일본 자동차기업은 앞에서 서술한 대로 생산 설비를 슬림화, 소형화해서 공정의 작업 밀도를 높이고 공정 수를 삭감하고 스페이스를 절감해 왔다. 이에 비해 현대자동차는 공정 밀도를 높이기보다는 공정 수를 늘려 한 공정 내에서의 작업을 더욱 단순화해 나가는 방향으로 생산 라인을 만들어 왔다. 이러한 생산 철학의 차이는 장점과 단점을 다 가지고 있기 때문에 단순 비교는 어렵다. 예컨대 현대자동차의 방식은 작업자의 숙련 수준, 기계의 보전 능력이 그다지 높지 않은 상황에서는 적절한 방식이 될 수 있다. 일본 기업의 방식은 인재의 육성이 있어야만 운영할 수 있는 생산 철학이어서 생산 거점을 국제화할 때 시간이 많이 걸린다는 문제점이 있다. 그러나 장기적인 관점에서 어떤 방식이 경쟁력이 있는가를 생각해 보면 역시 일본 자동차기업의 방식이라고 할 수 있다. 일본 자동차기업의 방식은 지속적으로 생산 공정의 생산성을 향상시키는 방향으로 나아갈 수 있기 때문이다.

개발 기능의 국제화에 있어서도 차이점이 보인다. 일본 자동차기업은 세계시장의 특색에 맞는 현지시장 대응형 차종이 앞으로 더욱 늘어날 것인데, 이들 차량 전체를 일본의 개발 거점에서 개발하는 것은 더 어려워지고 현지 고객의 취향이나 트렌드를 가장 잘 알고 있는 현지인이

직접 차종을 개발하는 것이 더 좋다는 생각을 가지고 있다. 이에 비해 현대자동차는 앞으로의 전략은 불투명하지만 현재는 한국의 남양연구소에 집중해서 차종을 개발하는 방식을 고수하고 있다. 미국과 유럽에 기술연구소가 있지만 아직은 제한적인 역할에 머물고 있고, 어퍼 보디를 포함한 다수의 부품을 개발하기에는 개발 인력이 매우 적다. 중국이나 인도 등의 신흥국의 연구개발 거점의 능력은 더 뒤쳐져 있다. 현대자동차가 일본 자동차기업과 같이 선진국과 신흥국에 연구개발 거점을 적극적으로 육성해서 현지시장 대응 차종은 현지의 개발 거점이 개발하는 방향으로 나갈지는 불투명하다.

마지막으로 일본 자동차기업의 과제에 대해 생각해 보자. 지금까지 서술한 대로 현행의 기술 체계와 시장 상황이라는 조건 속에서 일본 자동차기업은 비교적 모범적으로 대응해 왔고 자신감을 가지고 있다고 평가된다. 하지만 미래의 상황은 매우 불확실하다. 전기자동차의 비중 증대, 인공지능에 의한 자동운전, IoT기술의 발달에 따른 생산 공정의 혁신, 자동차의 공유(sharing) 개념의 확산 등 자동차산업 자체의 존재 방식을 크게 바꿀 수 있는 기술혁명이 일어나고 있다. 이러한 기술혁명에 의해 자동차가 개별 '제품'에서 '모빌리티 서비스 시스템(mobility service system)'으로 변화될 가능성도 제기되고 있다. 이러한 변화에 대한 대응은 일본 자동차기업만의 문제는 아니고 현대자동차를 포함한 세계자동차기업의 공통의 과제가 될 것이다. 멀지않은 장래에는 지금과는 다른 전혀 새로운 경쟁 환경이 도래하여 기업 간 경쟁우위의 요소도 지금과는 매우 달라져 일종의 패러다임의 변화가 도래할 수도 있다. 세계의 자동차기업은 현재의 과제를 해결해 나가면서도 이러한 불확실성에도 대비해 나가야 할 것이다.

후쿠시마 원전 사고와
에너지정책의 전환*

임채성

1. 에너지와 일본경제

본고의 목적은 지난 2011년 일본 후쿠시마에서 발생한 원전사고 이후 일본의 에너지정책이 민주당 정권과 자민당 정권에서 어떻게 전개되었으며, 이를 통해 저성장기 일본경제에 있어서 원자력을 포함한 에너지 믹싱정책이 어떻게 받아들여졌는가를 검토하고 이것이 한국경제에 주는 시사점은 무엇인지를 고찰하는 것이다.

일본은 지난 2011년 3월 11일에 발생한 동일본대지진으로 사망자와 행방불명자가 2만 명에 이르는 인명희생과 추계 피해총액 16조9000억 엔에 이르는 물적 피해를 경험하였다. 특히 동북 지방에서 칸토공업지대에 걸친 자동차 부품 등 서플라이 체인의 단절은 일본이 그 동안 자랑

---

* 이글은 「후쿠시마 원전 사고와 에너지정책의 전환」『외국학연구』제43집(2018.3)의 내용을 수정·가필한 것이다.

해왔던 '저스트 인 타임'으로 공정 간의 재고를 최소화하여 비용절감을 꾀하였던 도요타 생산 시스템의 맹점을 드러내기도 하였다(임채성 2013, 27-58쪽). 이러한 경제적 충격으로 인해 당시 GDP는 최대 0.5% 감소하는 것으로 추계되었다(日本經濟新聞社 2011). 그럼에도 불구하고 이러한 경제적 피해는 2008년 리만쇼크로 인한 세계적 금융불황에 비해 훨씬 적은 것으로 판명되었다.[1] 오히려 3.11 이후 지금에 이르기까지 일본사회에 커다란 부담으로 작용하고 있는 것이 원자로 용융(melt down)과 수소 폭발로 인한 후쿠시마 제1원전 사고이다(ニュートンプレス 2014). 현재에도 사후처리문제는 여전히 해결하지 못한 채 많은 수의 주민들이 피난생활을 하고 있다.

어떠한 상황 속에서도 안전하다고 논의되어왔던 일본 원전이 직접적인 지진피해보다 이후 발생한 해일로 인해 원전의 냉각수 펌프가 수해를 입어 작동불능이 되고, 이로 인한 원자로의 용융으로 심대한 피해를 입었음은 물론, 대량의 방사능이 외부로 유출되면서 수도 도쿄가 더 이상 방사능 피해로부터 안전하지 못하다는 문제점을 보여준 것이다. 이로 인해 일본의 시민사회뿐만 아니라 정부 또한 원전에 대한 안전성을 심각하게 고려하기 시작했고 당시 민주당 정권은 탈원전을 결정하기에 이르렀다. 그러나 정부의 방침은 정권교체와 더불어 산업계의 반발과 저성장기 에너지 수급의 경제적 부담이라는 측면에서 탈원전을 재검토하기 시작하였다.

---

1) 실질경제성장률은 2008년 -1.1%, 2011년 -0.1%였다.

이러한 일련의 과정 속에서 일본과 같은 극단적인 상황을 노출하고 있지는 않지만, 국내에서도 원전의 불량부품 납품문제로 안전성이 문제시 되어 왔고, 최근 들어 경주를 중심으로 잦아진 지진 발생으로 고리, 월성 원전이 활성단층 위에 건설되었음이 밝혀지고 있다(경향신문사 2016). 정치적으로는 박근혜 대통령의 탄핵으로 대통령인수위원회를 구성하지 못하고 등장한 문재인 정권은 환경단체의 입장을 받아들여 급진적인 탈원전 정책을 주장했지만, 신고리 5·6호기 공론화위원회를 통해 국민여론은 신고리 5·6호기 건설재개를 이끌어 내기도 하였다. 이의 초점은 건설 중단에 따른 매몰비용(sunk cost)의 발생과 탈원전 시 경제적 부담증가였다.

어떻게 보면 원자로 용융이라는 극단적 결과를 경험하지는 않았지만, 2017년 6월 19일 문재인 대통령의 탈원전 선언에서 10월 20일 공론화위원회의 정부 권고안에 이르는 불과 4개월간의 변화는 일본이 수년간에 걸쳐 보여준 탈원전 정책에서 원전용인정책으로의 전환과정을 압축적으로 보여준다고 할 수 있다(조선일보사 2017). 따라서 후쿠시마 이후 일본 에너지 정책의 전개과정을 검토하는 것은 한국의 상황을 객관화하는 과정이기도 하다.

이러한 점에서 볼 때 일본의 에너지정책에 관한 검토는 저성장기에 들어선 한국에 있어서도 중요한 의의를 가짐에도 불구하고 국내에서는 저성장기와 관련된 일련의 에너지정책사적 과정을 그다지 고찰하고 있지 못하다. 곤도 가오리(近藤かおり 2012)는 혁신적 에너지 환경전략을 둘러싼 논의를 검토하였지만, 이를 정권교체에 맞물려 보기보다는 조사

자료의 제공을 목적으로 하고 있다는 점에서 한계가 있다. 고사카 나오토 (小坂直人 2012)는 후쿠시마 제1원전사고 이후 원전의 비판적인 입장을 학술적으로 표명하였다. 경제성, 안전성, 지속가능성에서 볼 때 결코 경제적이지 못하고 원전 자체가 미완의 기술로 그 폐기물 처리야말로 실로 '화장실 없는 맨션'과도 같다고 결론 내리고 있다. 이러한 비판적 시각에서 쓰네이시 게이치(常石敬一 2015)는 전후 원자력 연구에서 원전 상용화를 거쳐 후쿠시마 제1원전 사고에 이르기까지의 통사를 검토하고 있다. 이와 더불어 탈원전을 실행 중인 독일을 비롯한 유럽의 사례와, 화석연료와 원전의 대체에너지로서 재생가능에너지에 관한 연구를 제시하고 있다(若尾祐司·本田宏編 2012, 木船久雄·西村陽·野村宗訓編著 2017). 이러한 가운데, 다카하시 히로시(高橋洋 2017)는 일본에너지정책에 관한 이론, 외국사례, 환경 영향, 최근 동향 등 포괄적인 검토를 하고 있으나, 에너지 믹스 정책에 관한 고찰과정에서 드러난 산업계의 반발과 아베노믹스와 에너지정책의 연관성이 명시적으로 드러나 있지 못하다.

이하 본고의 구성은 다음과 같다. 제1절에서는 역사적 과정에서 일본경제의 성장과정과 더불어 나타난 에너지 수급구조 전환을 고찰한 다음, 제2절에서는 동일본대지진의 발생과 이에 따른 후쿠시마 원전사고의 실태를 검토하여 그것이 지금도 여전히 진행형임을 밝힌다. 제3절에서는 중국, 인도 등 신흥공업국의 등장으로 인해 에너지 부족사태가 일어나고 이에 대응하여 수립된 에너지기본정책이 민주당 정권 하에서 후쿠시마 원전사고를 계기로 어떻게 변화되었는지를 분석하고, 제4절에서는 자민당 아베 정권의 재등장으로 인한 에너지기본정책이 어떻게 재검토되고 있는지를 고찰하고, 이것이 한국경제에 갖는 의의를 논할 것이다.

2. 일본경제의 성장과 에너지 수급구조 전환

2.1. 경제성장과 에너지 수급

〈그림 1〉 에너지 수급구조와 실질 GDP 추이

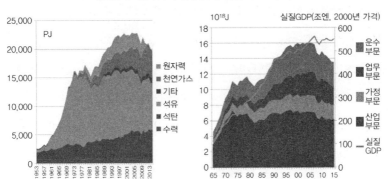

자료: 電気事業連合会(2012b), 総務省統計局(각년도판)

일본경제는 1955년 이후 '투자가 투자를 부르는' 과감한 설비투자가 이루어지면서 연평균 10%에 가까운 고도성장을 경험하였고 1960년대 후반에는 미국에 이은 경제대국으로 부상하였다. 이와 더불어 에너지 대량소비가 이루어졌음은 물론이다(小堀聡 2011). 〈그림 1〉에서 확인할 수 있듯이 에너지 소비가 1950년대 후반에서 1970년대 초에 걸쳐 급속히 증가하였고 이후 1980년대 전반에 걸쳐 정체하는 양상을 보였다. 1980년대 후반 이후 버블경제의 발생에 따라 에너지소비가 다시 증가하였지만 버블경제가 붕괴된 이후 증가세가 완화되고 2000년대에 들어서는 연도에 따라 감소추세를 보이기도 하였다. 이를 실질GDP 증가추세와 비교해 보면 그 현상은 완연하다. 고도성장기에는 에너지소비가 경제성장보다 가파르게 증가하였던 반면 두 차례에 오일 쇼크를 거치면서 오히려 경제성장에 비해 에너지소비의 증가세는 완만해지다가 버블경제기에 들어 오히려 급격히 증가하고 있다.

이를 에너지 종류별 공급과 경제부문별 소비의 관점에서 보면 보다 급격한 변화를 읽어낼 수 있다. 우선 에너지 종류별 공급을 보면, 자연지형과 강수량에 의해 규정되는 수력발전의 경우 장기적으로 일정 수준을 유지하고 있는 반면 석탄, 석유, 천연가스, 원자력의 경우 장기적 증가경향을 보이고 있다. 그 중 석탄은 1950년대까지는 주요한 에너지원이었지만, 석탄에서 석유로의 에너지 전환이 일어나면서 이제는 더 이상 주요한 에너지원이 아니며 석유에 대한 보조에너지의 역할을 하게 되었다. 그나마 화력발전소의 연료로 소비되는 석탄도 부존상황, 임금상승 등으로 인해 국내석탄채굴이 경제성을 상실함에 따라 해외로부터 대량 수입되는 석탄에 의존하게 되었다. 이에 비해 전후 대량 채굴되기 시작한 중동의 저렴한 원유를 수입해서 국내에서 정제하여 사용하게 된 석유는 제1차 오일쇼크가 발생하기 직전에 전체 에너지원의 70% 이상을 차지했지만, 이후 추가 소비가 억제되면서 50% 정도로 줄어들게 되었다. 그 반면 증가한 것이 천연가스와 원자력이었다.

다음으로 부문별 에너지 소비를 보면, 고도성장기에 급격히 증가했던 산업부문은 제1차 오일쇼크이후 오히려 약간 줄어들어 그 수준을 유지하게 되었다. 이는 일본경제가 제철, 석유화학 등 에너지 다소비 소재 산업에서 기계공업을 중심으로 한 제조업구조로 전환되고 산업시설에서의 에너지 절약형 기술진보가 있었기 때문이다. 이렇게 정체된 산업부문의 에너지 소비에 비해 증가한 부문은 가정부문, 업무부분, 운수부문이다. 이는 명백히 대중소비사회의 실현으로 일반가정에서의 가전사용, 실내목욕탕설비 등이 증가함에 따라 가정부문의 에너지 소비가 증가하였으며 일본의 산업구조 또한 제조업 등 제2차 산업에서 교통통신, 금융 등의 제3차 산업으로 바뀌었기 때문이다.

이에 따라 일본정부의 에너지정책 또한 크게 바뀌어왔다. 값싼 대량의 수입석유를 통해 경제성장을 달성해 왔던 일본정부는 1970년대에 2번에 걸친 오일쇼크를 겪으면서 석유대체에너지 등의 개발·도입과 기존 에너지 절약을 위한 정책을 추진하게 되었는데, 1980년에 이르러서는 '석유대체에너지의 개발 및 도입 촉진 법률'을 제정하여 원자력, 액화천연가스(LNG), 석탄화력, 신에너지 등을 중시하여 이의 소비를 정책적으로 유도하였다(山口聡·近藤かおり 2009).

2.2. 에너지기본계획의 수립과 원전 중시

이러한 가운데, 지구환경문제가 부각되면서 1997년12월11일 지속가능한 발전을 위한 '기후 변화에 관한 국제 연합 규약의 교토 의정서 (Kyoto Protocol to the United Nations Framework Convention on Climate

Change)'가 채택되어 2008년부터 2012년까지 선진국 전체의 온실가스 배출량을 1990년 기준으로 적어도 5.2% 이하로 감축해야 하고, 이중 일본은 6% 감축을 달성해야만 하였다(外務省 2016). 온실가스의 감축은 석유뿐만 아니라 석탄 등 화석에너지의 이용을 될수록 줄여나갈 때 비로소 가능한 것이기 때문에, 이에 대해 일본정부는 에너지수급에 관한 시책을 장기적이면서 종합적으로 추진해야만 되었다.

〈표 1〉에너지기본계획의 각의결정 개요

	각의결정일	집권당	수상	경제산업장관
제1차	2003.10.7	자민당	小泉純一郎	中川昭一
제2차	2007.3.9	자민당	安倍晋三	甘利明
제3차	2010.6.18	민주당	菅直人	直嶋正行
제4차	2014.4.11	자민당	安倍晋三	茂木敏充

자료: 後藤収(2014)

2002년에 '에너지정책기본법'이 제정되어, 경제산업성 장관이 에너지 전문가를 비롯한 유식자로 구성된 총합자원에너지조사회를 설치하여 의견을 청취하고 이를 근거로 일본정부는 〈표 1〉과 같이 2003년에 제1차 에너지기본계획을 각의결정하였다(経済産業省 2003). 기본계획에는 에너지 안정성(energy security), 경제적 효율성(economic efficiency), 환경(environment)이라는 '3E'가 반영되어 에너지정책의 기본원칙이 되었다. 이에 따라 온실가스의 감축을 가능하게 하면서 전력회사 면에서 발전비용이 대단히 저렴한 원자력이 주목되었고, 에너지 공급에서 '원자력발전을 기간 전원으로 추진한다.'는 방침이 제시되었다(経済産業省

2003, 14-18쪽). 원자력이 중시된 이유를 보면, 첫째 우라늄은 특정지역에 집중되지 않고 전 세계에 분산 소재되어 안정적인 공급이 가능하며, 둘째 1년 이상 연료 교환이 불필요하며, 셋째 사용한 연료를 재처리하면서 연료재사용이 가능하다는 것이었다. 즉, 우라늄은 해외수입에 의존하기는 하지만, 안정공급 확보 면에서 우수할 뿐만 아니라 원자력발전 시 CO_2를 배출 하지 않아 온난화대책에 유리하다는 것이다.

이와 관련된 일본정부의 원자력정책을 주목해 보면, 에너지기본계획 외에도 원자력위원회가 그 이용에 관한 정책방침을 책정하고 있었다. 1956년에 최초의 원자력개발장기이용계획이 책정된 이후, 수년마다 개정되어 왔는데, 2005년에는 원자력정책대강이 책정되었다(原子力委員會 2005). 정부는 이 원자력정책 대강을 원자력정책에 관한 기본방침으로 존중하고, 원자력 연구, 개발 및 이용을 추진한다는 것을 각의 결정하였다. 주요한 내용은 첫째 2030년 이후 원자력발전 비율을 전체 에너지원의 30~40% 이상으로 유지하며, 둘째 연료재생을 가능하게 하는 핵연료 사이클의 정립을 추진하고, 셋째 고속증식로를 2050년경부터 상업베이스에서 도입한다는 방침을 수립한 것이다.

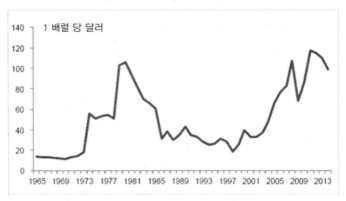

〈그림 2〉 1965년이후 실질원유가격 (브렌트 2014년 기준)

자료: 資源エネルギー庁(2016), p.20

〈그림 2〉에서 알 수 있듯이, 2004년 이후 신흥국의 석유수요의 확대, 산유국의 치안불안, 세계적 금융완화에 의한 원유선물시장 자금유입 등으로 인해 국제유가가 급등하게 되고, 에너지 수급에 관한 불확실성이 커지면서 수입에너지에 의존하는 에너지공급구조에 관한 재검토가 이루어지게 되었다. 2007년에 에너지기본계획이 개정되었고 에너지의 안정적인 공급확보가 강조되어 비용절감, 재생가능에너지 도입 등이 추진되었다. 이에 대해 일본정부는 2009년 7월에 석유대체에너지법을 개정함에 따라, 개발 · 도입의 대상은 석유대체에너지에서 원자력과 재생가능에너지 즉 비화석 에너지로 변경되었다(山口聡 · 近藤かおり 2009). 특히, 2009년 9월에 UN기후변동수뇌회담이 개최되어 온실효과가스 배출량을 2020년까지 1990년 대비 25% 삭감한다는 결정이 이루어지게 되었다.

이에 따라, 2010년 6월에 에너지기본계획이 다시금 개정되면서 제로 에미션(zero emission) 전원 즉, 원자력 및 재생가능에너지가 전력생산에서 차지하는 비율을 2007년 34%에서 2020년에는 50%이상으로 높이고 이를 2030년에는 약 70%수준으로 제고한다는 방침이 수립되었다(経済産業省 2010). 이와 더불어 원전을 2030년까지 14기 이상 신증설하고 2008년 약 60%에 불과하였던 설비이용률을 약 90%까지 높이기로 하였다. 일본은 2011년을 기준으로 원자로를 54기 보유하여 미국 104기, 프랑스 58기에 이어 세계에서 제3위의 원자력 대국이었는데 이를 추가적으로 15기 늘려나간다는 방침을 수립한 것이다(電気事業連合会 2012b).

한편, 재생가능에너지는 2020년까지 1차 에너지의 10%를 점한다는 방침을 수립하였다(経済産業省 2010, 23-26쪽). 사실상 태양광, 풍력, 바이오머스 등을 이용한 발전은 생산비용면에서 기존의 화학연료보다 비싸며 대량생산하기에는 당시로서 한계가 있다는 점에서 원자력을 기본으로 하면서 재생가능에너지를 보조적인 에너지원으로 위치지은 것이다. 이후, 일반업자 내지 가계에서 태양광, 풍력 등을 이용하여 생산한 전력을 위한 고정가격매입제도, 전기자동차 등을 위한 축전지기술 도입·개발지원, 기존 송배전계통의 강화 및 고도화, 전력시장에 대한 신규사업자의 진입 등을 보장하기 위한 규제완화가 추진되었다. 특히 원전 등 에너지·환경기술을 적극적으로 해외에 수출함으로써 외화확보와 더불어 신규 발전소의 건설 등을 통해 지속적 기술향상의 기회를 꾀하고자 하였다. 그러나 동일본대지진과 이에 따른 후쿠시마 제1원전 사고는 일본정부의 에너지정책을 크게 바꾸어 놓는 대사건이 되었다.

3. 후쿠시마 원전 사고와 민주당의 탈원전 정책

3.1. 후쿠시마 제1원전 사고와 에너지 부족 현상

〈표 2〉 후쿠시마 제1원전 발전설비개요

| 플랜트번호 | 원자로형식 | 격납용기형식 | 운전개시 | 적정전기출력 | 주계약자 | | | 건설공사비 |
					원자로	터빈발전기	부속설비	
1호기	비등수형경수로(BWR-3)	Mark-1	1971년 3월 26일	46.0만 kW	GE	GE	GE	약390억엔
2호기	비등수형경수로(BWR-4)	Mark-1	1974년 7월 18일	78.4만 kW	GE	GE	도시바	약560억엔
3호기	비등수형경수로(BWR-4)	Mark-1	1976년 3월 27일	78.4만 kW	도시바	도시바	도시바	약620억엔
4호기	비등수형경수로(BWR-4)	Mark-1	1978년 10월 12일	78.4만 kW	히타치	히타치	히타치	약800억엔
5호기	비등수형경수로(BWR-4)	Mark-1	1978년 4월 18일	78.4만 kW	도시바	도시바	도시바	약900억엔
6호기	비등수형경수로(BWR-5)	Mark-2	1979년 10월 24일	110만 kW	GE	GE	도시바	약1750억엔
7호기	개량형비등수형경수로(ABWR)	계획중지	계획중지	계획중지	계획중지			계획중지
8호기	개량형비등수형경수로(ABWR)							

자료: 福島県生活環境部原子力安全対策課(2009)

2011년 3월 11일 매그니튜드 9의 동일본대지진이 발생하여 후쿠시마 제1원전을 진도 6강의 지진이 강타하였다. 동 원전은 관동지역을 커버하고 있는 도쿄전력의 발전시설로서 안전성을 이유로 수도권을 벗어나 후쿠시마현 후타바군 오쿠마정(福島県双葉郡大熊町)에 총 6기의 원자로가 설치되어 있었는데 당일 1-3호기가 가동 중이었고 4-6호기는 정기검사를 위해 원자로는 정지되어 있는 상태였다(ニュートンプレス 2014, 28-49쪽). 지진으로 1-3호 원자로의 운전이 정지하게 되었고 발전도 동시에 정지하여 발전소 내 전기공급이 중단되었다. 지진으로 인해 외부로부터 전력공급도 중단되어 냉각장치 가동을 위한 비상용 전원인 디젤 발전기가 작동하였지만, 지진 발생으로부터 49분이 경과한 후 최대 15.5m의 해일이 후쿠시마 원전을 덮치면서 전원상실로 인해 원자로 냉각장치가 가동할 수 없게 되었다.

이로 인해 고온이 된 핵연료는 물을 증발시켜 압력용기의 수위가 급속히 낮아지고 물에 노출된 핵연료로부터 방사성물질이 나오게 되었다. 핵연료 또한 열로 인해 녹아내리기 시작하였다. 이때 원자로 냉각을 위해 소방차를 이용한 냉각수의 주입이 제1호 원자로에 시도되었지만, 핵연료가 발생시킨 대량의 수증기 및 수소가 케이블에서 빠져나와 건물 내에 가득 차 원자로 둘러싼 건물을 날려버릴 정도로 폭발하였다. 원자로의 용융(melt down)은 원자로 제3기, 제2기에서 연이어 발생하였고 수소폭발을 일으켰다. 결국, 운전 중이었던 원자로는 모두 파괴된 셈이다.

이로 인해 대량의 방사성 물질이 북서방향으로 비산되면서 인근 주민에 대한 직접적인 피해가 발생했음은 물론이며, 그 피해는 동북지방

과 관동지방에 쌓여 갔다. 후쿠시마 제1원전의 경우 원자로 자체의 폭발과 장기에 걸친 화재 등이 없었기 때문에 방사능 물질의 확산과 축적은 체르노빌 원전 사고에 비해 좁은 지역에 국한되었고 방사능물질의 총량 또한 체르노빌 원전사고의 총 방출량의 10%에 머무르고 있다(ニュートンプレス 2014, 56-57쪽). 사고 직후 원전으로부터 20km 반경이 피난지역으로 지정되어 약 7만8000명이 피난하였고 후쿠시마 현 전체로서는 약 15만명이 피난하였다. 이에 비해 체르노빌의 경우 30km 반경이 피난지역으로 선포되고 약 13만5000명이 피난하였다. 이러한 방사능피해의 차이에도 불구하고, 체르노빌과 같이 거주가 장기간 허락되지 않는 고농도의 오염지역이 발생했다는 점에 주목하지 않으면 안 된다.

수소폭발 이후 사후처리방식으로 체르노빌 사고 이후 쓰인 석관으로 불린 콘크리트제 봉인방식이 아닌 미국의 쓰리마일 아이랜드 사고에 쓰인 관수공법이 도입되었다(ニュートンプレス 2014, 84-85쪽). 체르노빌의 경우 폭발과 화재로 인해 녹아내린 핵원료의 회수가 어려웠다. 그러나 후쿠시마 사고에서도 오염수를 정화하여 냉각수로 재이용하는 시스템이 구축되었다고는 하나, 발전소 내에 체류한 오염수를 처리한 다음 나오는 폐기액체의 저장량이 급증하였기 때문에 이중 일부 오염수가 방출되는 사고가 발생하였고 또한 지하에 모인 오염수가 지하수의 유입과 더불어 바다로 흘러나가는 등 완벽한 순환주수냉각(循環注水冷却)시스템은 좀처럼 해결되지 않는 문제를 안고 있다(每日新聞社 2017a). 이와 관련하여 녹아내린 핵연료를 채취하는 방법으로 원자로 전체를 물에 적시지 않고 핵연료를 빼내는 기중공법(気中工法)이 고려되고 있다(福

島民報社 2017).

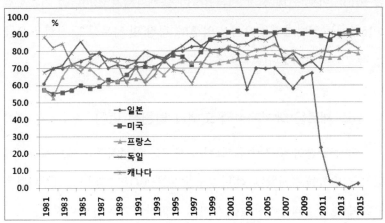

자료: 原子力安全基盤機構(2010), 電気事業連合会(2016)

    이러한 원전사고는 일본사회에 공포심을 조장함은 물론 원전의 운전정지가 전국적으로 파급되었다. 13개월 운전 후 정기검사에 들어가 수개월내 재가동되는 것이 일반적인 관례였으나 종래의 안전규제 하에서 심각한 사고가 발생하였기 때문에, 2012년 5월 홋카이도에 위치한 토마리(泊) 원전이 정지에 들어가자, 〈그림 3〉과 같이 전력생산에서 원전 비중은 0%가 되었다. 이에 따라 부족한 에너지원을 보완하기 위해 계획 송전 등의 소비절약과 더불어 천연가스를 비롯한 화석연료 수입이 급증하여 무역수지 적자를 기록하게 되었다. 또한 전국의 9대 전력회사도 2011년과 2012년에는 적자결산을 기록하였다. 2012년에 국한한 당기이익을 보면 홋카이도 -1,200억 엔, 도호쿠 -591억 엔, 도쿄 -6,943억 엔, 주부

-353억 엔, 호쿠리쿠 -23억 엔, 간사이 -2,729억 엔, 주고쿠 -266억 엔, 시코쿠 -462억 엔, 큐슈 -3,380억 엔, 합계 -1조5,950억 엔이었다(電気事業連合会 2016). 이로 인해 전기요금 인상이 불가피해져 2010년을 기준으로 2013년에는 일반가정용 요금은 약 20%, 공장 및 사무실 등 산업용 요금은 약 30% 인상되었다(資源エネルギー庁 2015a).

3.2. 새로운 에너지정책 모색과 탈원전 방침

이상과 같이 후쿠시마 제1원전 사고는 일본정부의 에너지정책에 있어 큰 변화를 가져왔다. 간 나오토 수상은 2011년 7월 13일 기자회견을 통하여 '원전에 의존하지 않는 사회'를 지향하여 기존의 에너지기본계획을 백지화한다는 방침을 내놓으며 에너지정책의 재검토 작업에 들어갔다. 종래에는 산업계의 이해를 중시하는 경제산업성이 '에너지·환경회의'를 주도하였지만, 2011년 7월에 개최된 에너지·환경회의에서는 환경단체의 입장을 함께 고려하여 '혁신적 에너지·환경전략 책정을 위한 중간정리'를 발표하여 기존의 에너지정책의 기본방침으로 종래의 3E + 안전(safety)을 제시하였다(エネルギー·環境会議 2011). 기존의 에너지정책에 비해 재생가능에너지의 위상을 높이 평가하고 에너지 절약과 더불어 화석연료의 그린화를 강조함으로써 원전 의존도를 축소할 것을 명시하였다.

구체적인 시나리오를 마련하기 위해, 에너지·환경회의 하에 비용 등에 관한 검증위원회를 설치하여 발전비용에서 그 동안 경시되었던 사회적 비용 등을 포함하여 〈표 3〉과 같이 전원별 발전비용 시산을 2011년 12월에 발표하였다. 이를 통해 2010년, 2020년, 2030년에 각각 운전 모델 플랜트를 상정하고 원전 사고리스크대응비용인 손해비용(배상, 오염제거 비용 등)을 상정하여 손해비용의 하한선을 5.8조엔으로 시산하였다. 이에 따르면 사고비용이 1조엔 증가할 때마다 0.1엔/kWh의 비용 증가가 있다고 보고 그 상한선을 책정하지 않아 원전사고의 가능성과 그 피해 규모를 열어두었던 것이다. 그럼에도 불구하고 〈표 3〉과 같이 화석연료 전원 비용은 화석연료가격과 CO_2대책비용 등의 상승으로 2004년 시점 시산보다 증가하지 않을 수 없었다.

〈표 3〉 전원별 발전비용 시산 (단위: 엔/kWh)

		2004년 시산	2011년12월 시산			
			2010년 운전개시	2030년 운전개시	설비 이용률	가동년수
원자력		5.9	8.9~	8.9~	70%	40년
석탄화력		5.7	9.5~9.7	10.3~10.6	80%	40년
LNG화력		6.2	10.7~11.1	10.9~11.4	80%	40년
석유화력		16.5	22.1~23.7	25.1~28.0	50%	40년
풍력	육상	—	9.9~17.3	8.8~17.3	20%	20년
	해상(착상식)	—	—	8.6~23.1	30%	20년
지열		—	9.2~11.6	9.2~11.6	80%	40년
소규모 수력		—	19.1~22.0	19.1~22.0	60%	40년
바이오머스 (목질 전소)		—	17.4~32.2	—	80%	40년
태양광	주택용	—	33.4~38.3	9.9~20.0	12%	2010년은 20년, 2030년은 35년
	메가 솔라	—	30.1~45.8	12.1~26.4		
가스 Cogeneration		—	10.6~10.9	11.5~12.0	70%	20년
석유 Cogeneration		—	17.1~18.1	19.6~21.7	50%	20년

자료: 近藤かおり(2012)

전원별 발전비용 시산을 가지고 일본경제에 필요한 에너지원을 어떻게 구성할 것인가에 관한 에너지 믹스 문제를 검토하기 위해 총합자원에너지조사회 기본문제위원회가 조직되었다. 본 위원회는 산업계의 입장을 반영하는 기존의 원전추진론자뿐만 아니라 원전 반대파와 전력산업 자유론자를 포함한 위원 25명으로 구성되었다. 이를 통해 원자력 정책의 재검토가 이루어져 최적 전력 밸런스가 2012년 6월 19일에 에너지 · 환경회의에 보고되었다(総合資源エネルギー調査会 2012). 바로 이 것이 '에너지 믹스 선택사항의 원안에 관하여'로 2030년 원자력 비율에 대한 네 가지 안이 제시되었다〈표 4〉. 제1안은 원전 0%, 제2안 원전 15%, 제3안 원전 20-25% (현상유지안), 제4안 전력시장에서의 수요자 선택이라는 방안이었다. 이중 에너지 · 환경회의는 제4안을 뺀 제1안, 제2안, 제3안을 동월 29일에 공표하였다.

<表 4> 현행 에너지기본계획과 3가지 선택

| | 2010 실적 | 에너지 기본 계획 (2010) | 2030 | | | 에너지·환경전략 |
| | | | 세 가지 시나리오 | | | |
			0% 시나리오	15% 시나리오	20-25% 시나리오	
원자력발전비율(%)	26	45	0	15	20-25	—
재생가능에너지 비율(%)	10	20	35	30	25-30	약 30
화력발전비율(%)	63	35	65	55	50	—
석탄	24	11	21	20	18	—
LNG	29	16	38	29	27	—
석유	10	8	6	5	5	—
발전전력량	1.1조 kWh	약 1조 kWh	약 1조 kWh (10% 감소)	약 1조 kWh (10% 감소)	약 1조 kWh (10% 감소)	약 1조 kWh (10% 감소)
최종에너지 소비	3.9억 kl	—	약 3.0억 kl (22% 감소)	약 3.1억 kl (19% 감소)	약 3.1억 kl (19% 감소)	약 3.2억 kl (19% 감소)
화석연료수입액	17조엔	—	16조엔	16조엔	15조엔	—
비화석전원 비율(%)	37	65	35	45	50	—
온실효과가스배출량 (90년 대비 증감율%)	▲ 0.3	▲ 30	▲ 23	▲ 23	▲ 25	▲ 20
비용 / 2030년 시점 가정 전기요금	1만엔/월	—	1.4-2.1배	1.4-1.8배	1.2-1.8배	—
비용 / 계통대책비용	—	—	5.2조엔	3.4조엔	3.4-2.7 조엔	—
비용 / 에너지 절약 투자액	—	—	약 100조엔	약 80조엔	약 80조엔	84조엔
비용 / 2030년 실질GDP	511 조엔	740 조엔	564-628 조엔	579-634 조엔	581-634 조엔	—

자료: 近藤かおり(2012)

이에 대해 토론형 여론조사가 이루어져 참가자의 47%가 제1안을 지지함(日本経済新聞社 2012)에 따라, 이에 근거하여 에너지 · 환경회의는 2012년 9월 14일 '혁신적 에너지 · 환경전략'을 마련하였다(エネルギー · 環境会議 2012). 우선 세 가지 기본방침을 제시하였는데, 첫째 원전에 의존하지 않는 사회를 실현하기 위해 2030년까지 원전 가동을 중지하고, 둘째 그린 에너지 혁명을 실현하며 셋째 지속가능한 성장을 위해에너지의 안정공급을 확보한다는 것이었다. 기존의 '3E + 안전' 중, 안전 추구를 최우선으로 하였던 것이다. 이와 더불어 전력시스템을 개혁하여 세 가지 기본방침을 실현하여 지구온난화대책에도 기여한다는 것을 상정하였다. 그럼에도 불구하고 당사자인 전력회사는 물론 산업계의 비용 증가에 대한 부정적인 입장은 거세었고 현실적으로 원전용인 시나리오가 현실적이 아닌가 하는 논의가 계속되었다(電気事業連合会 2012a).

4. 아베정권의 등장과 에너지 정책의 재검토

4.1. 자민당 정권의 재집권과 아베노믹스

2012년 12월 16일에 실시된 중의원선거를 통해 민주당에서 자민당으로 정권교체가 이루어졌다. 이를 비례대표선거 득표율에서 보면 유권자들이 자민당을 적극적으로 지지했다기보다는 민주당을 적극적으로 지지하지 않았기 때문에 결과적으로 자민당이 승리하였다고 판단된다.

민주당의 경우 2009년 정권 등장 시 마니페스트(manifesto)를 통해 제시한 아동수당 등 다양한 형태의 소득재분배 정책을 제시하였지만, 동일본대지진의 발생으로 이를 위한 재원마련이 곤란해지게 되었다. 지진피해에 대해 적극적 차원에서 부흥계획을 수립하고 대규모 투자를 전개할 수 있는 가능성이 있었음에도 불구하고, 지진 발생 후 오히려 심각해진 엔고에 대한 정책 마련에 실패하였고 종래의 디플레이션에 대한 극복방안도 부실하였던 것이다. 소득재분배정책과 재해지역 부흥을 동시에 추진하는 가운데 재원 창출을 위한 소비증세가 결정됨에 따라 경제정책에 관한 정권의 무능함을 국민 부담으로 돌리려는 인상을 주었던 것이다 (임채성 2014, 25-49쪽).

그 결과, 자민당은 공명당과 더불어 참의원 부결 시 중의원에서 법안 재가결에 필요한 320석을 넘는 의석수를 확보하게 되었다. 이에 아베 정권이 막강한 영향력을 사회적으로 행사할 수 있게 되었던 것이다. 2006년 9월에 성립한 제1차 아베내각은 신성장전략을 추구하여 경제성장률 3%를 목표로 제시하였으나, 고이즈미 정권에서 강조되었던 시장주의에 의거한 경제주체의 자기책임을 계승하여, 사실상 디플레이션 극복 방안이 결여된 측면을 가지고 있었다. 이러한 경험을 역으로 살려 아베 수상은 일본은행법을 개정해서라도 경기부양을 추진하여 디플레이션으로부터 탈출하겠다는 입장을 고수하였다. 이러한 선거국면의 정책 표명이 금융시장에 반영되면서 엔저 현상과 더불어 주가상승이 이어졌다.

이것이 아베노믹스(Abenomics)로 구체화되었다. '경제재정운영과 개혁의 기본방침'이 2013년 6월 14일 각의 결정되어 '잃어버린 20년'을 극복하고 디플레이션으로부터 조기 탈출해서 '재생 10년'을 달성하기 위한 로드맵이 제시되었다(閣議決定 2013). 이것이 2013년 제15회 경제재정 자문회의를 통해 세발의 화살(대담한 금융정책, 기동적 재정정책, 민간 투자를 환기시키는 성장전략)로 구체화되었다. 2015년부터의 3년간을 아베노믹스의 제2스텝으로 위치지어 '1억 총 활약 사회'를 지향하고 있다. 세계경제의 회복추세와 더불어 엔저 현상이 계속되면서 수출관련기업의 수익성이 개선되고 이것이 주식시장에 반영되어 버블경제의 붕괴 이후 주가가 최고수준을 갱신한 바 있다.

4.2. 에너지 정책 재검토와 원전 유지 방침

이러한 아베정권의 경제정책은 에너지정책에 영향을 미치지 않을 수 없었다. '2030년대에 원전가동을 제로로 한다'는 민주당의 에너지 정책이 재검토되었다. 2013년 12월에 마련된 새로운 에너지기본계획의 원안을 보면 원전을 에너지수급의 안정성을 보장하는 '중요한 기본전원(重要なベース電源)'으로 간주하고 있다. 안정성이 확인되는 원전에 대해서는 재가동조치를 내린다는 점이 확인되었다. 이러한 원안의 내용이 2014년4월에 각의 결정된 새로운 에너지기본계획에도 반영되었음은 물론이다(閣議決定 2014). 이에 의하면 기본적 시점으로서 '안정공급(에너지안전보장)', '효율성의 향상에 의한 저비용 에너지 공급 (경제효율성)', '환경에 대한 적합성', '3E+안정성'이라는 원칙이 확인되기는 했으나 '국제적 시점'과 '경제성장'이라는 측면이 가미되었다.

즉, 아베노믹스의 성장전략적 관점에서 전력시스템의 개혁을 통하여 에너지공급사업자의 상호진입, 새로운 기술 및 서비스 노하우를 갖고 있는 신규업자의 진입을 촉진함으로써, 산업구조를 발본적으로 개혁하는 동시에 가스 시스템의 개혁 등 에너지 시장을 활성화하여 경제성장의 기폭제로 삼는다는 것이다(閣議決定 2014, 63-72쪽). 종래의 종단적인 에너지시장의 횡단적 통합을 통한 종합에너지의 기업화를 기대하고 있다. 축전지, 연료전기 등 첨단기술의 확대와 인프라 수출 등을 추진하여 에너지를 축으로 하는 새로운 성장동력을 추구한다는 것이다. 다각간, 양국간 에너지협력체제를 구축하여 에너지의 안정적 공급과 함께 잠재적 시장개척의 기회를 확보하는데 중점을 두고 있다.

특히 논란이 된 원자력에 관해서는 "뛰어난 안전공급성과 효율성을 가지고 있어 운전비용이 저렴하고 변동도 적을 뿐만 아니라 운전 시에는 온실효과가스의 배출도 없기 때문에, 안전성 확보를 대전제로 에너지수급구조의 안정성에 기여하는 중요베이스전원"이라는 점이 강조되었다(閣議決定 2014, 41-48쪽). 또한 "어떠한 사정보다 안전성을 우선시하여 국민들의 걱정 해소에 전력을 다한다는 전제 하에 원전의 안정성에 관하여 원자력규제위원회의 전문적인 판단에 맡기고, 규제위원회에 의해 적합하다고 판단되는 경우에는 그 판단을 존중하여 원전의 재가동을 추진한다"는 점과 함께, "원전의존도에 관해서는 에너지절약, 재생에너지도입과 화력발전소의 효율화 등을 통해 가능한 한 줄여간다"는 점이 제시되었다. 이는 원전제로정책으로부터의 전환과 다름이 없다.

2015년 6월 1일 개최된 총합자원에너지조사회(경제산업장관의 자

문기관)의 기본정책분과회에서는 장기에너지수급전망이 검토되었다 (総合資源エネルギー調査会 2015). 이에 따르면 경제성장 1.7% 등에 의한 에너지수요 증가가 예상되는 가운데, 과거 오일쇼크 후 달성된 에너지 효율화를 고려하여 5,030만kl 라는 에너지절약을 추진할 수 있다고 보았다. 이로 인해 최종에너지소비는 2013년 361백만kl에서 2030년 326백만kl로 줄어들 것으로 예상하고 있다. 이의 1차 에너지공급구성을 보면, 석유 30%, LPG 3%, 석탄 25%, 천연가스 18%, 원자력 10-11%, 재생가능에너지 13-14%, 자급률 24.3%로 전망하고 있다.

〈그림 4〉 장기에너지수급전망에서의 전력수요 및 전원구성

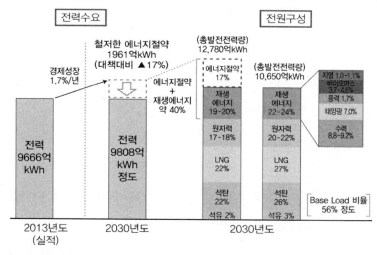

자료: 資源エネルギー庁(2015b)

전체 에너지수급 가운데 전력에 관해서 주목해보면, 〈그림 4〉와 같은 수급전망이 제시되었다. 즉, 현재 기술수준으로는 전력수요가 크게

늘어날 수밖에 없지만 이에 대해 철저한 에너지절약기술을 도입함으로 이를 최대한 억제할 방침이다. 공급 면에서는 에너지 자급률을 높이고 CO2배출을 억제하기 위해 재생가능에너지를 최대한 늘려 22-24%를 점하도록 하고 석탄화력(26%)과 LNG화력(27%)의 효율화를 꾀하는 동시에 긴급시의 예비용으로 석유화력(3%)을 상정하였다. 이의 부족분을 원전에서 확보한다는 방침으로 동일본대지진전의 26% 수준에서 이를 20-22%로 낮춘다는 입장이다. 이는 2012년 6월 개최된 에너지·환경회의에서 검토된 세 가지 시나리오 가운데 제3안 원전 20-25%에 가까운 안이다. 이러한 정책은 대담한 에너지 전환과는 거리가 멀며 기존 권익을 장악한 대형전력회사와 경제산업성의 발언력이 크게 반영된 안이라 평가되었다(每日新聞 2017c).

〈그림 5〉 일본 9대 전력회사 수익률 (단위: %)

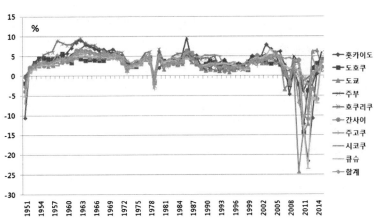

자료: 電気事業連合会(2016, 2017)
주: 수익률=당기이익÷매출액

즉, 〈그림 5〉에서 9대 전력회사의 수익률이 전후 65년 동안 후쿠시마 제1원전 사고 이후 가장 악화된 것에서 알 수 있듯이 '탈원전'은 전력회사에게 또 다른 의미의 재앙이었다. 물론 사고책임자인 도쿄전력의 경우 손해배상문제[2]를 안고 있어 경영악화를 피할 수 없었지만, 다른 8사의 경우에도 원전중단과 이를 대체하기 위한 화력연료 의존 증가는 전력생산비의 상승을 가져와 적자계상이 불가피하였다. 2015년 6월 기본정책분과회의 장기에너지전망을 위한 에너지 종류별 생산비 시산(〈표 5〉)을 보아도 기존의 화석연료에 대해서도 우위에 설뿐만 아니라 재생가능에너지에 비해서는 생산비의 1/2 내지 1/3에 불과하였다. 현재의 기술수준에서 재생가능에너지는 '재생가능'이라는 명칭에도 불구하고 결코 저렴한 에너지가 아닌 셈이다. 또한 기존의 화석에너지는 일본 국내에서 자급 불가능하여 거의 전량을 해외로부터 수입하지 않을 수 없어 무역수지의 지속적인 악화요인이 되고 있다. 이러한 점에서 전력회사를 비롯한 산업계가 원전 제로에 대해 반발하고 정부 부처 내에서 경제산업성이 원전가동을 유지하고자 하는 것이다.

---

2) 사고책임자인 도쿄전력이 손해배상과 사고처리로 인해 파산하게 되면 막대한 손해책임의 주체가 사라지게 된다는 점에서 원자력손해배상지원기구(→원자력손해배상·폐로등지원기구)가 2011년8월에 설치되어 도쿄전력에 정부의 교부국채를 재원으로 하는 특별지원금을 지급하고 특별부담금을 내도록 하였다. 이와 더불어 2012년7월 지원기구를 통해 정부는 도쿄전력에 대해 1조엔의 공적자본을 조달하여 주식 절반을 확보하여 도쿄전력의 국유화를 감행하였다(高橋 2017, 218-221쪽).

<표 5> 2014년도 모델플랜트 생산비 시산

	설비이용률 및 가동년수	발전비용 (엔/kWh)	2011년 비용검증위
원자력	70% 40년	10.1	8.9
석탄화력	70% 40년	12.3	9.5
LNG화력	70% 40년	13.7	10.7
풍력(육상)	20% 20년	21.6	9.9-17.3
지열	83% 40년	16.9	9.2-11.6
일반수력	45% 40년	11.0	10.6
소규모 수력 (80만엔/kW)	60% 40년	23.3	19.1-22.0
소규모 수력 (100만엔/kW)	60% 40년	27.1	19.1-22.0
바이오머스(傳燒)	87% 40년	29.7	17.4-32.2
바이오머스(混燒)	70% 40년	12.6	9.5-9.8
석유화력	30 · 10%40년	30.6-43.4	22.1-36.1
태양광(대규모)	14% 20년	24.2	30.1-45.8
태양광(주택)	12% 20년	29.4	33.4-38.3
가스Coenergy	70% 30년	13.8-15.0	10.6
석유Coenergy	40% 30년	24.0-27.9	17.1

자료: 資源エネルギー庁(2015b)

이에 대해 후쿠시마 제1원전 사고 이후 탈원전 시위가 시민단체를 중심으로 계속되어 왔으며 신문방송사의 여론조사 결과도 원전 재가동에 반대하는 의견이 압도적이다(每日新聞社 2017b). 그럼에도 불구하고, 원전재가동은 이루어지고 있다. 2017년 12월 상업용 원전 48기 중 4기 큐슈전력의 센다이 원전(川內原發) 1, 2호기, 간사이전력의 타카하마 원전(高浜原発) 3, 4호기가 원자력규제위원회에 의해 적합하다는 판단을 얻어 재가동하고 있다. 국제적으로 보면 원전의 위험성이 선진국을 중심으로 회자되고 있으나, 중국은 2030년까지 100기 이상의 원전을 가동하여 미국을 제치고 원전대국으로 부상할 예정이다. 향후 일본은 제4차 에너지기본계획 하에서 원전가동을 이어나갈 것으로 판단된다.[3]

5. 일본 에너지 정책과 한국경제에 대한 시사점

일본정부는 지구온난화가 전 세계적 대응을 요하고 이를 위한 중요한 이정표로 교토의정서가 자국 내에서 채택됨에 따라 온난화가스 방출제한과 경제성장이라는 상충관계에 즈음하여 각의결정으로 에너지기본계획을 채택하였다. 더욱이 에너지가격이 급격하게 상승하자, 일본정부는 재생가능에너지에 비해 기술적으로 확립되었다고 자신하는 원전시설을 확충할 것을 결정하였다. 원전을 중심으로 한 '제로 에미션' 정책이 탄력을 받아 진행되는 가운데 동일본대지진과 후쿠시마 제1원전 사고의 발생은 기존의 에너지 정책에 큰 충격이 되었다. 일본사회의 원전 안전신화를 소멸시켰을 뿐 아니라 연이은 원전 가동중단으로 인한 전력부족을 가져왔다. 이 때문에 계획송전이 실시되고 해외로부터 대량의

---

3) 요미우리신문 사설(2011년 9월 7일)은 일본이 플루토늄을 이용할 수 있는 것이 "외교적으로 잠재적인 핵 억지력으로 기능하고 있다'고 주장했으며, 자민당의 이시바 시게루(石破茂) 전 방위장관도 『사피오』(2011년 10월 5일)에서 "원전을 없애는 것은 잠재적 핵억지력를 방기하는 것이다'라는 의견을 표명하였던 것에서 알 수 있듯이 원전 재가동의 의미는 단순한 경제적 합리성을 벗어나는 논리 구조를 갖고 있는 점에도 유의할 필요가 있다.

천연가스가 수입되었다. 무엇보다도 에너지기본정책은 재생가능에너지를 중시하는 '제로 원전'으로 급진전된 것이다.

그러나 이에 대한 산업계의 반발은 큰 것이었다. 즉, 전력요금 인상이 불가피하며 일본경제의 장기불황을 탈피하는 데 효과적이지 못하는 인식이다. 특히 지역독점체제를 향유해왔던 9대 전력회사로서는 대규모 사고가 발생하지 않는 한 절대적으로 원가가 저렴한 원전은 결코 포기할 수 없는 전원(電源)인 것이다. 아이러니하게도 사고 시 그대로 위험에 노출되는 원전마을(原發村) 또한 보조금과 일자리를 염두에 두고 재가동을 곳곳에서 요구하였다. 민주당 정권에 대한 국민적 지지가 사라진 다음 등장한 자민당 정권은 아베노믹스 하에 '제로 원전'정책을 없었던 것으로 하고 제4차 에너지기본계획을 수립하여 실행중이다.

이와 같이, 후쿠시마 제1원전 사고가 큰 충격임에도 불구하고 에너지수급의 경제논리와 직접적 이해당사자의 요구가 반영되면서 에너지정책은 크게 요동쳐왔던 것이다. 디플레이션으로부터의 탈출과 경제성장이라는 경제논리가 아베노믹스 하의 일본경제에 강하게 반영되고 있는 것이다.

한국 또한 저성장단계에 접어들었고 인구감소가 일본이상 심각해질 것으로 예측된다. 이러한 가운데 민주당 정권이 들어선 이후 원전문제를 둘러싸고 국론이 분열되는 양상을 시현하였다. 부품비리, 활성단층 등으로 인해 원전의 안정성이 크게 의문시되며 환경단체의 입장이 현 정권에 받아들여져 탈원전 정책이 제시되었던 것이다. 그러나 이 또한 국민적 공감을 얻지 못해 원전을 용인하는 방향으로 정책이 전환되었다. 현재의 기술수준에서 재생가능에너지는 그 명칭과는 달리 결코 저렴하지 못하며 그 주력이 되는 태양광, 풍력의 경우 연속적인 전력공급 면에서 결코 안정적이지 못하다. 반면, 원자력은 잠재적 위험성에도 불구하고 현실적으로 대단히 저렴하다는 경제성을 갖고 있다. 이것이 일본을 비롯하여 많은 선진국이 현실적으로 원전을 포기하지 않고 중국, 인도 등 신흥공업국이 원전을 증설하는 이유이기도 하다. 이러한 고민은 가까운 미래에도 이어질 수밖에 없을 것으로 한국경제의 저성장이 진행되면 될수록 더욱 심각해질 것이다.

탈(脱) 성장론의 확산과 그 의의*

여인만

1. '성장'의 모범에서 '정상(定常)경제'의 선두에 선 일본경제

일본경제는 세계경제사상 세 번의 '첫 경험자'가 되었다. 첫 번째는 1955~73년간의 연간 10%에 달하는 고도성장이고, 두 번째는 1990년대 이후의 그 어떤 국가가 경험한 것보다도 장기간의 불황이다. 그리고 현재 일본은 역사상 처음으로 '정상(定常)경제(stationary economy)' 상태에 진입한 것으로 인식되고 있다. 정상경제란 고전파 경제학자들이 상정했던, 경제가 성장을 멈추고 일정한 수준에서 안정되어 있는 상태로, 제로성장단계라고도 할 수 있다. 이러한 배경 하에서 일본에서는 2010년대 이후 '탈성장론'이 대중적으로 널리 수용되고 있다. 이 장에서는 이 탈성장론의 내용을 정리하고 그 논의의 의의를 검토한다.

---

* 이글은 「일본에서 탈성장론의 확산과 그 의의」『韓日經商論集』79권(2018. 5)의 내용을 수정 · 가필한 것이다.

여기서 탈성장론이란 성장을 억제해야만 한다는 '반성장론'과 다르게 성장을 부정하지는 않는다. 그러나 현재 일본의 경제상황이 성장을 실현할 수 있는 가능성이 매우 작은 정상경제 단계에 돌입했다는 점을 인정해야 한다고 본다. 물론 이러한 주장이 일본 정부와 민간에서 아직 주류를 차지하고 있지는 못하다. 금융·재정정책을 비롯한 적절한 경제정책과 기업에서의 생산성 향상 노력이 합치된다면, 일본은 1990년대 이전과 같은 높은 성과를 자랑하는 경제체제를 회복할 수 있다고 많은 사람들이 여전히 희망 섞인 예측을 하고 있다. 일본경제의 '재흥(부활)'을 최우선 정책목표로 삼는 아베노믹스는 이러한 기대에 근거하고 있다. 이러한 기대의 배후에는 1990년대 이전을 '정상상태(normal state)' 혹은 돌아갈 수 있는 시기라고 생각하는 전제가 있다. 2차대전 후의 폐허 속에서 경제대국으로 변모시킨 고도경제성장을 달성한 경험에서 보면 이러한 전제는 당연한 듯이 보인다.

그런데 이러한 성장에 대한 낙관적인 기대는 뒤집어보면 시대에 역행하는 퇴행적인 사고를 온존시키는 해악을 끼치기도 한다. 빈곤과 격차, 고용불안, 청년층의 무기력, 정권의 보수화·우경화 등 현재 일본의 사회 경제적 문제가 1980년대의 경제상태를 회복한다면 자연스레 해결될 것이라는 사고가 바로 그것이다. 그에 비해 탈성장론에서는 성장을 전제로 하지 않고도 현재 일본이 직면하고 있는 혹은 직면할 것으로 예측되는 여러 사회 경제적 문제를 해결할 수 있다고 본다. 그러한 의미에서 탈성장론은 성장론자보다 일본 사회에 대해 훨씬 낙관적 전망을 갖고 있다고 할 수 있다.

탈성장론에서는 1990년대 이후 일본경제가 종래와는 다른 새로운 단계에 접어들었기 때문에, 1980년대의 경제 체제로 뒤돌아가려는 '잃어버린 10년' '잃어버린 20년'이라는 식의 주장이 비현실적이라고 지적한다. 더구나 이러한 새로운 단계는 일본뿐만 아니라 세계적으로도 적용될 것으로 주장했다. 그런데 실제로 2008년의 글로벌 금융위기 이후 일본식의 장기불황 상태가 전 세계적으로 새로운 정상상태(new normal)라고 보는 인식이 확산되면서,[1] 일본의 탈성장론이 더욱 주목을 받게 되었다. 비슷한 시기부터 일본 국내에서는 저출산·고령화라는 인구구조의 변화가 경제에 미치는 영향에 대한 논의가 활발해지면서 탈성장론에 대한 대중적 관심이 급속히 높아지게 되었다.

이상과 같은 배경 하에서 이 장에서는 일본에서 탈성장론의 등장 및 확산과정 그리고 주요 내용 등을 살펴보고 향후의 전개방향에 대해 간단히 전망해보고자 한다. 먼저 2절에서는 최근 일본경제의 상황을 아베노믹스의 성과와 한계라는 측면에서 살펴본다. 그를 통해 1980년대의 상태로 뒤돌아갈 수 있다는 주장과 1990년대 이후에 새로운 단계에 진입했다는 주장 가운데 후자의 주장이 더 설득력 있게 받아들여지고 있다는 점을 확인한다. 3절에서는 탈성장론이 일본에서 등장하게 되는 과정과 성장론자의 유형에 대해 살펴본다. 그리고 4절에서는 탈성장론자들의 주요 내용을 복지, 재정, 인구, 에너지 등을 중심으로 살펴본다. 그리고 결론에서는 이상의 논의를 정리하고 이 주장의 의의와 전망에 대해

---

1) 구조적 대불황(secular stagnation)과 일본의 장기불황에 논의에 대해서는 Summers(2014; 2016) 등을 참조할 수 있다.

언급하기로 한다.

2. 아베노믹스와 일본경제의 성장가능성

2.1. 아베노믹스의 성과와 한계

아베노믹스는 2012년말 제2차 아베내각이 출범한 후 2013년 3월경부터 본격적으로 추진되기 시작하는데, 먼저 그 정책이 등장하게 된 배경에 대해 간단히 살펴보기로 하자.[2] 당시 경제상황에 관한 지표를 보면 저성장, 저물가, 엔고 등 2008년 글로벌 금융위기 이후에 고착된 악순환이 계속되고 있었다. 즉 2012년의 경제성장률은 명목 0.5%, 실질 1.4%, 전년 대비 물가상승률은 기업(생산자)물가가 -0.9%, 소비자물가가 0%였다. 반면에 실업률은 4.3%로 상대적으로 양호한 수준이었으며, 달러당 엔화 환율은 79.8엔 수준이었다. 한편 재정의 국채의존도는 48.8%로 예산의 반을 국채발행에 의존하고 있었으며, 중앙 및 지방정부 장기채무 잔액의 대GDP 비율은 218.8%였다. 기준금리는 0.3%로 사실상 제로금리였다. 즉 장기적인 불황 상태를 탈출하기 위한 정책 수단이라는 면에서 볼 때, 금융정책과 재정정책 모두 바닥을 드러내놓고 있던 상태였다.

이러한 상황에서 아베노믹스는 '세 개의 화살'을 종합적으로 전개하여 디플레이션의 탈출을 목표로 했다. 여기서 세 개의 화살이란, '대담

---

2) 이하, 이에 대한 설명은 여인만(2016)에 의한다.

한' 금융완화라는 제1의 화살, '기동적인' 재정지출의 제2의 화살, 그리고 민간투자에 의한 성장전략을 의미하는 제3의 화살로 되어 있다.

이상과 같은 정책은 먼저 제1의 화살과 제2의 화살을 통해 단기적으로 디플레이션으로부터의 탈출을 의도했는데, 그 메커니즘은 다음과 같다(〈그림 1〉). 즉 주로 금융완화에 의해 그리고 보조적으로 재정정책에 의해(레짐의 변화) 예상 인플레이션이 발생하면(행동의 변화), 실질금리가 하락하여 자산가격이 상승하고 엔저가 유도된다. 그러면 다음부터는 경제학이론이 상정한대로 움직이게 된다는 논리다. 즉 소비, 투자, 수출, 정부지출이라는 총수요 구성항목이 모두 증가하여 만성적인 디플레이션 갭이 해소되어 (실질)인플레이션이 일어나고 자금수요도 증가하며 명목임금도 상승하게 된다는 것이다.

〈그림 1〉 아베노믹스의 파급 경로

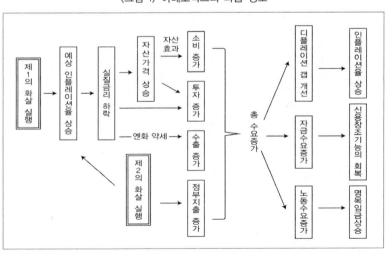

자료: 若田部(2015), p.44

이처럼 디플레이션 갭이 해소되면 중장기적으로는 잠재GDP를 증대시키는 성장전략이 중요하게 된다. 이상을 인체에 비유하자면 병을 낫게 하는 약이 제1의 화살, 회복을 위한 식사가 제2의 화살, 그리고 근력 트레이닝이 제3의 화살이라고 할 수 있다. 이러한 3개의 화살이 자동차의 변속처럼 차례대로 추진되면, 자동차 속력이 가속화되는 것처럼 경제가 다음 단계의 성장궤도로 진입하게 될 것으로 본다. 아베노믹스에서는 이와 같은 논리를 트랜스미션 메커니즘라고 했는데, 이를 도식화하면 〈그림 2〉와 같다.[3]

〈그림 2〉 아베노믹스의 트랜스미션 메커니즘

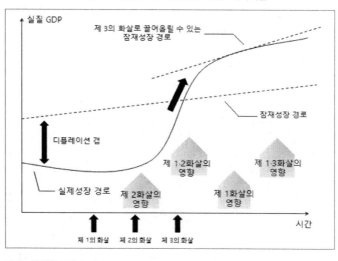

자료: 片岡(2014), p.25

─────────────

3) 트랜스미션 메커니즘이라는 용어는 후술하는 리플레이션파의 대표적인 논자로, 일본은행 부총재가 된 이와타 기쿠오(岩田規久男)가 처음으로 사용했다고 한다.

그런데 이상과 같은 아베노믹스의 파급경로에서 관건이 되는 것은 제1의 화살인 금융정책의 효과 여부인데, 이를 이론적으로 뒷받침한 것이 리플레이션(reflation)파이다. 그들은 디플레이션이 장기불황의 원인이라고 보고, 디플레이션을 마일드한 인플레(연2-3%)로 바꾸는 인플레이션 타겟 정책 즉 리플레이션 정책의 실시를 주장했다.[4]

그러면 실제로 아베노믹스가 실시된 이후 3년 동안 어떠한 변화·성과가 발생했을까? 먼저 성장률에 대해 보면 아베노믹스가 실시되기 이전에 비해 아베노믹스 기간 중에는 성장률이 상승한 점이 확인된다. 즉 1999~2012년 연평균 성장률이 0.75%였던 데 비해 2013~16년은 1.17%로 높아졌다. 같은 기간에 선진국 평균이 하락한 데 비해 일본은 상승한 점도 주목된다.[5] 그리하여 명목 GDP는 2016년에 543.4조엔을 기록하여 과거 최고치였던 1997년의 534.4조원을 넘어섰다(〈그림 3〉). 2017년 중에도 545. 9조엔으로 새롭게 최고치를 경신하였고, 아베 내각에서는 2020년까지 600조엔의 달성이 가능하다고 주장하게 되었다.

---

4) 이러한 주장이 처음 전개된 것은 Krugman(1998)인데, 일본에서 이를 가장 강력하게 주장한 사람은 전술한 이와타(岩田規久男) 가쿠슈인(学習院)대학 교수, 아베노믹스의 실질적인 제안자로 예일대학 명예교수인 하마다 고이치(浜田宏一)등이었다. 이들 주장을 대표적으로 보여주고 있는 것으로는 岩田·浜田·原田編(2013), 本田(2013), 若田部(2015) 등이 있다.
5) 같은 기간에 선진국의 연평균 경제성장률은 각각 1.9%와 1.8%였다(구본관 2017, p.200).

〈그림 3〉 일본의 GDP와 인플레이션율 추이

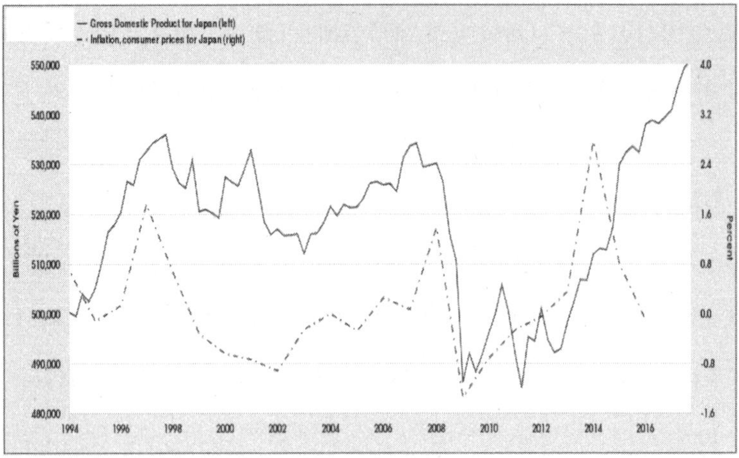

자료: fred.stlouisfred.org

그에 따라 고용사정도 개선되었다. 취업자수는 2012년 10~12월에 비해 15년 10월 현재 110만명 증가했고 2016년 2월의 유효구인배율(구인자수/구직자수)은 1.28로 최근 24년간 최고수준을 기록했다. 실업률도 2016년 2월 현재 3.3%라는 낮은 수준을 유지하고 있고, 2015년의 임금인상률은 14년 수준을 상회하여 최근 17년 동안 최고 수준을 기록했다.

그런데 이러한 변화보다도 더욱 확실하게 목표를 달성한 지표는 주가와 환율이다. 즉 2013년 이후 2015년까지 주가상승과 엔저가 급속히 진행되어, 2013년 3월 8일에는 닛케이 평균주가가 이미 리먼 쇼크 이전 수준을 회복했고 10일에는 4년 1개월 만에 1달러당 100엔대를 돌파했다. 그리고 2015년 4월 10일 닛케이 평균주가는 15년 만에 2만엔을 돌파했고, 2015년 5월에는 도쿄 증권거래소 1부의 시가총액이 버블기를 상회하는 수준에 도달했다. 환율도 같은 해 3월부터 120엔대에 진입했다. 그 후 2015년말까지 주가는 1만 9천원대, 환율은 120엔대를 수준을 유지했다 (〈그림 4〉).

〈그림 4〉 일본의 주가 및 환율의 추이

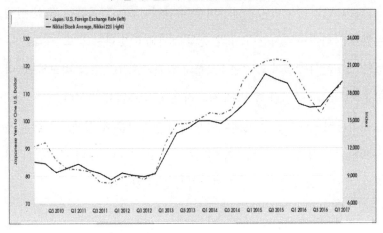

자료: fred.stlouisfred.org

　이상에서처럼 아베노믹스는 주가상승, 엔저, 성장, 고용 등의 면에서 상당한 성과를 거두었지만, 당초 목표치를 도달하지 못한 점도 적지 않다. 먼저 리플레이션파가 중시하는 인플레이션 목표를 달성하지 못했다. 2012년에 -0.1%였던 소비자물가상승률은 2013년 0.4%, 14년 1.1%(소비세 영향 제외), 15년 0.1%로 완만하게 상승하고는 있지만, 목표치인 2% 수준에는 미치지 못했다(전게 〈그림 3〉). 그리고 엔저로 수출대기업을 중심으로 기업수익이 크게 증가했지만, 투자로 연결되지 않았다는 점을 들 수 있다.

투자 이상으로 예상보다 부진한 실적을 보이는 것이 민간소비다. 주식 등 자산가격 상승으로 인한 소비증가가 전체 소비증가로 연결되지 못한 것이다. 실제로 가계소비지출은 2014년 2분기부터 8분기 연속 전년 동기비 감소세를 기록하였다. 실질소득과 가장 관련이 높은 실질임금지수도 2015년에 전년비 -0.9%로 4년 연속 마이너스를 기록했다. 또한 전체 실업률은 하락하였지만 고용의 질이 악화되고 있다는 점도 지적할 수 있다. 2016년 1~2월과 2013년 1~2월의 직원·종업원 수를 비교하면, 비정규직이 8.6% 증가한 데 비해 정규직은 0.8% 증가에 그쳤다.

결론적으로 전술한 아베노믹스 파급경로 가운데, 실제로 실현된 것은 자산가격 상승(주가상승)과 엔저까지이고, 그 다음부터 기대했던 '경제학 이론이 상정한대로'는 진행되지 않았던 것이다.

2.2. 일본경제의 성장가능성

이상과 같은 성과와 한계에 대해서는 아베노믹스에 대한 찬성파와 반대파 간에, 당연하게도 상반되는 평가가 내려졌다. 비판자들은 민간소비와 기업투자 즉 실물부문이 증가하지 않는 것을 가장 큰 문제점으로 지적했는데, 이 점은 결국 디플레이션을 어떻게 규정하는가와 관련되어 있었다.

비판자들은 디플레이션이 불황의 원인이라는 리플레이션파의 해석은 인과관계가 반대로 되어 있다고 주장한다.[6] 즉 불황이 원인이 되어

---

6) 대표적인 비판으로는 池田(2013), 片岡(2014), 伊藤(2014) 등을 들 수 있다.

디플레이션이라는 현상이 나타난다는 것이다. 따라서 인위적으로 인플레이션을 발생시킨다고 해서 소비가 늘어나지는 않는다고 본다. 그리고 리플레이션파는 근본적으로 화폐수량설의 '망령'에 빠져 있다고 비판한다. 즉 중앙은행이 통화량을 컨트롤하여 물가수준을 결정할 수 있다고 주장하는데, 원래부터 그것이 불가능하다는 것이다. 또한 디플레이션이 디플레이션 예상에 의해 발생하고 인플레이션은 투자가가 인플레이션 기대를 형성하여 주가와 부동산가격이 상승하기 때문에 발생할 것이라는 주장에 대해서는, 자산 인플레이션을 물가상승(인플레이션)과 동일시하는 착각을 범하고 있다고 비판한다. 더 나아가 비판자들은, 리플레이션파의 주장을 제2차 세계대전 이전 일본군의 정신주의를 강조한 '국가사회주의자'의 주장과 유사하다고 지적한다.

이러한 비판 가운데 요시카와 히로시(吉川洋) 도쿄대 교수는 명목임금의 저하가 디플레이션의 원인이라고 주장했다. 즉 디플레이션은 화폐현상이 아니라 실물적인 요인에 의한 것이며, 금융정책으로 시정할 수 없다는 것이다. 일본과 달리 미국이나 유럽에서 디플레이션 현상이 일어나지 않은 것은, 리플레이션파가 주장하듯이 그들 나라에서는 중앙은행이 통화량을 증가시키는 정책을 실시했기 때문이 아니라 명목임금이 하락하지 않았기 때문이라고 주장한다(〈그림 5〉). 실제로 일본은 최근 약 15년간 10% 정도의 임금이 하락하여, 미국에 비해 90% 정도의 차가 나게 되었다. 같은 기간 동안 일본의 물가는 거의 변하지 않았던 데 비해 미국은 약 40% 상승했는데, 이러한 물가의 차이 중 상당부분을 임금차로 설명할 수 있다는 것이다.

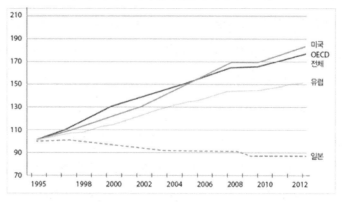

〈그림 5〉 주요국의 명목임금 추이 (1995=100)

자료: 池田(2013), p.105

그런데 일본에서 이렇게 명목임금이 하락하고 있는 이유는 중국 등 신흥국과의 경쟁을 위해 기업이 단위노동비용(임금/노동생산성)을 삭 감하려 했기 때문이다. 다만 이러한 기업전략은 미국과 유럽의 기업들도 동일한데, 거기에서는 노조가 임금하락에 저항하기 때문에 즉 임금의 '하방경직성'으로 실현되지 못했던 것이다. 그런데 일본에서는 기업에 협조적인 '기업별 노조'가 기존 정규직의 해고를 반대하는 대신 신규로 저임금의 비정규직이 증가하는 것을 용인함으로써, 이상과 같은 전체적 인 명목임금의 하락이 가능했다고 주장한다. 장기불황 하에서도 일본의 실업률이 그다지 높지 않은 것도 이러한 이유 때문이라고 지적한다.7)

---

7) 최근 인력난이 심각할 정도로 고용사정이 개선되고 있음에도 불구하고 임금 이 상승하지 않는 현상을 둘러싸고 다시금 일본의 임금수준에 대한 관심이 높아지고 있는데, 본문에서 지적된 요시카와와 같은 주장이 행동경제학적 관점에서의 논문에서 전개되었다(玄田 2017).

또한 이 시기에 인구문제가 디플레이션의 근본원인이라는 주장이 나타나 대중적으로 매우 유명해졌다. 일본정책투자은행 모타니 코스케(藻谷浩介)의 藻谷(2010)이 바로 그것인데, 이 책에서는 먼저 버블 붕괴기의 1990년대 전반에 증가하고 있던 개인소득과 소비가 전후 최장의 호경기라는 2000년대 들어서도 계속해서 감소하기 시작했다는 점을 중시하고, 그 원인을 통설이던 국제경쟁력 저하나 지역간 격차가 아니라 인구구조의 변화에서 찾았다. 예를 들어 수도권(1도 3현)의 인구는 2000~05년간 106만명이 증가했으나, 그 가운데 15-64세와 14세 이하는 각각 7만명, 6만명이 감소한 데 비해 65세 이상의 고령자만이 118만명이나 증가했다. 즉 소득은 있으나 소비가 적은 이들 고령자가 급증하여 내수가 부족해졌다고 보는 것이다.

또한 생산연령 인구수의 변동과 취업자수 증감이 (+)의 상관관계를 보인다는 점을 발견하여 취업빙하기였던 1990~95년에도 취업자수가 증가한 원인을 해명하였다. 이는 바꾸어 말하면 완전실업자수와 취업자수가 같은 방향으로 움직인다는 것으로(〈그림 6〉), 실업률과 유효구인배율만으로 경기를 보는 것은 장기적 트렌드를 파악하는 데 오류를 범할 수 있다는, 기존의 경제학적 상식에 도전하는 획기적인 주장이었다.

〈그림 6〉 생산연령인구와 취업자수의 관계

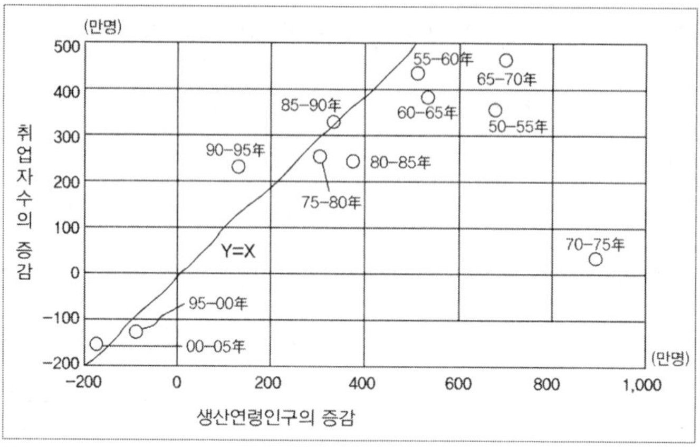

자료: 藻谷(2010), p.133

이상의 방법에 의해, 생산연령인구 감소에 따른 취업자수의 감소야말로 '헤이세이 불황' 및 '체감할 수 없는 경기회복'의 진정한 원인이라고 단정했다. 결론적으로, 전후 일본경제의 축복이었던 인구 보너스(demographic bonus)가 1995년경에 종식되고, 인구 오너스(demographic onus)의 시대가 개시되어 전반적인 소비감소 즉 디플레이션을 초래했다고 보는 것이다. 이상의 인식은 대중적으로 널리 수용되었을 뿐만 아니라, 일부의 경제학자들 사이에서도 지지를 받았다.8)

사실 인구문제의 심각성은 이미 널려져 있었으나, 그 문제를 경기순환을 결정하는 요인으로 주장한 데 저자의 특징이 있다고 할 수 있다.

---

8) 예를 들어 日本銀行調査統計局(2012)에서는, 선진 23개국의 2000~2010년간 GDP 디플레이터와 생산연령인구 증가율을 비교한 결과 양자간에 유의미한 정(+)의 상관관계가 나타났다고 주장했다.

그리고 이러한 생산연령인구가 경기를 결정한다는 주장은 결국은 〈그림 7〉과 같은 전반적인 인구 감소 추이 속에서 특히 급속해지는 생산연령인구 감소 때문에 일본경제의 성장력 회복은 영원이 불가능하다는 논리로 연결된다. 즉 다음 절에서 본격적으로 소개하는 탈성장론과 밀접한 관련을 맺고 있는 것이다.

〈그림 7〉 일본의 인구 추이 및 전망

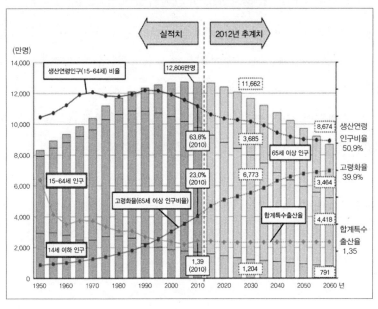

이상의 '인구결정론', 일본경제의 숙명론에 대해서는 당연한 비판이 쏟아졌다. 디플레이션을 화폐현상으로 보아 금융완화에 의한 인플레이션 유도로 해결할 수 있다고 보는 리플레이션파는 물론이고, 디플레이션을 실물현상으로 파악하는 정통 케인지언의 경우도 이에 대한 비판

에 가세했다. 예를 들어 吉川(2016)은, 인구·수명에 가장 큰 영향을 미치는 요인은 1인당 소득이고, 그 1인당 소득을 증가시키는 것은 이노베이션이라는 전통적인 주장을 강조했다. 인구감소는 성장의 절대적인 제약이 아니라 생산성 상승에 의해 돌파 가능한 요인이며, 이는 일본의 역사를 돌이켜보면 간단하게 알 수 있는 사실이라고도 지적했다(〈그림 8〉). 즉 일본에서는 2차대전 이후는 물론이고 1920~30년대에도 인구증가율로는 도저히 설명할 수 없을 정도의 급격한 경제성장이 이루어졌다. 그리고 그것을 가능하게 한 생산성은 단순한 노동생산성이 아니라, 기술혁신과 자본투입에 의해 상승이 가능한 총요소생산성이고, 전술한 이노베이션과도 깊은 관련이 있다고 주장했다. 이 주장에 따르면, 디플레이션은 숙명적인 것이 아니며, 기업의 이노베이션에 의해 극복할 수 있게된다. 즉 일본기업이 신수요를 창출해내는 혁신에 소극적인 것이 디플레이션을 장기화시키고 있다는 것이다. 이러한 이노베이션을 강조하는 주장은, 공급측 요인(생산성 향상)에만 주목하는 것이 아니라, 수요를 자극하는 기술혁신을 강조한다는 점에서 케인지언 모델에 충실한 설명이라고 할 수 있다.

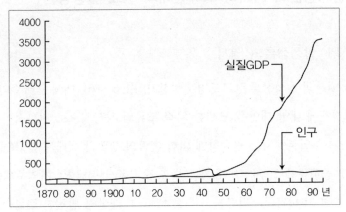

자료: 吉川(2016), p.74

그러나 이러한 논리적인 설명에도 불구하고 전통적인 해석은, 1990년 대 이후 수많은 기술혁신, 제품개발, 현장생산성 상승에 의한 가격 인하에도 불구하고 내수가 회복되지 않는 이유는 무엇인가, 왜 투자가 증가하지 않는가에 대한 설명력은 여전히 약하다고 할 수 있다. 이론적으로 허점이 많음에도 불구하고 인구 숙명론, 나아가 일본경제가 예전과 다른 단계에 진입했다는 탈성장론의 주장에 대중들이 직관적으로 공감하는 이유는 그 때문인 것으로 보인다.

3. 탈성장론의 역사와 2000년대의 주요 탈성장론

3.1. 탈성장론의 역사

일본의 탈성장론은 고도경제성장기인 1960~80년대에 근대주의적 발전정책에 대한 대안을 모색한 지적 조류와 사상적으로 친화적이다. 이 시기에 일본에서는 민속학에 의한 촌락의 생활과 생태계 재고(宮本常一), 공해문제 연구(宇井純, 宇沢弘文, 宮本憲一, 栗原彬), 지역주의(玉野井芳郎, 中村尚司), 지방자치론(宮本憲一), 내발적 발전론(鶴見和子, 宮本憲一, 西川潤, 保母武彦) 등의 대안적 연구가 활발하게 전개되고, 60년대 안보투쟁 이후 전개되는 시민운동과 주민운동(예를 들어 베트남평화연맹, 부락해방운동, 공해반대운동, 생활협동조합운동)의 이론가(平田清明, 鶴見俊輔)들과도 영향을 주고 받았다.[9]

이러한 사상 혹은 사회운동에서는 GDP성장이라는 화폐가치의 양적 증가라는 관점만으로 사회의 풍요로움을 측정하는 근대주의적 사회발전 모델에서 벗어나 일본의 각 지역사회에 고유한 문화와 생태학적 특성에 근거한 복수의 자율사회를 창출할 것을 제창했다. 또한 정치적으로는 지역사회본위의 사회발전 담당자로서 인권을 축으로 연대한 시민사회의 역할을 중시했다. 즉 이들은 일본 시민사회의 자립과 지역사회의 활성화에 공헌하는, 고도성장과는 다른 사회모델을 모색하고 있었다.

이러한 움직임은 버블기에 들어 사회나 학계에서 주변화되었으나,

---

9) 이상은, ラトゥーシュ(2010)의 일본어판 해설에 의한다.

버블 붕괴 후 90년대 이후 다시금 여러 분야의 연구로 이어지고 있다. 그 가운데 하나의 조류가 정상형사회·제로성장사회에 대한 연구 즉 탈성장론에 관한 것이다. 대표적인 논자로는 미야모토 겐이치(宮本憲一), 히로이 요시노리(広井良典), 러미스(D. Lummis ラミス) 등이 있는데, 여기서는 ラミス(2000)내용을 소개하기로 한다.

저자는 제로성장의 주장이 로마클럽의 *The Limits to Growth*(성장의 한계, 1972년), 슈마허(E. F. Schumacher)의 *Small is beautiful*(작은 것이 아름답다, 1973년)에서 비롯되는데, 제로성장은 사회의 엔진이 고장난 상태가 아니라 단계의 변화에 의한 자연스러운 상태이므로, 기꺼이 반가운 마음으로 받아들일 것을 강조한다. 이 단계에서 필요한 것은 경제성장 없이도 풍요로운 사회를 만들어나가는 방법이다. 결론적으로는 정치적인 해결 즉 정의에 바탕을 둔 분배를 통해 문제를 해결하는 방안을 제창하고 있다. 이상과 같은 방법을 저자는 대항발전이라고 부르는데, 그 발전의 핵심은 경제성장을 지양하고 인간사회에서 경제라는 요소를 조금씩 줄여나가는 것이다. 그리고 경제 이외의 행동, 문화에서 즐거움을 발견해야 한다고 주장한다.

한편 2000년대 들어서는 해외 탈성장론자들의 영향을 받기도 했다. 대표적인 논자인 프랑스의 라투슈(Serge Latouche)의 저작은 일본에 번역 소개되었고, 저자는 직접 일본을 방문하기도 했다. 2011년 7월 13일 아사히(朝日) 신문과의 인터뷰에서 그는 다음과 같이 주장했다. "내가 성장에 반대하는 이유는 아무리 경제가 성장해도 사람들을 행복하게 하지 않기 때문이다. 성장을 위한 성장이 목적화되어 쓸데없는 소비가 강

요되고 있다. …유럽, 미국, 일본의 정치가들은 자본주의에 성장을, 긴축 재정으로 사람들에는 절약을 요구하는데, 본래는 거꾸로 되어야 한다. 자본주의는 좀 더 절약해야만 하고 사람들은 더욱 풍요롭게 살아야 한다. 우리의 목표는 검소하지만 행복한 사회다"(ラトゥーシュ 2010, p.341). 이상의 발언은 후술하는 바와 같이 일본 탈성장론의 사상과 일치하고 있다. 라투슈의 방일을 계기로 대중적으로 탈성장론에 대한 관심도 높아졌고, 아사히 신문은 2013년 1월 1일자에 탈성장에 관한 기사를 특집주제로 게재하기도 했다.

또한 スキデルスキー&スキデルスキー(2014)는 케인즈 사상 연구자에 의한 탈성장 저서인데, 여기서 저자는 이 책의 의도가 지칠 줄 모르는 욕망에 경종을 울리고, 개인이나 사회가 이제 충분하다고 말하지 못하는 심리적 경향에 대해 우려를 표명하기 위한 것임을 분명히 했다. 구체적으로는 케인즈가 1928년에 「손자 세대의 경제적 가능성」에서 예상한 내용을 먼저 소개했다. 즉 생산력의 발달로 100년 뒤에는 주 15시간 노동으로 충분한 사회가 도래할 것이다. 또한 "사람들의 돈벌이 본능과 금전욕에 대한 끊임없는 자극이 자본주의를 지탱하는 동기"인데, 풍요롭게 되면 그 동기는 사회적으로 용인되지 않게 되어서 자본주의는 그 임무를 끝내고 자연소멸할 것이다. 다음으로는 그 예상이 빗나간 이유에 대해 분석하고, 예상대로 되기 위해서는 물질소비 욕망의 추구 대신 자원봉사자 활동 등 여가의 영역으로 주된 시간의 사용을 전환해야 한다고 주장했다. "현재 우리의 최대 낭비는 금전의 낭비가 아니라 인간 가능성의 낭비다(p.309)"는 마지막 문장은 매우 인상적이다.

직접적으로 탈성장론을 주창하고 있지는 않지만, 그와 매우 관련이 깊은 주장으로 행복경제학에 관한 해외의 연구도 2000년대 들어 일본에 자주 소개되고 있다. 대표적인 것으로는 ボック(2011)가 있는데, 여기서는 소득수준이 일정 단계를 넘어서면 행복과의 비례관계가 없어진다는 점을 강조하고, 현재의 선진국에서는 빈곤이 상대적인 것으로 경제성장의 지속으로 해결되는 것이 아니라는 점을 주장한다. 따라서 소득 이외의 가족, 교육 등 여러 요소를 고려해야 한다고 강조하는데, 그 중 하나로 정부의 질을 거론하고 있는 점이 흥미롭다.

3.2. 2000년대 탈성장론의 유형

최근 탈성장론자의 주장은 크게 두 가지로 대별된다. 즉 자본주의의 발전단계상 과거와 같은 성장의 추구는 더 이상 불가능하다는 단계론·상황론적인 주장과 자원제약·지구환경 등을 고려할 때 더 이상의 성장추구 노선은 억제되어야 한다는 가치론·규범론적인 주장이 있다. 물론 양자가 엄밀하게 구분되는 것은 아니고, 특히 2008년 이후의 전 세계적인 구조적 불황과 전술한 인구구조 하에서는 규범론에서 출발한 논자들도 단계론을 자연스럽게 수용하게 되었다. 이하에서는 편의적으로 양자를 구분하여 소개하기로 한다.

(1) 제로성장단계론·정상경제론
이 주장의 전형은, 전술한 인구문제에 관한 모타니 코스케(藻谷浩

介)와 마찬가지로 연구자들에게 이론적인 설득력보다는 대중적인 공감을 얻고 있는 미즈노 가즈오(水野和夫)에서 찾아볼 수 있다. 水野(2014)에 의하면, 인류가 제로성장 상태를 벗어난 것은 16세기인데, 1990년대 이후 두 번째의 제로성장 상태 즉 정상기에 돌입했다(〈그림 9〉).

〈그림 9〉 인류사와 1인당 GDP의 추이

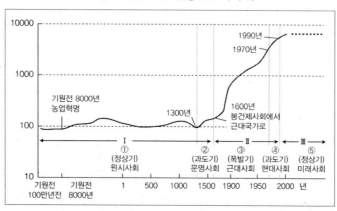

자료: 水野(2014), p.189
주: 가로축은 1990년 기준 달러, 로그 표시

한편 이러한 정상기로의 돌입은 자본주의의 종언을 통해 이루어지고 있다는 과감한 주장을 전개한다. 자본주의 몰락의 징후는 장기간 지속되고 있는 저금리에서 찾는다. 자본주의는 자본을 투하하여 이윤 획득을 통한 자기증식이 본질이므로 이자율이 극단적으로 낮다는 것은 자본주의가 자본주의로서 더 이상 기능하지 않는다는 것을 의미하기 때문이다. 이러한 현상은 역사적으로 16세기말에서 17세기초의 이탈리아에서

나타났는데, 더 이상 투자수단이 없는 당시의 현상을 브로델(F. Braudel)
은 *La Méditerranée et le Monde Méditerranéen a l'époque de Philippe II*
『지중해』에서 산꼭대기까지 와인을 위한 포도밭이 펼쳐져 있다고 표현
했다. 그것을 빗대어 이 책에서 저자는 최근의 저금리가 산꼭대기에서
땅 끝까지 비데가 보급되어 있는 상황 즉 더 이상 대중들의 수요를 환기
시킬 만한 제품이 없기 때문에 나타났다고 설명한다. 이러한 자본주의
의 종말은 1970년대 전반에 시작되었다. 그 시기 이후 선진 각국의 금리
는 하락하기 시작해 현재는 일본과 독일에서 10년물 국채의 금리가 마이
너스로 되었다. 그 이유는 베트남 전쟁을 마지막으로 자본주의의 지리
적·물적 공간의 확대가 불가능해졌기 때문이라고 주장한다.

　　일본은 이러한 자본주의의 몰락의 단계에서의 모순을 가장 잘 나타
내고 있는데, 아베노믹스라는 근대적인 방식의 해법을 추구하고 있기
때문에 위기를 더욱 심각하게 만들고 있다고 본다. 따라서 디플레이션,
초저금리를 경제 정체의 주범으로 생각해 '퇴치'할 것이 아니라, 양자 모
두 자본주의의 성숙을 의미하는 지표이므로 새로운 경제시스템을 구축
하기 위한 여건으로 자연스럽게 받아들일 것을 제안한다. 그리고 당면
의 과제로서 자본주의의 탐욕과 과잉에 제동을 걸어야 한다는 점을 제
시하는데, 이는 전술한 スキデルスキー&スキデルスキー(2014)의 주
장과 맞닿아 있다. 또한 전 세계적으로 일본은 가장 빨리 "자본주의의 졸
업자격을 취득한" 국가이기 때문에 새로운 시스템을 구축하는 잠재력
면에서 가장 유리한 입장에 있다는 점도 강조하는데, 이러한 사고는 일
본의 탈성장론자들에게 공통되는 사고방식이라고 할 수 있다.[10]

(2) 가치론·규범론

이 유형의 대표적인 논자는 다케다 하루히토(武田晴人)인데, 武田 (2014)은 제로성장, 탈성장이 필연인 이유로 선진국의 경우 산업구조의 서비스화로 인해 규모의 경제 효과가 없기 때문이라는 요인을 거론하기도 하지만, 중심은 자원제약 하에서 환경파괴를 제어하기 위해서는 의식적으로 탈성장을 지향해야 한다는 점에 있다. 그러한 점에서 앞서 소개한 해외 탈성장론자의 주장과 기본적으로 동일하다. 그리고 전 세계적으로 볼 때, 경제성장의 가능성이 거의 없고 바람직하지도 않음을 〈표 1〉로 제시하고 있다. 즉 현재의 개발도상국이 1인당 국민소득 1만 달러에 도달하기 위해 필요한 자원의 양을 인구로 환산하면, 중국과 인도만으로 이미 현재 세계 인구 규모에 도달하게 된다. 그렇다고 남북문제를 방치할 수도 없다. 따라서 이러한 상황에서 유일한 해결책은 현재의 선진국이 더 이상의 성장을 멈추는 것밖에 없게 된다.

---

10) 福田(2018)은 L. Summers의 이력효과(hysteresis) 라는 개념을 사용하여, 현재의 경제사회가 과거에 발생한 쇼크에 의해 결정된다는 점을 강조하는데, 글로벌 금융위기 후에 일본경제가 새로운 단계에 돌입했다고 보는 점에서는 제로성장 단계론과 유사한 입장을 취한다. 오해를 피하기 위해 부연하자면, 저자의 핵심 주장은 구조개혁을 통해 이러한 상황을 극복할 수 있다는 것이다.

<表 1> 세계의 인구와 1인당 GDP

	인구		1인당 명목GDP		1만$ 도달에 필요한 자원량
	순위	백만 명	순위	US$	백만 명분
중국	1	1,361	1	6,747	656
인도	2	1,243	2	1,504	7,024
미국	3	316	3	53,101	
인도네시아	4	248	4	3,510	458
브라질	5	198	5	11,311	
파키스탄	6	183	6	1,307	1,214
나이지리아	7	169	7	1,692	831
방글라데시	8	156	8	904	1,573
러시아	9	143	9	14,818	
일본	10	127	10	38,491	
소계		4,145			11,756
세계 합계		7,035			

자료: 武田(2014), p.214

　그런데 제로성장·탈성장이 행복·삶의 질의 정체를 의미하지 않
는다는 점을 스미스(A. Smith), 밀(J. S. Mill), 케인즈(J. M. Keynes)의 사고
에서 도출해낸다. 물론 행복경제학에서 주장하는, 실질평균소득이 1만
달러를 넘어서면 소득증가가 만족도 상승으로 이어지지 않는다는 점을
강조하기도 한다. 이 점은, 이 유형에 속하는 또 다른 탈성장론자인 히로
이 요시노리(広井良典)의 주요 주장기도 하다. 広井(2011)은 소득이 낮
은 단계에서는 경제성장이 행복을 증진시키지만, 일정 소득수준을 넘어
서면 행복도를 규정하는 요인으로 커뮤니티(사람과 사람의 관계), 평등
(소득분배), 자연환경, 정신적 충족감 등이 더 중요해지고, 소득은 일정
한 상관관계를 가지지 못하게 된다고 주장한다(<그림 10>).

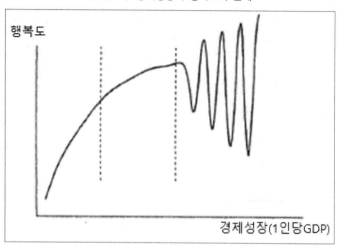

〈그림 10〉 경제성장과 행복도의 관계

행복도

경제성장(1인당GDP)

자료: 広井(2011), p.98

이상과 같은 행복론을 전제로, 武田(2014)은 성장이 멈추었다고 해서 삶의 질의 향상이 멈추는 것이 아니라는 점을, 인간의 신체가 성인이 되면서 체중과 신장은 정체하지만 인간적인 성숙도는 정체하지 않는다는 예를 들어 강조한다. 그러기 위해서는 생산성 향상의 보상을 더 많은 재화와 서비스의 소비보다는 노동시간의 단축 즉 여가시간의 확대로 전용할 것을 제안한다. 자발적 워크 셰어링, 다양한 자원봉사활동, 문화적 활동 시간의 증대야말로 탈성장 시대에 어울리는 사고방식이고, 그것을 향한 의식적 노력이 필요하다고 지적한다.11)

---

11) 이상에서 소개한 논자 이외에 대중적으로 유명한 경제학자가 탈성장론을 명시적으로 표방하고 있는 것으로는 橘木(2013), 橘木・広井(2013), 榊原(2016; 2017)등이 있다.

4. 탈성장론적 관점에서 본 일본경제의 주요과제

　　이상과 같은 탈성장론자의 주장이 대중적으로 공감을 얻어가는 한편으로, 당연하게도 전통적인 성장론자로부터 다양한 비판이 전개되었다. 첫 번째는 행복경제학에 대한 비판과 맥락을 같이 하는 것으로, 선진국이라 하더라도 여전히 빈곤층이 존재하고 있는 것이 현실이기 때문에 성장을 통해 이러한 문제를 해결해야 한다는 주장이다. 여전히 대다수의 경제학자는 이 주장에 가까운데, "인간의 역사는 경제에 등을 돌리는 낭만주의적 사조와 그것을 비판하는 합리주의 간의 갈등의 역사라고 할 수 있다"(吉川 2016, p.176)는 발언은 성장론자의 자신감을 반영한다고 할 수 있다.

　　그런데 이러한 비판에 대해서는 탈성장론자의 대부분이 의식적으로 성장을 억제하려고 하는 것이 아니라는 점을 확인할 필요가 있다. 성장이 실현되는 현상을 부정하는 것이 아니라, 그것이 가능한 상황이 아님에도 불구하고 성장이 자기목적화되어 현상에 대한 처방이 효과가 없거나 오히려 사태를 악화시키고 있음을 탈성장론자는 비판하고 있는 것이다.

　　두 번째 비판은 탈성장론을 규범적으로 지지한다 하더라도 현실적으로 일본경제에서 직면하고 있는 문제점을 어떻게 해결할지에 대한 비전이 부족하다는 지적이다. 경제성장 없이 복지수요를 어떻게 충당할 것인지에 대해서는 당연히 의문시되고 있다. 이하에서는 이 점을 포함해서 몇가지 주요 문제에 대해 탈성장론의 기본적인 사고방식, 구체적인 대처방법에 대해 검토하기로 한다.

4.1 복지문제

제로성장·정상경제 하에서의 복지 문제에 대해서는 히로이 요시
노리(広井良典)가 정력적으로 연구해오고 있다. 이하에서는 広井(2001;
2011)를 중심으로 주요 내용을 소개하기로 한다.

저자에 의하면 일본을 비롯한 선진자본주의는 구조적인 생산과잉
에 시달리고 있다. 그것이 청년층의 실업을 만성화시키고 격차와 빈곤
을 확대시키고 있다. 즉 현대의 빈곤은 과잉에 의한 빈곤이라는 특징이
있다. 한편으로는 케어, 커뮤니티, 자연 등 화폐로 환산되지 않는 영역에
대한 사람들의 욕구와 관심이 증대되어 사회적 기업, 협동 노동 등이 확
산되고 있다.

이러한 상황을 감안하여 복지수요에 대처하기 위해서는 먼저 과잉
을 억제하는 여러 정책·제도를 실시·모색할 필요가 있다. 예를 들어
유럽에서 이미 전개되고 있는 것처럼 시간의 재분배를 도입해야 한다.
즉 임노동시간을 단축한 만큼 그것을 지역, 가족, 커뮤니티의 복지수요
에 충당하도록 하는 유인을 만들 수 있다. 또한 복지, 교육 등 노동집약적
분야로 노동력이 전환되게 하는 임금체계를 구축할 수 있다. 그리고 사
회보장을 통해 부의 재분배가 이루어져야 한다.

이를 위해서는 일본의 사회보장시스템에 대한 전면적인 조정이 필
요하다고 주장한다. 기본구조는 고령자와 아동은 세금을 중심으로 현역

세대는 사회보험을 중심으로 하는 것인데, 이에 필요한 재원은 소비세, 상속세, 환경세의 순으로 확보할 것을 제안한다. 이 가운데 상속세에 대한 것은, 상속과 개호는 서로 짝을 이루고 있는 것으로 볼 수 있는데, 개호가 이미 사회화되고 있는 만큼 상속도 사회화시킬 필요가 있다고 주장한다.

이상과 같은 사회보장 정책은 많은 경우 지방자치단체가 주관하고 있는데, 이 지방자치단체의 정책방향이 종래의 성장기반 조성에서 복지수요 충실로 변화했음을 보여주는 사례가 있다. 2010년 7월에 전국 광역 · 기초자치단체를 대상으로 한 '지역재생 · 활성화에 관한 앙케이트 조사'가 바로 그것이다.

예를 들어 금후 지역사회와 정책의 방향성에 대한 질문에 대해, 성장확대가 아니라 생활의 풍요로움과 질적 충실을 추구한다고 응답한 수가 437로, 곤란한 조건 속에서도 가능한 경제 확대 · 성장을 추구한다는 응답수 67, 인구와 경제의 축소에 연착륙할 수 있도록 재편한다는 응답 15보다 압도적으로 많았다. 이러한 경향은 도시규모에 의한 차이도 거의 없었다. 즉 정해진 예산범위 내에서도 성장을 위한 예산에서 복지수요 충족을 위한 예산으로의 전환이 가능하다는 것을 보여주고 있는 것이다.

또한 기본적인 정책방향을 고복지 · 고부담인가 저복지 · 저부담인가라는 질문에 대해, 예상외로 고복지 · 고부담으로 응답한 자치단체수가 많았다. 특히 중규모 이하의 시정촌에서 그러한 경향이 두드러졌다. 이 점은 실은 다음의 재정문제와 밀접한 관련이 있는 매우 중요한 항목이다.

4.2 재정 문제

그런데 복지수요의 충족의 문제는 결국 재정운용과 밀접한 관련이 있다. 주지하듯이 일본은 정부의 누적채무가 큰 문제로 되고 있기도 하다. 그러한 상황 하에서 성장에 의한 세수의 증대 없이 복지를 포함한 필요재원을 확보할 수 있는가에 대한 우려가 매우 광범한 공감대를 형성하고 있다.

그런데 최근 탈성장 하에서의 재정학이라 불릴 만한 연구가 이데에이사쿠(井手英策)를 중심으로 전개되고 있다. 이하에서는 井手(2015), 井手・古市・宮崎(2016)를 중심으로 그 내용을 검토해보기로 한다.

먼저 저자들의 핵심주장은 재정은 경제성장의 도구가 아니라 인간다운 삶의 기초를 정비하기 위한 것이라는 사실을 확인해야 한다는 것이다. 재정이 성장의 도구라는 관념과 연관되어 나타난 것이 '근로(토건)국가 레짐'이라고 본다. 1960년대부터 일본은 조세부담률을 국민소득의 20% 이하로 억제한다는 방침 하, 경기대책을 위해 도시중간층의 소득감세와 지방에 대한 공공투자를 계속하였다. 그 대신에 사회보장과 교육은 개인과 시장에 위임했는데, 이것이 일본인의 노동에 대한 의무의식을 반영한 근로국가 레짐을 형성하는 계기가 되었다. 이 레짐하에서 사회보장은 취업할 수 없는 사람에 대한 현금급부에 집중하고, 서비스 즉 현물급부는 매우 적게 되었다.

그 결과 세 가지의 부(-)의 유산이 남게 되었다. 첫째가 재분배의 함정으로, 일부 계층에 대한 급부가 재분배정책에 대한 비판을 강화시킨

다는 점이다. 특정 계층·지역에 대한 사회보장은 경기침체 하에서 저소
득자·지방이라는 수익권자에 대한 질시를 낳았다.

두 번째는 자기책임의 함정으로, 성장이 둔화되면 생활이 곤란해져
서 더욱더 성장에 대한 의존을 강화하게 된다는 것이다. 역사적으로 일
본은 대표적인 '작은 정부'를 유지해왔다. 재정의 대GDP비율, 노동력인
구에 점하는 공무원 비율 면에서 선진국 중 최하 수준이다(〈표 2〉). 이는
교육, 의료, 주택, 양육, 개호 등을 모두 개인의 저축에 의해 시장에서 구
입해야만 하는 것을 의미한다. 국제적으로 볼 때 일본은 이러한 의식이
매우 강하다는 특징을 가지고 있다. 따라서 성장이 어려워지면 정부의
역할이 크게 되어야 하는데, 일본에서는 반대로 정부에 대한 불신감도
커지는 역회전이 발생하게 되는 것이다.

〈표 2〉 인구 천명당 공무원 수의 국제비교 (2013년)

순위	국명	공무원 수(명)			순위	국명	공무원 수(명)		
		남	여	계			남	여	계
1	독일	18.0	17.1	35.1	11	캐나다	13.8	13.6	27.4
2	프랑스	17.1	17.9	35.0	12	스페인	16.2	11.2	27.4
3	벨기에	18.2	16.1	34.2	13	스위스	14.7	12.5	27.2
4	아르헨티나	20.6	12.6	33.2	14	말레이시아	16.4	7.5	23.9
5	오스트리아	17.8	14.6	32.4	15	미국	12.2	10.0	22.2
6	노르웨이	15.9	15.4	31.3	16	이탈리아	14.1	7.4	21.5
7	호주	17.0	14.2	31.2	17	터키	16.4	3.1	19.5
8	스웨덴	13.6	17.1	30.7	18	멕시코	12.2	7.2	19.4
9	네덜란드	18.1	11.8	30.0	19	한국	12.4	6.6	19.0
10	영국	14.7	14.0	28.7	20	일본	13.6	4.6	18.2

자료: 総務省統計局, 『世界の統計 2015』
주: (1) 공무원이란 공무, 국방, 강제사회보장사업 분야의 취업자를 의미함
　　(2) 호주, 미국, 한국은 군대 혹은 의무징병인원을 제외

세 번째는 필요 갭의 함정이다. 이는 현역세대와 고령자세대 간의 니즈가 충돌하는 현상으로 〈그림 11〉과 같은 연령별 정책선호도의 차이에서 전형적으로 나타난다. 즉 2014년의 '국민생활에 관한 여론조사'를 보면, 의료·연금 등의 정비와 개호 등의 고령화 대책에 대해서는 당연하게도 고령으로 갈수록 정책에 대한 지지도가 상승하나, 저출산 대책에 대한 정책은 30대를 정점으로 하락한다.

〈그림 11〉 연령별 정책 지지도

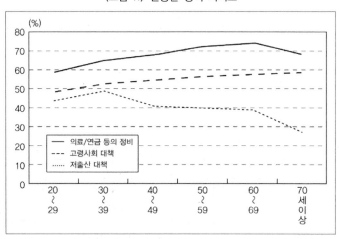

자료: 井手·古市·宮崎(2016), p.40

결론적으로 이러한 근로국가 레짐은 성장을 전제로 하지 않는 한 효율적으로 작동하지 않는다는 것을 알 수 있다. 이 레짐이 1960년대에 형성되기 시작하여 1980년대까지 기능하고, 1990년대 이후 작동하지 않게 된 것은 소득 감소, 수요 변화에 의해서였다. 그런데 그 점을 인식하지 못하고 공공투자의 비효율성, 생활보호 부정수급자, 고령자 의료비, 공무원 인건비 등 범인 찾기에 몰두하고 있는 것이 작금의 현실이라고 할 수 있다. 이 점에 대해서는 자민당과 민주당의 차이도 없다.

근로국가 레짐이 파탄 난 현재 향후의 방향으로는 두 가지가 있을 수 있다. 하나는 작은 정부를 더욱 축소시키고 기업의 활력을 이용해 경제성장을 촉진시키자는 신자유주의자들의 주장이다. 그러나 이 주장의 비현실성은 최근 20여년간의 과정을 보면 명백하다. 남은 하나의 길은 증세를 동반하면서 격차를 축소시키는 사회를 만들어가는 것이다.

다만 증세는 재정재건을 위해서가 아니라 충실한 사회보장을 위한 것이어야 한다. 즉 사회보장과 세금의 동시개혁을 모색하고 세대간 균형을 취하면서 수익과 부담의 패키지화가 필요하다. 또한 세금도 보편주의적 방향으로 즉 누구나 납세자가 되는 방법으로 확충해야 한다. 그것만이 저소득층은 이익만을 향유하고 부담을 회피한다는 비난에서 벗어날 수 있고 중고소득층의 조세저항을 완화시킬 수 있다. 그리고 저소득층에도 세금을 부과하는 보편적 세금이 될 경우 격차확대가 일어난다는 비판에 대해서는, 〈그림 12〉의 시뮬레이션을 보면 기우에 불과하다고 주장한다.

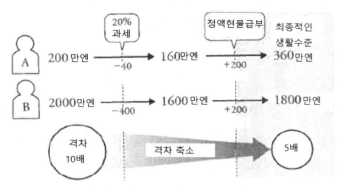
〈그림 12〉 보편적 세금과 소득재분배 효과

자료: 井手 · 古市 · 宮崎(2016), p.208

결론적으로 재정의 원리를 보편주의로 변화시키면 성장신화에서 벗어날 수 있고 현재의 문제점도 개선할 수 있다는 주장이다. 즉 일정 규모의 인구와 고용이 있는 지역에서는 추가적인 세부담을 통해 현물급부에 의한 생활안정화가 가능하다는 것이다.

4.3 인구문제

전술한 藻谷(2010)은 인구문제에 대처하는 방법으로 다음과 같은 정책을 제안한다. 먼저 생산연령인구의 감소 속도를 완화시키고 산연령인구에 해당하는 세대의 소득을 유지 또는 증가시켜야 한다. 구체적으로는 향후 생산연령인구 30% 감소에 의한 수요부족분을 보충하기 위해서는 생산연령인구의 소득을 40% 증가시켜야 하는데, 이는 일본기업의 전통적인 연공서열임금구조를 약화시키고 청년층의 대우를 개선함으로써 가능하다고 본다. 또한 생전증여 촉진으로 세대간 소득이전을 실현시켜야 한다고 제안한다. 현재 일본의 평균 상속연령은 67세이기 때문에 피상속인의 구매력이 제한될 수밖에 없는데, 이 점을 개선하자는 것이다.

이상은 인구감소가 주로 총수요의 감소를 초래하는 영향을 완화시키기 위한 방안인데 비해, 일반적으로 인구감소, 특히 생산연령감소가 문제되는 것은 공급측 요인 즉 노동력부족에 의한 성장률 저하에 대한 우려이다. 그에 대해 武田(2014)은 그리 비관적이지 않다. 즉 인구의 감소는 부양인구의 감소이기도 하고, 노동(생산)가능인구를 15~64세까지로 보는 고정관념을 전제로 한 결론이기 때문이다. 그런데 취업자와 부양인구라는 관점에서 보면 매우 흥미로운 사실이 발견된다. 즉 일본에서는 총인구에서 취업자가 차지하는 비율이 장기간 1/2수준으로 일정하다는 것이다(〈그림 13〉). 즉 한사람이 또 한사람을 부양하는 구조가 변하지 않았던 것이다. 최근 변화의 특징은, 전체 부양인구가 증가한 것이 아니라, 부양인구 중에서 14세 이하의 아동인구가 감소하고 65세 이상의 고령자인구가 증가하고 있다는 점이다.

<그림 13> 일본의 인구구성 및 취업자 비율의 추이

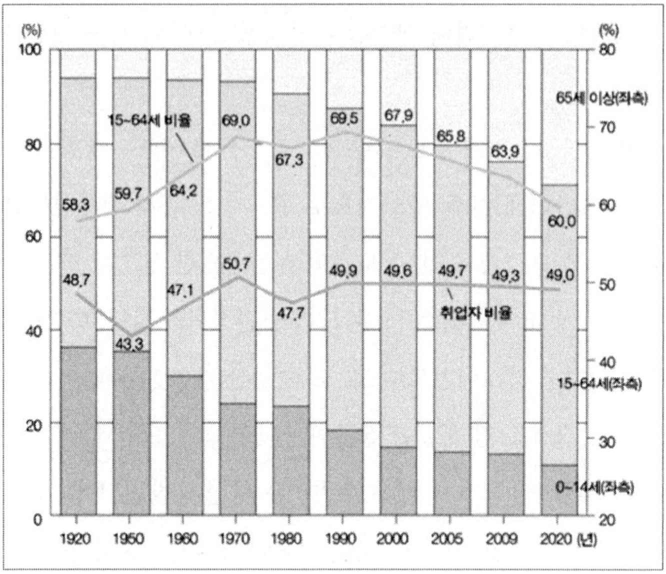

자료: 武田(2014), p.155

　이렇게 취업자 비율이 일정한 이유는 여성의 취업비율에 변화가 발생했기 때문이다. 즉 2차대전 이전에는 여성의 취업비율이 높았으나, 고도성장기에 '전업주부'가 증가한 대신 생산가능인구의 증가로 그 비율이 일정하게 유지되었던 것이다. 같은 이유로, 향후에는 여성과 고령자의 활용으로 노동인구 감소를 충분히 만회할 수 있을 것으로 전망된다.

　문제가 되는 점은 그에 대한 정부의 정책이 미흡하다는 것이다. 아베 정권에서 내거는 '전국민이 활약하는 사회' '여성이 빛나는 사회'는 여성에게 육아와 직장을 양립시키는 수퍼우먼이 되도록만 강요하고 있다. 그러나 올바른 정부의 역할은 여성들에게 전업주부를 선택할 것인지 일과 직장을 양립시킬 것인지를 자율적으로 선택하도록 한 다음, 양립을 선택하는 경우, 그것이 가능하도록 하는 제도를 보완하는 데 두어져야 한다고 주장한다.

4.4 에너지 문제

이 문제에 대한 탈성장론자의 기본적인 입장은 탈원전, 재생에너지의 확보에 있다. 이 점을 염두에 두고 원전의 동향을 간단히 정리하고 에너지 문제에 대해 탈성장론자의 구체적인 주장을 소개하기로 한다.

일본에서 최초의 원자력 발전이 이루어진 것은 1963년 10월 26일 도카이무라(東海村)에서였다. 최초의 상업용원자력발전소도 도카이무라에 건설된 도카이(東海)발전소로 일본원자력발전(주)가 운영을 담당했다. 이 원자력발전은 1957년에 9개의 지역전력회사 및 전원개발(주)의 출자에 의해 설립되었다. 원전 지역 선정을 위해서 1974년에 전원3법(전원개발촉진세법, 전원개발촉진대책특별회계법, 발전용시설주변지역정비법)이 성립되어 원전을 건설할 때마다 교부금이 지급되는 구조가 확립되었다.

후쿠시마 원자력발전소 사고 약 한 달 전에 기존 노후 원자력발전소를 연명한다는 기본방침이 표명되었는데, 운전을 마친 원전의 폐로처리가 곤란한 데다 이산화탄소 배출삭감 계획에 유리하다는 이유에서였다. 그에 대해서 논란이 있던 중, 2011년 동일본대지진에 의한 후쿠시마 원전사고가 발생하여 방사능오염이 간토(関東), 도호쿠(東北) 지방에까지 미쳤다. 그 영향에 의해 원전의 증설, 점검 중이던 원전의 재가동 문제가 논란이 되었다.

후쿠시마 원전 원자로는 대지진의 피해로 2012년 4월에 4기가 폐지되고 남은 2기도 2014년에 1월에 폐지되었다. 2015년 4월에는 미하마(美浜) 1, 2호기, 겐카이(玄海) 1호기, 쓰루가(敦賀) 1호기, 시마네(島根) 1호기의 합계 5기가 폐로되었다. 그리하여 2015년 현재 일본의 원전은 42기가 되었다. 이 중에서 2014년 4월 현재 24기가 원자력규제위원회에 재가동을 신청하고 있는데, 재가동이 가능한 것은 20기 이하로 예상된다. 따라서 원자력 발전량은 사고 이전과 비교해서 반감되고, 지진 전에 28%였던 발전량에서 차지하는 원전의 비중은 15% 정도로 하락할 것으로 예상되고 있다.[12]

그런데 탈원전 운동의 성패는 결국 향후 재가동이 인정되어 전체 발전량에서 점하는 원전의 비중만큼을 절약할 수 있느냐에 달려 있다고도 할 수 있다.[13] 그와 관련해서는 부문별 에너지 사용추이가 시사적이다. 즉 제조업부문의 경우, 1970년대 초반의 오일 쇼크 이후 생력화를 지속적으로 추진함으로써 1973~2015년간 제조업 생산지수는 59% 상승했으나 제조업의 에너지 소비는 9% 감소했다(〈그림 14〉). 소비원단위를 보면 1973년을 100으로 했을 때 2015년에는 57까지 하락했다. 그리하여

---

12) 2015년 8월에 센다이(川內) 원전 2기가 후쿠시마 사고 후에 제정된 신 규제 기준 하에서 처음으로 가동을 개시한 이래, 2017년 7월 현재 6기가 가동중이다.

13) 탈원전론의 역사와 현황에 대해서는 岡田ほか編(2013), 日本科学者会議(2015) 등을 참조.

최종 에너지소비 전체에서 차지하는 비중이 75년의 62%에서 2010년에는
44%로 하락했다.

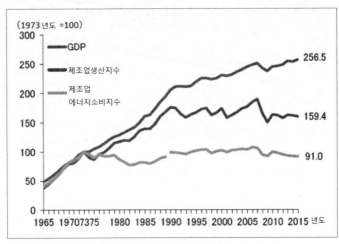

〈그림 14〉 제조업부문의 에너지 소비 추이

자료: 資源·エネルギー庁, 『エネルギー消費統計調査』, 각년판

　그에 비해 가정용 부문은 대조적인 움직임을 보였다. 즉 1973년을
기준으로 2015년에는 에너지소비가 90%나 증가했던 것이다(〈그림
15〉). 전체 에너지소비에서 차지하는 민생용부문의 비중이 1975년의
20%(가정용은 10%)에서 2010년에 33%(가정용은 14%)로 상승한 것도 그
결과라고 할 수 있다. 참고로 운수부문은 같은 기간에 18%에서 23%로 상
승했다.

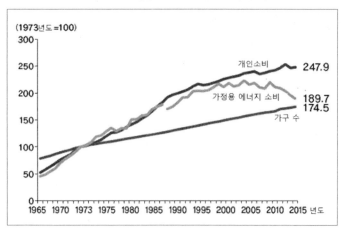

〈그림 15〉 가정용부문의 에너지 소비 추이

자료: 資源・エネルギー庁, 『エネルギー消費統計調査』, 각년판

　　결국 오일 쇼크 이후 산업부문에서의 에너지 소비절약 노력에 비해 민생(가정) 부문의 노력이 매우 부족했음을 알 수 있다. 따라서 원자력발전에 의존하지 않는 탈원전 사회를 준비하기 위해서는 민생(가정용) 전력 소비절약이 매우 중요하고, 그를 위해서는 전력요금 인상이 불가피하다. 武田(2014)에서 전력요금 인상, 그것도 소비량을 줄일 정도로 대폭적인 인상을 주장하고 있는 것은 이상과 같은 맥락에서이다. 물론 이러한 주장이 갖는 '급진성'에 대해서는 비판의 목소리가 만만치 않으나, 탈성장론에 보면 피할 수 없는 선택이라고 할 수 있다.

5. 탈성장론의 의의와 전망

이상에서 일본에서 탈성장론의 등장 배경에서부터 주요 논점을 검토했다. 이하에서는 본문의 내용을 요약하고, 이 주장의 의의와 전망을 제시해보고자 한다.

현재 일본 경제는 고도성장-안정성장-저성장을 거쳐 성숙기에 접어들었다. 2020년으로 예정된 도쿄올림픽 특수를 고려해도 연간 경제성장률이 1%대를 넘어서기는 어려울 것이라는 전망이 우세한 상황이다. 그러나 경제성장만이 경제사회의 여러 문제를 해결해줄 수 있는 만병통치약이라는 전제에서 그 목표를 향해 돌진하고 있는 것이 아베노믹스로 대표되는 현재의 경제정책이다. 그러한 정책 추진은 현실적으로 가능하지도 않고 오히려 부작용만 심화시키기 때문에 새로운 전략을 추구할 필요가 있다는 것이 탈성장론자들의 주장이었다.

탈성장론에 따르면 재정의 원칙을 전환함으로써 즉 기존의 경기대책이라는 측면에서 벗어나 복지를 실현하기 위한 수단이라는 본래의 의미를 재확인함으로써 제로성장 하에서도 복지 문제를 해결할 수 있다고 주장한다. 그리고 저출산·고령화 문제, 원자력발전 문제 등을 경제성장을 위한 수단이 아니라 지속가능한 사회라는 관점에서 바라보고 해결하기 위한 기본 관점을 제시한다.

이러한 주장의 핵심은 결국 일본사회를 현재와 같은 저복지·저부담 사회에서 고복지·고부담 사회로 전환하는 데 있다고 할 수 있다. 그리고 그 방법은 결국 소비세 인상불가피론으로 귀결될 수밖에 없다. 탈성장론자 가운데 이러한 주장을 명시적으로 제시하고 있는 경우는 소수이나(榊原 2016), 대체적으로 공감하고 있다고 할 수 있다. 다만 이제까지 소비세 인상문제는 경기대책 대 재정적자라는 구도로만 진행되었기 때문에, 복지와 부담이라는 논의로 어떻게 전환시켜 나가느냐가 관건이라고 할 수 있다. '성장이 멈추었지만'이 아니라 '성장이 멈추었기 때문에' 부담을 늘려야 한다는, 기존과는 다른 역설적인 주장이 일본사회에서 어떻게 받아들여질지가 주목된다.

이상과 같은 정책을 둘러싼 논의와는 별도로, 소득증가보다는 여가 혹은 시간의 활용 증대라는 탈성장론자의 주요 주장은 각 개인의 생활양식 면에서 서서히 그러나 광범하게 수용되어 갈 것으로 전망된다. 물론 이를 위해서는 '오늘보다 더 나은 내일은 없다'는 포르투갈의 격언이 비관적이 아닌 의미로 각 개인들에게 수용될 필요가 있다(榊原 2017). 그러한 관점에서 보면, 프리터, 초식남, 사토리 세대는, 새로운 삶의 방식을 가장 먼저 실현하고 있는 사람들을 뜻하는, 부정적이지만은 아닌 집단일 수도 있게 된다.

마지막으로 한국에서의 탈성장론의 의미에 대해 간단히 언급하기로 한다. 저성장 혹은 제로성장단계라는 일본의 현상과 그에 대한 대책이 한국경제사회에 갖는 의미에 대해서는 '반면교사' '타산지석'으로 삼아야 한다는 견해가 압도적인 것으로 보인다.[14] 그러나 참고문헌에 제시했듯이, 탈성장론 혹은 행복경제학에 관한 해외 저작이 전혀 소개되

---

14) 대표적으로는 김현철(2015)를 들 수 있다.

고 있지 않는 것은 아니다. 다만 한국적 상황에 맞게 탈성장론을 적극적으로 개진하는 논의는 아직까지 활발하지 못하다. 일본과 유사한 인구 문제, 에너지 문제, 복지 문제를 안고 있는 한국에서도 성장을 전제로 하지 않으면서도 경제문제를 해결하려는 탈성장론 논의가 긴급하게 요구되고 있다고 할 수 있다.

현대일본생활세계총서 14

구조적 대불황기 일본 경제의 진로

주요 참고문헌

I. 저출산·고령화와 일본 정부·기업·지역사회의 대응

김재홍 외, 「일본 시니어 시장 현황 및 우리기업 진출방안」, KOTRA, 2017.

류상윤·문병순, 「아베노믹스 발목 잡고 있는 일본의 노동개혁」, 『LG Business Insight』, 2015.

마스다 히로야, 김정환 역, 『지방소멸』, 와이즈베리, 2015.

심우창, 「일본의 고령화 현황 및 고령사회 대책」, 한국보건산업진흥원, 2017.

우치다 미츠루·이와부치 카츠요시, 김영필 역, 『실버데모크라시: 고령화 시대의 새로 쓰는 정치학』, 논형, 2006.

이상진·홍석균, 「일본의 신고령세대 새로운 시장을 연다」, KOTRA, 2012.

이근태·이지선, 「생산가능인구 감소 시대의 경제성장과 노동시장」, LG경제연구원 리포트, 2017.

이지평·류상윤·김혜경, 「일본의 4차 산업혁명 추진 동향과 Society 5.0」, LG경제연구원, 2017.

조동철 외, 『우리 경제의 역동성: 일본과의 비교를 중심으로』, 한국개발연구원, 2014.

후지요시 마사하루, 김범수 역, 『이토록 멋진 마을: 행복동네 후쿠이 리포트』, 황소자리, 2016.

泉真樹子, 「少子高齢化と社会保障制度」, 『調査と情報-ISSUE BRIEF-』769号, 2013.

株式会社セブン&アイ・ホールディングス, 『コーポレートアウトライン(2016年度版)』, 2017.

金井郁, 「福井県における女性労働の実態とその意識」, 『社会科学研究』65巻1号, 東京大学社会科学研究所, 2014.

北島顕正, 「東京圏への人口一極集中と人口減少対策」, 『調査と情報-ISSUE BRIEF-』886号, 2015.

桑原良樹·中島正裕, 「地域サポート人材事業に関する研究の動向と展望」, 『農村計画学会誌』35(2), 2016.

玄田有史 編, 『希望学あしたの向こうに希望の福井、福井の希望』, 東京大学

出版会, 2013.

笹井かおり,「「買い物難民」問題」,『立法と調査』307, 2010.

産経新聞社,「子供ふやす環境づくり厚生省が出生減少に歯止め策」,『産経新聞』, 1989(1989.10.4).

椎川忍ほか 編,『地域おこし協力隊 日本を元気にする60人の挑戦』, 学芸出版社, 2015.

週刊東洋経済社,「大人用おむつがバカ売れするワケ」,『週刊東洋経済』, 2013.

社会保障審議会年金部会事務局,「支給開始年齢について」, 第4回社会保障審議会年金部会資料1, 2011.

塚本利幸,「福井県の地域特性と女性の就労ならびに両性間の家事分担の現状と課題」, 第2回男性の暮らし方・意識の変革に関する専門調査会, 2016.

日本経済新聞社,「教育大手、介護事業を拡大学研は開設ペース2倍に」,『日本経済新聞』, 2013a(2013.5.1).

＿＿＿＿＿＿＿,「ロボットスーツで脊髄損傷や脳卒中患者の身体機能改善」, 日本経済新聞電子版, 2013b(2013.12.9).

＿＿＿＿＿＿＿,「古川貞次郎(17)局長・官房長」,『日本経済新聞』, 2015a(2015.3.17).

＿＿＿＿＿＿＿,「買い物難民に照準 高齢者の目線で店づくり」,『日本経済新聞』, 2015b(2015.4.1).

＿＿＿＿＿＿＿,「ドンキHD、東京大田のダイシン百貨店を買収」,『日本経済新聞』, 2016a(2016.3.23).

＿＿＿＿＿＿＿,「シャープ、島根県で高齢者支援の実証実験」,『日本経済新聞』, 2016b(2016.12.2).

＿＿＿＿＿＿＿,「転機の消費株(3)　シニアマネー味方に」,『日本経済新聞』, 2017(2017.9.29).

日本創成会議・人口減少問題検討分科会,「ストップ少子化・地方元気戦略」, 2014.

古川洋,『人口と日本経済』, 中公新書, 2016.

前田展弘,「高齢者市場開拓の視点」,『NLI Research Institute REPORT』, February 2013.

＿＿＿＿＿,「豊かな長寿に貢献する高齢者市場開拓を」, ニッセイ基礎研究所, 2014.

守泉理恵,「1990年以降の日本における少子化対策の展開と今後の課題」, 国立

社会保障・人口問題研究所, 2014.

守泉理恵,「人口減少社会の少子化対策」,『RESEARCH BUREAU 論究』12, 2015.

村田裕之,『成功するシニアビジネスの教科書』, 日本経済新聞出版社, 2014.

山本浩史,「限界集落から奇跡の集落へ ボランティアの支援で住民が目覚めた」, AFCフォーラム, 2014.

労働政策研究・研修機構(JILPT),『60代の雇用・生活調査』, 2015.

_____,『高年齢者の雇用に関する調査(企業調査)』, 2016.

_____,『人口減少社会における高齢者雇用』, 2017.

DIAMOND online,「「G.Gモール」は量販店を活性化させる救世主か」, DIAMOND online, 2013.

藤吉雅春,「インテルもヤフーも、なぜ企業は「鯖江市」を応援するのか?」,『Fobes Japan』, 2017.

박진호, 「일본 무역수지 적자의 주요 배경 및 전망」, 『한국은행 해외경제 포커스』, 제2014-4호(2014.1.12.~1.18), 2014.

여인만, 「일본의 국제경쟁력 하락과 그 원인」, 임채성 편, 『저성장 시대의 일본경제: 장기불황 진입과 현황』, 현대일본생활세계총서 10, 서울대학교 일본연구소, 2017.

経済産業省, 『通商白書 平成29年版』, 経済産業省, 2017.

経済社会総合研究所, 『平成27年度 日本企業行動に関するアンケート調査』, 内閣府, 2016.

野口悠紀雄, 『金融緩和で日本は破綻する』, ダイアモンド社, 2013.

日本経済新聞社, 「日産ミニバン、高速道路で自動走行」, 『日本経済新聞』, 2016 (2016.8.24).

高田創, 「日本の輸出は円安でもなぜ伸びないのか」, 『リサーチTODAY』, 2013年 11月25日, みずほ総合研究所, 2013.

Baak, S., "Do Chinese and Korean products compete in the Japanese market? An investigation of machinery exports", *Journal of Japanese and International Economies*, vol. 34, 256-271, 2014.

_____, "The impacts of exchange rates on the machinery exports from China, Japan and Korea to the US", manuscript, Waseda University, Japan, 2016.

Bahmani-Oskooee, M. and G. Goswami, "Disaggregated approach to test the J-curve phenomenon: Japan versus her trading partners", *Journal of Economics and Finance*, vol. 27, 102-113, 2003.

Bahmani-Oskooee, M. and A. Ratha, "Bilateral S-curve between Japan versus her trading partners", *Japan and the World Economy*, vol. 19, 483-489, 2007.

Ito, Takatoshi, Satoshi Koibuchi, Kiyotaka Sato and Junko Shimizu, "The Choice of an Invoicing Currency by Globally Operating Firms: A Firm-Level Analysis of Japanese Exporters", *International Journal of Finance and Economics*, 17(4), pp.305- 320, 2012.

_____, "Choice of Invoicing Currency: New Evidence from a Questionnaire Survey of

Japanese Export Firms", RIETI Discussion Paper Series 13-E-034, 2013.

Koo, R., "The Holy Grail of Macroeconomics: Lessons from Japan's Great Recession", *Public Affairs*, USA, 2009.

Ono, M. and S. Baak, Revisiting the J-curve for Japan, *Modern Economy*, vol. 5, 32-47, 2014.

RIETI, RIETI Trade Industry Database, Research Institute of Economy, Trade and Industry, Japan, 2016.

Shimizu, J. and K. Sato, "Abenomics, Yen Depreciation, Trade Deficit, and Export Competitiveness", RIETI Discussion Paper Series 15-E-020, 2015.

다케다 하루히토, 여인만 역, 『탈성장신화』, 도서출판 해남, 2016.

每日新報, 「大東亞金融圈은 日銀을 중심으로」, 1942.8.

맥코맥 외, 백계문 옮김, 『日本帝國主義의 現況―大東亞共榮圈의 부활』, 한마당, 1972.

青木昌彦・奥野正寛, 『経済システムの比較制度分析』, 東京大学出版会, 1996.

安田隆二, 「日本の金融機関はグローバリゼーション3.0に挑戦できるか」, 『季刊政策・経営研究』 Vol 3, 三菱UFJリサーチ&コンサルティング, 2008.7.

大鷹正次郎, 『大東亜の歴史と建設』, 輝文堂, 1943.

翁邦夫, 「検証なき日銀―マイナス金利の副作用」, 『週間エコノミスト』, 2016.4.

竹村裕一郎, 「生き残り模索する邦銀：アジア市場での失地回復の可能性」, 『経済百葉箱』, Vol 49, 日本経済研究センター, 2011.3

野村綜合研究所, 「我が国金融業の国際競争力強化に関する調査研究報告書」, 『金融庁委託調査』, 2012.2.

みずほ総合研究所, 「国際的な金融規制改革の動向(9訂版)」, 『緊急リポート』, 2015.3.

古金義洋, 「長期経済沈滞論と最近の金融情勢」, 『共済総合研究』, Vol 73, 2016.

Arslanalp S. and D. Botman., "Portfolio Rebalansing in Japan: Constraints and Implications for Quantitative Easing", IMF Working Paper, 2015.

Cooper Richard N., "Has the World Entered Secular Stagnation?", RIETI(Research Institute of Economics, Trade and Industry), 2016.

Eggertsson et al., "A Model of Secular stagnation: Theory and Quantitative Evaluation", NBER Working Paper, 2017.

Gordon, R. J., "Is US Economic Growth Over?", NBER Working Paper, 2012.

Kim, Dong Hwan, "Currency Bloc and Its Evolution: Focusing on the Japanese Yen", KIF Working Paper, 1999.

_____, "The Wall Street Panic and the Korean Economy", *Korea's Economy*, Vol 25, KEI, Washington D.C., 2009.

Krugman P. R., "It's Baaack: Japan's Slump and the Return of the Liquidity Trap", *Brookings Papers on Economic Activity* 2, 1998.

_____, "The International Role of the Dollar: Theory and Prospect," in John F. O., Bilson and Richard Marston ed., *Exchange Rate Theory and Practice*, Chicago University Press, 1984.

McKinnon, R. I., *Money in International Exchange*, Oxford University Press, 1979.

Summers L. H., "U.S. Economic Prospects: Secular Stagnation, Hysterisis, and the Zero Lower Bound", *Business Economics*, Vol 49, National Association for Business Economics, 2014.

Summers L. H., "The Age of Secular Stagnation: What It Is and What to Do About It", *Foreign Affairs*, Vol 95, Number2, 2016.

Swoboda, A. K., "The Euro-Dollar Market: An Interpretation," *Essays in International Finance, No. 64*, Princeton University, 1968.

Tavlas, G. S. and Y. Ozeki, "The Internationalization of Currencies: An Appraisal of the Japanese Yen," *Occasional Paper 90*, International Monetary Fund, 1992.

Williams, D., "The Evolution of the Sterling System," in Whittlesey, C. R. and J. S. G. Wilson eds., *Essays in Money and Banking in Honour of R.S. Sayers*, Oxford University Press, 1968.

祝迫得夫・岡田恵子, 深尾京司 編, 「日本経済における消費と貯蓄−1980年代
　　以降の概観」, 『マクロ経済と産業構造』, バブル/デフレ期の日本経
　　済と経済政策シリーズ, 第1巻, 慶應義塾大学出版会, 2009.

岩田規久男, 『デフレと超円高』, 講談社, 2011.

茨木裕介・井上秀行・有馬基之・中野貴比呂, 「企業の賃金決定行動の変化とそ
　　の背景」, 『日本労働研究雑誌』, No.560, 31-40, 2007.

小川一夫, 『大不況の経済分析: 日本経済長期低迷の解明』, 日本経済新聞社, 2003.

川本卓司・篠崎公昭, 「賃金はなぜ上がらなかったのか?−2002~07年の景気拡
　　大期における大企業人件費の抑制要因に関する一考察」, 日本銀行ワー
　　キングペーパーシリーズ, No.09-J-5, 日本銀行, 2009.

黒田祥子・山本勲「名目賃金の下方硬直性を巡る論点と政策含意: 1990年代のわ
　　が国の経験を中心に」, IMES Discussion Paper Series 2005-J-17, 日本
　　銀行金融研究所, 2005.

玄田有史 編, 『人手不足なのになぜ賃金が上がらないのか』, 慶應義塾大学出
　　版会, 2017.

野田知彦・阿部正浩, 「労働分配率、賃金低下」, 『労働市場と所得分配』, (「バブ
　　ルデフレ期の日本経済と経済政策」内閣府経済社会研究所企画監
　　修, 樋口美雄 編), 慶應義塾大学出版会, 2010.

浜田宏一・堀内昭義, 「総括コメント 長期停滞はなぜ起こったのか」, 浜田宏一・
　　堀内昭義・内閣府経済社会総合研究所 編, 『論争日本の経済危機: 長
　　期停滞の真因を解明する』, 日本経済新聞社, 2004.

深尾京司・宮川努 編, 『生産性と日本の経済成長: JIPデータベースによる産業・
　　企業レベルの実証分析』, 東京大学出版会, 2008.

吉川洋, 岩田規久・宮川努 編, 「林文夫論文へのコメント: 過ぎたるはなお及
　　ばざるが如し?!」, 『失われた10年の真因は何か』, 東洋経済新報社, 2003.

Acemoglu, D. and P. Restrepo., "The Race Between Machine and Man:
　　Implications of Technology for Growth, Factor Shares and
　　Employment", NBER Working Paper No.22252, 2016.

Autor, D, D. Dorn, L. F. Katz, C. Patterson, and J. V. Reenen, "The Fall of the
　　Labor Share and the Rise of Superstar Firms", NBER Working Paper
　　No.23396, 2017.

Brunello, G. and S. Wadhwani "The Determinants of Wage Flexibility in Japan: Some Lessons from a Comparison with The UK Using Micro-Data", Centre for Labour Economics Discussion Paper No.362, London School of Economics, 1989.

Caballero, R. J., T. Hoshi, and A. K. Kashyap, "Zombie Lending and Depressed Restructuring in Japan", *American Economic Review*, 98, 2008.

Fukao, K. and H. U. Kwon "Why Did Japan's TFP Growth Slow Down in the Lost Decade? An Empirical Analysis Based on Firm-Level Data of Manufacturing Firms", *Japanese Economic Review*, 57, 2, 195-228, 2006.

Fukao, K., K. Ikeuchi, Y. G. Kim, and H. U. Kwon, "Why Was Japan Left Behind in the ICT Revolution?", *Telecommunications Policy*, 40, 432-449, 2016.

Grossman, G., E. Helpman, E. Oberfield, and T. Sampson, "The Productivity Slowdown and the Declining Labor Share: A Neoclassical Exploration", CEPR Discussion Paper 12342, 2017.

Hayashi, F. and E. C. Prescott, "The 1990s in Japan: A Lost Decade", *Review of Economic Dynamics*, 5, 1206-1235, 2002.

Karabarbounis, L. and B. Neiman, "The Global Decline of the Labor Share", *Quarterly Journal of Economics*, 129, 61-103, 2014.

Koo, R. G., *Balance Sheet Recession: Japan's Struggle with Uncharted Economics and its Global Implications*, Singapore, John Wiley and Sons (Asia) Pte Ltd., 2003.

Krugman, P., "It's BAAACK! Japan Slump and the Return of the Liquidity Trap", *Brookings Papers on Economic Activity*, No.2, 137-187, 1998.

Summers, L., "US Economic Prospects: Secular Stagnation, Hysteresis, and the Zero Lower Bound", *Business Economics*, 49, 65-73, 2014.

石田光男, 『仕事の社会科学—労働研究のフロンティアー』, ミネルヴァ書房, 2003.

石田光男, 「賃金制度改革の着地点」, 『日本労働研究雑誌』, No.554, 2006.

禹宗杬「人事労務管理の変容—自動車3社の事例を中心に—」橘川武郎・久保文克編『(講座日本経営史第6巻)グローバル化と日本型企業システムの変容』, ミネルヴァ書房、pp.157~197, 2010.

禹宗杬, 「戦後における資格給の形成——八幡製鉄の事例を中心に—」, 『大原社会問題研究所雑誌』, No.688, 2016.

_____, 「アジアの賃金—『学歴別・熟練度別賃金』—」社会政策学会第135回大会報告, 2017.

江口允崇・寺本和弘, 「UV曲線と賃金版フィリップス曲線の変動要因—DSGEモデルからの視点—」, 『日本労働研究雑誌』, No.683, pp.23-43, 労働政策研究・研修機構, 2017.

遠藤公嗣, 『賃金の決め方——賃金形態と労働研究——』, ミネルヴァ書房, 2005.

_____, 『これからの賃金』, 旬報社, 2014.

小倉一哉, 「賃上げについての経営傘の考えとその背景」, 玄田有史 編, 『人手不足なのになぜ賃金が上がらないのか』, 慶応義塾大学出版会, pp.17~30, 2017.

玄田有史編, 『人手不足なのになぜ賃金が上がらないのか』, 慶応義塾大学出版会, 2017.

田中恒行, 「日経連の賃金政策—定期昇給を中心として—」, 埼玉大学大学院博士学位論文, 2016.

中村圭介・石田光男編, 『ホワイトカラーの仕事と成果—人事管理のフロンティアー』, 東洋経済新報社, 2005.

西村純, 「賃金表の変化から考える賃金が上がりにくい理由」, 玄田有史 編, 『人手不足なのになぜ賃金が上がらないのか』, 慶応義塾大学出版会, pp.207~228, 2017.

畑隆, 「1970年代以降の人事・賃金制度」, 『「日本的雇用システム」の生成と展開』, 連合総研, 2015.

森建資, 「賃金体系の二層構造」, 『日本労働研究雑誌』, No.562, 2007.

労働政策研究・研修機構, 『グローバル化する自動車企業の労働と管理—日産

とホンダの事例―』, 労働政策研究・研修機構, 2005.

Saito Y. and T. Kouno, "Rising Wage Inequality Within Firms: Evidence from Japanese health insurance society data", RIETI Discussion Paper Series 12-E-039, 2012.

石井眞一,『國際協動のマネジメント−歐美におけるトヨタの製品開發』, 千倉書房, 2013.

오재윤, 「일본자동차메이커의 생산기술과 조립시스템의 진화」, 『자동차경제』 370호, 한국자동차산업연구소, 2005.

吳在烜, 「新興國市場向け車輛の開發體制の比較硏究: 日産と現代自動車を中心に」, 『武藏論集』, 65-1, 2017.

최원석, 『왜 다시 도요타인가』, 더퀘스트, 2016.

安達瑛二,『トヨタの製品開發−トヨタ主査制度の戰略、開發、制覇の記錄』, 白桃書房, 2014.

下川浩一,『ホンダ生産システム: 第3の經營革新』, 文眞堂, 2013.

野村俊郎, 「廣州トヨタにおけるセットパーツサプライシステム」, 『鹿兒島縣立短期大學紀要 人文社會科學篇』 59, 2008.

藤本隆宏,『生産マネジメント入門Ⅰ, Ⅱ』, 日本經濟新聞社, 2001.

藤本隆宏, キムB. クラーク,『製品開發力(增補版)』, ダイヤモンド社, 2009.

藤本隆宏, 吳在烜, 「同期生産と部品納入方式: ジャトコにおける順序納入への取り組み」, 『JATOCO Technical Review』, No.7, 2008.

Automotive Technology, 「Volkswagen社 新プラットフォーム「MQB」で車体もエンジンも一新」, 『Automotive Technology』, 日經BP社, 2013.9.

_____, 「第27回 日産自動車の技術開發戰略」, 『Automotive Technology』, 日經BP社, 2013.

_____, 「モジュール化、統合化で進む次世代プラットフォーム略戰略」, 『Automotive Technology』, 日經BP社, 2014.9.

日經Automotive, 「世界標準車プリウス Part 2 TNGAの實現手段」, 『日經Automotive』, 日經BP社, 2016.1.

_____, 「ホンダの革新ライン: 完成車組み立てに流動セル」, 『日經Automotive』, 日經BP社, 2016.8.

_____, 「トヨタ自動車のTNGA對應パワートレーン: 熱效率41%の燃燒技術を共通化」, 『日經Automotive』, 日經BP社, 2017.2.

日經ビジネス, 「トヨタとホンダ、インドで逆襲」, 『日經ビジネス』, 日經BP社, 2010.

日經ものづくり, 「トピックス トヨタ自動車: 治具を車体の內側に置いて溶

接」,『日經ビジネス』, 日經BP社, 2001.12.

_____, 「トヨタ自動車:少量でも稼げるライン: 現場のニーズを寄せ止めで革新技術を生む」,『日經ビジネス』, 日經BP社, 2011.Oct.

_____, 「トヨタのTNGA對應プラットフォーム: 設計開發の工數を20%以上削減」, 日經BP社, 2015.5.

野中郁次郎・岡晃一郎,『世界の知で創る: 日産のグローバル共創戰略』, 東洋經濟新報社, 2009.

トヨタ自動車,『2010年3月期決算説明會』, 2010.

Leonard-Barton, D., "Core capability and core rigidities: A paradox in managing new product development", *Strategic Management Journal*, 13, 1992.

Ulroch, K., "The role of product architecture in the manufacturing firm", *Research Policy*, 24, 1995.

임채성, 「동일본대지진과 도호쿠 3개 현의 산업구조 전화」, 『동일본 재해 현장에서 바라본 '부흥'의 딜레마』, 한울, 2013.

임채성, 박철희 외, 「아베노믹스 하의 일본경제와 그 정책적 시사점」, 『최근 일본 대내외정책 동향과 시사점』, 경기개발연구원, 2014.

경향신문사, 『"양산단층 활성화 증명됐다"…월성·고리 원전은 '뒷북 대응'』, 「경향신문」, 2016(2016.9.20).

조선일보사, 「공론화위 "원전 축소로 신재생 에너지로 정책 전환' 53%"」, 『조선일보』, 2017(2017.10.20).

エネルギー・環境会議, 『「革新的エネルギー・環境戦略」策定に向けた中間的な整理(案)』, 2011.

_____, 『革新的エネルギー・環境戦略』, 2012.

ニュートンプレス 編, 『検証 福島原発 1000日ドキュメント』, 東京: ニュートンプレス, 2014.

日本内閣府, 『経済財政運営と改革の基本方針について: 脱デフレ・経済再生』, 2013.

_____, 『エネルギー基本計画』, 2014.

経済産業省, 『エネルギー基本計画』, 2003.

_____, 『エネルギー基本計画』, 2010.

高橋洋, 『エネルギー政策論』, 岩波書店, 2017.

近藤かおり, 「我が国のエネルギー政策の経緯と課題」, 『調査と情報』, 762, 国立国会図書館, 2012.

毎日新聞社, 「東日本大震災6年」, 『毎日新聞』, 2017a.

_____, 「本社世論調査」, 『毎日新聞』, 2017b.

_____, 「岐路の安倍政権」, 『毎日新聞』, 2017c.

木船久雄・西村陽・野村宗訓 編, 『エネルギー政策の新展開』, 晃洋書房, 2017.

福島民報社, 「気中工法で底部横から 第一原発」, 『福島民報』, 2017.

福島県生活環境部原子力安全対策課, 『原子力行政のあらまし』, 2009.

山口聡・近藤かおり, 「再生可能エネルギーの導入促進 10政策」, 『調査と情報』 第653号, 国立国会図書館, 2009.

常石敬一, 『日本の原子力時代 1945~2015年』, 岩波書店, 2015.

小堀聡, 「エネルギー供給体制と需要構造」, 武田晴人 編, 『高度成長期の日本

　　　経済: 高成長実現の条件は何か」, 有斐閣, 2011.

小坂直人, 「福島第一原発事故と日本のエネルギー政策の論点」, 『開発論集』
　　　第89号, 北海学園大学開発研究所, 2012.

若尾祐司・本田宏 編, 『反核から脱原発へ: ドイツとヨーロッパ諸国の選択』,
　　　昭和堂, 2012.

外務省, 『気候変動交渉と日本の取組』, 2016.

原子力安全基盤機構, 『原子力施設運転管理年報』, 原子力安全基盤機構, 2010.

原子力委員会, 『原子力政策大綱』, 2005.

日本経済新聞社, 「震災被害16兆~25兆円GDP最大0.5%押し下げ」, 『日本経済新
　　　聞』, 2011.

＿＿＿＿＿＿, 「原発ゼロ支持、参加後47%に増加」, 『日本経済新聞』, 2012.

資源エネルギー庁, 『原子力発電における論点』, 2015a.

＿＿＿＿＿＿＿, 『長期エネルギー需給見通し関連資料』, 2015b.

＿＿＿＿＿＿＿, 『エネルギー白書』, 資源エネルギー庁, 2016.

電気事業連合会, 「革新的エネルギー・環境戦略」の決定について」, 2012a.

＿＿＿＿＿＿, 『原子力・エネルギー図面集』, 電気事業連合会, 2012b.

＿＿＿＿＿＿, 『電気事業のデータベース』, 電気事業連合会, 2016.

＿＿＿＿＿＿, 『電気事業60年の統計』, 電気事業連合会, 2017.

総務省統計局 総合資源エネルギー調査会・基本問題委員会, 「エネルギーミッ
　　　クスの選択肢の原案について」, 『日本統計年鑑』, 総務省統計局, 2012.

総合資源エネルギー調査会・基本問題委員会・長期エネルギー需給見通し小
　　　委員会事務局, 『長期エネルギー需給見通し(案)』, 2015.

後藤収, 『最近のエネルギー情勢とエネルギー基本計画の概要』, 経済産業研
　　　究所, 2014.

구본관, 「일본경제와 아베노믹스」, 『구조적 대불황하의 일본경제와 기업경영
　　　－혁신인가 진화인가?』, 서울대학교 일본연구소 '경제와경영연구실'
　　　심포지엄자료집, 2017.

김현철, 『저성장시대 기적의 생존전략』, 다산북스, 2015.

다케다 하루히토, 「성장신화로부터의 탈출－제로성장기 일본경제를 보는 새
　　　로운 시각」, 『일본비평』 15호, 서울대학교 일본연구소, 2016.

다케다 하루히토, 여인만 역, 『탈성장신화』, 해남, 2016.

사카키바라 에이스케・미즈노 가즈오, 김정연 옮김, 『자본주의의 종말, 그 너
　　　머의 세계』, 테이크원, 2017.

여인만, 「아베노믹스를 둘러싼 논점」, 『일본비평』 15호, 서울대학교 일본연구
　　　소, 2016.

Bruni and Porta, 강태훈 옮김, 『행복의 역설: 행복의 정치경제학』, 경문사,
　　　2015.

Derik Bok, 추홍희 역, 『행복국가를 정치하라』, 지안출판사, 2011.

池田信夫, 『アベノミクスの幻想』, 東洋経済新報社, 2013.

井手英策, 『経済の時代の終焉』, 岩波書店, 2015.

井手英策・古市将人・宮崎雅人, 『分断社会を終わらせる: 「だれもが受益者」と
　　　いう財政戦略』, 筑摩書房, 2016.

伊藤光晴, 『アベノミクス批判』, 岩波書店, 2014.

岩田規久男・浜田宏一・原田泰 編, 『レフレが日本経済を復活させる』, 中央
　　　経済社, 2013.

岡田知弘・川瀬光義・にいがた自治体研究所 編, 『原発に依存しない地域づく
　　　りへの展望－柏崎市の地域経済と自治体財政』, 自治体研究社, 2013.

片岡剛士, 『日本経済はなぜ浮上しないのか－アベノミクス第2ステージへの
　　　論点』, 幻冬舎, 2014.

玄田有史 編, 『人手不足なのになぜ賃金は上がらないのか』, 慶應義塾大学出
　　　版会, 2017.

榊原英資, 『「今日よりいい明日はない」という生き方』, 東洋経済新報社, 2017.

　　　　, 『日本国債が暴落する日は来るのか－低成長時代の国家戦略』, ビジ
　　　ネス社, 2016.

セルジュ・ラトゥーシュ, 中野佳裕訳, 『「脱成長」は、世界を変えられるか－

贈与・幸福・自律の新たな社会へ』, 作品社, 2013.

_____, 『経済成長なき社会発展は可能か?「脱
　　　成長」と「ポスト開発」の経済学』, 作品社, 2010.

ダグラス・ラミス, 『経済成長がなければ私たちは豊かになれないのだろう
　　　か』, 平凡社, 2000(김종철・최성현 옮김, 『경제성장이 안되면 우리
　　　는 풍요롭지 못할 것인가』, 녹색평론사, 2002).

橋木俊詔・広井良典, 『脱「成長」戦略』, 岩波書店, 2013.

橋木俊詔, 『幸せの経済学』, 岩波書店, 2013.

デレック・ボック, 土屋直樹・茶野努・宮河修子訳, 『幸福の研究』, 東洋経済
　　　新報社, 2011.

日本科学者会議, 『原発を阻止した地域の闘い 第一集』, 本の泉社, 2015.

日本銀行調査統計局, 「日本の人口動態と中長期的な成長力」, 2012.

ハーマン・デイリー・枝廣淳子, 『「定常経済」は可能だ!』, 岩波ブックレット,
　　　2014.

広井良典, 『創造的福祉社会』, ちくま新書, 2011.

_____, 『定常型社会ー新しい「豊かさ」の構想』, 2001.

福田慎一, 『21世紀の長期停滞論ー日本の「実感なき景気回復」を探る』, 平凡社,
　　　2018.

本田悦朗, 『アベノミクスの真実』, 幻冬舎, 2013.

藻谷浩介, 『デフレの正体ー経済は「人口の波」で動く』, 角川書店, 2010(김영주
　　　옮김, 『일본디플레이션의 진실』, 동아시아, 2016).

水野和夫, 『100年デフレー21世紀はバブル多発型物価下落の時代』, 日本経済
　　　新聞社, 2003.

_____, 『資本主義の終焉と歴史の危機』, 集英社, 2014.

_____, 『人々はなぜグローバル経済の本質を見誤るのか』, 日本経済新聞
　　　社, 2003.

_____, 『世界経済の大潮流ー経済学の常識をくつがえす資本主義の大転換』,
　　　太田出版, 2012.

吉川洋, 『デフレーションー日本の慢性病の全貌を解明する』, 日本経済新聞
　　　社, 2013.

_____, 『人口と日本経済ー長寿, イノベーション, 経済成長』, 中公新書, 2016
　　　(최용우 역, 『인구가 줄어들면 경제가 망할까』, 세종서적, 2017).

ロバート・スキデルスキー&エドワード・スキデルスキー, 村井章子訳,『じゅう
　　　ぶん豊かで貧しい世界—理念なき資本主義の末路』, 筑摩書房, 2014.

若田部昌澄, 『ネオアベノミクスの論点』, PHP新書, 2015.

Krugman P. R., "It's Baaack: Japan's Slump and the Return of the Liquidity
　　　Trap", *Brookings Papers on Economic Activity*, 2, 1998.

Summers L. H., "U.S. Economic Prospects: Secular Stagnation, Hysterisis, and
　　　the Zero Lower Bound", *Business Economics*, National Association for
　　　Business Economics, Vol 49, 2014.

Summers L. H., "The Age of Secular Stagnation: What It Is and What to Do
　　　About It", *Foreign Affairs*, March, 2016.

Ⅰ. Coping with population aging in Japan

Ryu, Sang Yun

Japan is facing social and economic challenges caused by aging, such as shrinking working population, burden of welfare, and depopulation of rural villages or small cities. The Japanese government has tried to slow down aging by lifting up fertility rate, and to relieve the budgetary pressure by postponing pension payment. These efforts have not achieved the original purposes, but resulted in increasing labor participation of women and the elderly, which was also encouraged by firms facing labor shortage. In addition, Japanese firms have been adapting to changing age composition of domestic consumers by analyzing consumption behavior of the elderly. Some rural communities with high risk of extinction succeeded in resurrection utilizing networks with outside NGOs. And Sabae, a small city in the Fukui prefecture, is a good example of creative cooperation between the municipal government, citizens and outside people.

Key words: pension reform, old age employment, senior business, Community-reactivating cooperator squad, Fukui model

Abstract

II. Net Foreign Assets and Primary Income Account Balance of Japan

BAAK, Saang Joon

This paper investigates how the Japanese current account balance could be surplus despite a huge amount of trade deficit. Although the trade deficit of Japan ranged from 4 billion in 2011 to almost 100 billion dollars in 2014, the current account balance of Japan turned out to be surplus in the same time period mainly due to the surplus of primary income balance. Different form the case of Korea the major component of whose current account balance is trade balance, the major component of the Japanese current account balance has been the primary income balance since 2005. Behind the dominance of primary income balance, there has been net foreign assets of Japan whose value is more than 3.5 trillion dollar as of 2015. This paper argues that Japan could accumulate that big size of net foreign asset due to successful foreign market penetration of Japanese firms.

Key words: trade deficit, current account balance, primary income balance, net foreign asset

Abstract

III. Secular Stagnation and Futures of Japanese Financial Horizon
: Japanese Banks' Asian Expansion and Internationalization of Yen

Kim, Dong Hwan

This paper addresses various financial efforts of Japanese government and banks in order to escape form the recent secular stagnation situation and to overcome the long-lasting hardships during the lost two decades. It also surveys a series of changes that the efforts would bring to the world or Asian economic and financial landscapes. A big picture of the changes can be drawn as the following two pillars; a full-blown expansion of Japanese financial institutions into Asian market and an internationalization of Japanese yen. The paper suggests a mid/long term political and economic task to the Japanese government and financial institutions. It is nothing but the assignment that they should make the internationalization of yen as efficient methods of Japanese banks' Asian expansion, Japanese economy's escapement from secular stagnation, and Japan-Asian co-prosperity.

Key words: secular stagnation, Japanese banks' Asian expansion, International-
ization of Yen

Abstract

IV. Declining Productivity and Wages in Japan

KWON, Hyeog Ug

In this study, we find that Japan's productivity and wages have been declining over the past two decades. We also confirm that productivity and wages are significantly related. These results show that the cause of Japan's secular stagnation is not only the decline in productivity arising from structural issues, but also the decrease in effective demand due to reduced wages resulting from the declining productivity.

Key words: Productivity, wage

V. Transformation of the Human Resource Management in Japan
: Focusing on the Change of Compensation System

WOO, Jong-Won

This paper examinesa crucialfactor which makesJapanese actual livelihoodnot improved although the recent indices of employment getting better, focusing on the transformation of the human resources management. Afterinvestigating the historical changes of the compensation system, the authorhypothetically asserts that the recent changeof HRM has posed a heavy shadow of psychological stagnation over all the Japanese society.

The expansion of the "role-based pay" since the late 1990s opened the third era in the postwar Japan. In the first era, from the defeat of WWIIto the 1960 's, the "seniority-based pay" was the mainstream. Next, from the 1970s to the mid-1990s, the "capability-based pay" led the era. And since the late 1990s, the "role-based pay" emerged as the mainstream, keeping its position until now. Unlike the transition from the seniority-based to the capability-based, there is a "irreversible" aspect in the phase from the capability-based to the role-based. The installation of the role-based payhas destroyed the relationship between the compensation and the workers' livelihood.

The separation of compensation from workers' livelihoodhas resulted in thestagnated situation throughout Japanese society. From the microscopic point of view, the good cycle that the expectation of better livelihood makes the workers' motivation improved, and it makes the productivity improved, and it finally makes the workers' pay improvedhas been blocked. From the macroscopic point of view, the mechanism thatthe increaseof compensationhas the domestic demand grown, and it has thecapital investment grown,and it finally has the national incomegrownhas stopped working.

Key words: Japanese HRM, Compensationsystem, Role-based pay, Separation of compensation from livelihood, Stagnated situation throughout Japanese society

Abstract

VI. A Study on the Innovation of Production and Development System in the Japanese Automobile Makers

Oh, Jewheon

Japanese Automobile makers faced a great trial due to significant reduction of domestic market and the strong Yen. To overcome this crisis, Japanese makers dash forward to cost reduction through the innovation of production and development systems.

In the production systems, Japanese makers introduced innovative machines, such as a servo press, flexible general welding machine and compact welding robots. In the assembly line, the inbound logistic system, such as SPS or kit system is introduced. These innovations brought results of cost reduction, improvement of quality and more flexible production.

The other big change is innovation in development system. Conventionally, development focus has been placed on optimizing for each type of vehicle, but the new development system is replaced to module design concept, pursuing a full optimization of the design across the segments. This makes it possible to increase the development productivity and shorten the development period, and drastically reduce the cost of parts, thereby realizing a significant reduction in the cost of the vehicle.

Japanese Automobile makers, which showed low performance in emerging markets, began to recover their market share by developing and introducing the model fully customized for emerging markets in 2010s.

This case shows that it is effective to overcome the difficult situation by strengthening the organizational capability without relying on restructuring or layoffs. I think this point gives a big impression to Korean auto companies.

Key words: Flexible Production, Kit Supply System, Innovative Production Line, Global Standard line, Module Design, Customized Car for Emerging Markets

VII. Fukushima Daiichi Nuclear Disaster and Conversion of Energy Policy

Chaisung Lim

The purpose of this article is to examine how Japanese energy policy has developed after Fukushima Daiichi nuclear disaster and how the energy-mixing policy including nuclear power was recognized in Japan. To cope with a speedy rising of energy price, the Japanese government decided to expand nuclear facilities that, they believed, were technically established compared to renewable energy. However, the Great East Japan Earthquake and the Fukushima Daiichi nuclear disaster became a major shock to this existing 'Zero Emission policy' emphasizing nuclear power. The basic energy policy was turned into 'Zero Nuclear Power', which met with disapproval of the industrial world having concern about the economic burden. After the disappearance of public support for the Democratic regime, the 4th Energy Basic Plan was established to cancel 'zero nuclear power' policy under Abenomics of the liberal democratic party regime. Likewise, even though Fukushima Daiichi nuclear disaster had a great impact on Japanese society and caused a fundamental skepticism on human control over the nature, the economic logic of escaping from deflation isstrongly reflected in the Japanese economic policy under Abenomics.

Key words: Fukushima Daiichi nuclear disaster, Energy policy, Nuclear power, Abenomics, Japanese economy

Abstract

VIII. Expansion and Significance of Discussions on the Escape from the Economic Growth in Japan

Yeo, Inman

Abenomics, launched in 2013 to overcome the long-term recession, has not achieved the expected results. The world economy is also entering a 'secular stagnation' similar to Japan. Under this circumstance, the discussions on the escape from the economic growth has attracted attention in Japan. The purpose of this chapter is to survey and forecast these discussions.

In Japan, the discussion of post-growth has been rapidly spreading in the 2000s, and unlike the former counter-growth, it does not deny the growth itself. However, it is assumed that the Japanese economy has entered a new stage where growth can not be sustained. In such a situation, the argument is that the conventional growth pursuit policy is not only ineffective, but also has side effects.

Those who support escape from the economic growth argue that they can solve problems of welfare, finance and aging population without presupposing growth. They also suggest abolishing the nuclear power generation that is needed for growth. In order for these claims to be accepted, Japanese society should be transformed from conventional low-burden / low-welfare to high-burden / high-welfare society. This discussion is expected to begin in earnest in the future on the issue of the consumption tax increase. On the other hand, the lifestyle of each individual who pursues long-time labor / high income will steadily change to more leisure / appropriate income.

Key words: Zero Economic Growth, Abenomics, Secular Stagnation, New Normal, Stationary State, Abenomics

류상윤

LG경제연구원 책임연구원. 서울대학교대학원 경제학부 박사(2009), 학위 취득 후 도쿄대학대학원 경제학연구과 객원연구원, 낙성대경제연구소 연구위원을 거쳐 현직에 근무 중이다. 일본경제 동향분석을 주업무로 하고 있다. 주요 보고서로 「일본경제 부활했나」(공저, 2018.4.), 「아베노믹스 3년 일본경제, 다시 약해진성장동력」(2016.5.), 「우리나라 청년 실업 문제, 일본 장기침체기와 닮은 꼴」(2016.3.), 「아베노믹스 발목 잡고 있는 일본의 노동개혁」(공저, 2015.9.), 저서로 『우리는 일본을 닮아가는가』(공저, 이와우, 2016)가 있다.

박상준

와세다대학 국제교양학부 교수. 서울대학교 경제학과를 졸업하고 동대학원에서 석사 학위를 취득한 후, 미국 위스콘신대학(University of Wisconsin-Madison)에서 박사학위를 취득하였다. 일본 니이가타현에 있는 국제대학(International University of Japan) 조교수, 와세다대학교 부교수를 거쳐 2008년부터 현직에 재직중이다. 전공은 거시-금융 경제학이며, 주요 연구주제는 통화정책과 기업의 투자, 환율, 기대의 형성과 가격변동 등이다. *Journal of Economic Dynamics and Control, China Economic Review, Journal of Japanese and International Economies* 등의 학술지에 논문을 게재하였다. 단행본으로는 『불황터널』(매일경제출판사, 2016년) 등이 있다.

김동환

한국금융연구원 부원장. 서울대학교 경제학과를 졸업하고 도쿄대학 대학원 경제학연구과에서 석사·박사 학위를 취득했다. 전공은 이론경제·금융론으로, 주요 연구분야는 금융규제·감독·법, 정책금융, 중소기업금융 등이다. 최근에는 한국의 기업구조조정, 재벌개혁에 대해서도 관심을 기울이고 있다. 주요 저작으

로는『한국 금융시스템의 비교제도 분석: 은행vs시장』(한국금융연구원, 2012),
『은행의 금융중개기능과 금융통제(financial restraint)에 관한 연구』(한국금융연
구원, 2014),『기업구조조정제도의 이해; 워크아웃과 법정관리』(한국금융연구원,
2016, 공저),『기업집단의 출자·부채구조와 사업재편에 관한 연구』(한국금융연
구원, 2017),『저성장시대의 일본경제-장기불황 진입과 현황』(박문사, 2017년,
공저) 등이 있다.

권혁욱

니혼대학 경제학부 교수. 일본 경제산업연구소(RIETI)의 Faculty Fellow이고
*Seoul Journal of Economics*의 편집자이다. 히토쓰바시대학에서 경제학 박사학
위를 취득한 이후 동대학 경제연구소 전임강사를 거쳐 니혼대학 경제학부 조교
수, 부교수를 거쳐 현재에 이르고 있다. 주로 생산성 분석에 중점을 두고 연구하
고 있으며, *Review of Economic Dynamics, Journal of Industrial Economics,
Journal of Macroeconomics, Research Policy* 등에 연구결과를 출판해 왔다.

우종원

사이타마대학 인문사회과학연구과 교수. 서울대학교 경제학과를 졸업하고
도쿄대학 대학원 경제학연구과에서 석사, 박사 학위를 취득했다. 사이타마대학
경제학부 전임강사, 동 조교수를 거쳐 2005년부터 현직. 전공은 고용관계론·인
적자원관리론·사회정책론으로, 주요 연구분야는 일본 고용관행의 역사·현상
분석 및 노동·고용정책의 국제비교연구이다. 최근에는 한국의 고용관행과 노
동·고용정책에 관해서도 관심을 기울이고 있다. 주요저서로는, 禹宗杬『「身分
の取引」と日本の雇用慣行』(日本経済評論社, 2003年. 沖永賞 및 社会政策学会奨
励賞受賞), 禹宗杬編著『韓国の経営と労働』(日本経済評論社, 2010年), 翁貞瓊·
禹宗杬『中国民営企業の雇用関係と企業間関係』(明石書店, 2013年), 禹宗杬·連
合総研編著『現場力の再構築へ─発言と効率の視点から─』(日本経済評論社, 2014
年)등이 있다.

오재훤

메이지대학 국제일본학부 교수. 서울대학교 경제학과를 졸업하고 도쿄대학 대학원 경제학연구과에서 석사, 박사 학위를 취득했다. 도쿄대학 모노즈쿠리 경영연구센터 특임교수를 거쳐 2008년부터 현직. 전공은 기술 및 생산 관리와 국제경영으로, 주요 연구분야는 자동차산업을 비롯한 일본의 주요 기업의 생산시스템과 조직능력 그리고 그것의 국제적 전개이다. 최근에는 일본과 한국의 편의점 시스템에 대해서도 연구하고 있다. 주요저작으로는『東アジアにおける製造業の企業内/企業間の知識連携: 日系企業を中心として』(文眞堂、2018年、공저),『グローバル競争下の日本自動車産業―新興國市場における攻防と日本メーカーの戦略』(日刊自動車新聞社、2014年、공저),『「日中韓」産業競争力構造の實證分析: 自動車・電機産業における現狀と連携の可能性』(創成社、2011年、공저) 등이 있다.

임채성

릿쿄대학 경제학부 교수. 도쿄대학대학원 경제학연구과 박사(2002), 귀국 후 현대경제연구원 연구위원, 대통령자문정책기획위원회 전문위원, 배재대학교 일본학과 조교수, 서울대학교 일본연구소 부교수를 거쳐, 현직에 근무 중이다. 주된 관심 분야는 동아시아 전시경제의 전개, 인프라스트럭처의 형성과 성장 등에 관한 연구이며, 최근에는 한중일 3국의 철도, 체신, 전매 부문 등의 생산성, 노동위생, 노사관계에 주목하여 분석을 진행하고 있다. 주요 업적은『戰時経済と鉄道運営: 「植民地」朝鮮から「分断」韓国への歴史的経路を探る』(東京大学出版会, 2005), "Health and Diseases of Labors in Colonial Korea: Focusing on the Cases of Bureau of Posts and Telecommunications, the Japanese Government General of Korea"(*The Review of Korean Studies*, Vol. 19),『중일전쟁과 화북교통: 중국화북에서 전개된 일본제국의 수송전과 그 역사적 의의』(일조각, 2012)등이다.

여인만

강릉원주대학교 국제통상학과 교수. 서울대학교 경제학과를 졸업하고 도쿄대학대학원 경제학연구과에서 석사, 박사 학위를 취득했다. 도쿄대학 경제학부 조수를 거쳐 2005년부터 현직. 전공은 일본 경제・경영사로, 주요 연구분야는 자동차산업을 비롯한 일본의 주요 산업 및 기업의 역사와 현황이다. 최근에는

한국의 주요 산업발전과정에 대해서도 관심을 기울이고 있다. 주요저작으로는 『日本自動車工業史―小型車と大衆車による二つの道程』(東京大学出版会、2011年), 『日本経済の戦後復興―未完の構造改革』(有斐閣、2007年、공저), 『高度成長期の日本経済』(有斐閣、2011年、공저), 『일본의 기업과 경영』(한국방송통신대학교 출판부, 2012년, 공저), 『저성장시대의 일본경제-장기불황 진입과 현황』(박문사, 2017년, 공저), 『탈성장신화』(해남, 2016년, 번역) 등이 있다.

IJS 서울대학교 일본연구소

현대일본생활세계총서 **14**

구조적 대불황기 일본 경제의 진로

초판1쇄 인쇄 2018년 8월 30일
초판1쇄 발행 2018년 9월 11일

저　자 (서울대학교 일본연구소 경제와경영연구팀)
　　　　류상윤 · 박상준 · 김동환 · 권혁욱
　　　　우종원 · 오재환 · 임채성 · 여인만
발행인 윤석현
발행처 도서출판 박문사
등　록 제2009-11호
전　화 (02)992-3253(대)
전　송 (02)991-1285
주　소 서울시 도봉구 우이천로 353 3F

책임편집 안지윤
전자우편 bakmunsa@hanmail.net
홈페이지 http://jnc.jncbms.co.kr

ⓒ 서울대학교 일본연구소, 2018. Printed in Seoul KOREA.

ISBN 979-11-89292-16-4　93320　　　　　**정가** 21,000원

·저자 및 출판사의 허락 없이 이 책의 일부 또는 전부를 무단복제·전재·발췌할 수 없습니다.
·잘못된 책은 바꿔 드립니다.

본 저서는 정부(교육과학기술부)의 재원으로 한국연구재단의 지원을 받아 출판되었음.
(NRF-2008-362-B00006)